文明起源

从原始群到部落社会

张　岩◎著

科学出版社
北　京

图书在版编目(CIP)数据

文明起源：从原始群到部落社会/张岩著．—北京：科学出版社，2012.3
ISBN 978-7-03-033526-5

Ⅰ.①文… Ⅱ.①张… Ⅲ.①文化起源 Ⅳ.①G0

中国版本图书馆 CIP 数据核字（2012）第 021154 号

责任编辑：石 卉 付 艳 王昌凤／责任校对：张凤琴
责任印制：李 彤／封面设计：无极书装
编辑部电话：010-64035853
E-mail：houjunlin@mail.sciencep.com

科学出版社 出版
北京东黄城根北街 16 号
邮政编码：100717
http://www.sciencep.com
北京凌奇印刷有限责任公司 印刷
科学出版社发行 各地新华书店经销
*
2012 年 3 月第 一 版 开本：B5（720×1000）
2022 年 1 月第五次印刷 印张：16
字数：293 000

定价：78.00 元

前　言

在现代科学的形成过程中，天文学、地质学、地理学、生物学、人类学等学科都是在博物学（自然史，natural history）基础上发展起来的。这些学科的一系列重要发现不断扩展着我们的认识视野。天文学中的天体演化研究让我们获得有关地球由来的知识，地质学地壳演化研究使我们了解不同地层的时序关系乃至地球的历史，生物学物种演化研究告诉我们生物的历史和人类的由来。

人类学的研究方向是重建史前史。体质人类学研究生物学意义上的人类物种。考古人类学发掘并研究人科动物出现后的物质遗存。社会文化人类学（民族学）收集、记录并研究近代原始民族的民族志，其主要课题是探究人类文明的起源和早期历程。在人类学形成前，人们对此所知甚少，故有必要设立专门学科去廓清这一领域。

在就任利物浦大学社会人类学教授（1908 年）的演讲中，弗雷泽指出人类学研究中一个极为重要的思想："对原始民族社会生活的研究导致了对人类早期历史的恰当理解。原始民族是人类的一份文献，是人类为了将自己提高到野兽水平之上而进行的努力的一份记录。这份文献的高度价值只是在近些年才得到了正确的评价。"

弗雷泽上述见解是人类学前两代学者（19 世纪中期到 20 世纪初）的基本共识。也就是说，近代原始民族是人类学认识旧大陆史前社会的重要参照依据。澳洲原住民是近代可以观察到最原始的人类成员，其社会发展水平处在中石器时代。这里因此成为人类学研究原始社会的"经典地区"，许多重要学者都曾参与研究。

自 20 世纪二三十年代以来，社会文化人类学的研究方向开始发生一连串改变，最重要的改变是对重建史前史方法和范式的过度批评，并逐渐放弃此项研究。本书的主要认识对象是澳洲部落。

第一章考察上述改变的原因和不合理成分，在此基础上论证对部落社会展开深入研究的必要性，以及澳洲和美洲部落在史前史研究中的重要认识价值。

第二至五章正面研究普遍存在于澳洲部落的基本制度。通过对澳洲部落基本制度的正面研究，通过分析制度功能考察其创制意图，通过部落组织的构成和起源神话考察其创制过程，笔者发现澳洲部落所有制度细节中的每一个经验线索都在指向同一个开端：部落社会的结盟过程。也就是说，构成澳洲部落的两个半族（胞族）曾经是两个独立部落，它们通过一次具体发生的结盟事件结合为彼此通婚的两个半族，由此形成一个更大规模的社会联合体。每次结盟都有一个核心角色，他是结盟过程的发起者和领导者。从结盟动机的形成到制度构思，从结盟动议的提出到部落制度的确立，整个结盟事件都由结盟推动者主导其事。这是一个深谋远虑的理性过程。澳洲部落三种基本制度的主要功能是维系（结盟后）社会共同体在尽可能长的时间里聚而不散。澳洲部落处在部落社会晚期，经过两到三次结盟，已形成一整套相对成熟的结盟制度。

在对澳洲部落基本制度和结盟进程的研究基础上，本书第六章对首次结盟的具体过程给出完整陈述。由此证明：结盟事件是部落制度唯一可能的成因。首次结盟发生于两个原始群之间，是从动物性群体到人类社会的过渡环节，是由理性推动的非暴力社会整合，由此形成最初的部落。

继发结盟导致部落规模进一步扩大。在旧石器时代晚期，人类在地球表面的扩散速度和社会共同体规模的扩大速度开始不断加快，直到农业的出现和早期国家的形成。首次结盟是这一进程的起点，是人类步入文明的“独木桥”。部落社会制度体系是人类社会生活的基本形式，也是迄今为止人类繁荣的重要基础。

以往也有一些重要学者从外婚制角度初步提到关于人类早期族群联合的构想（比如泰勒、列维一斯特劳斯，详见本书正文），本书则对人类早期存在结盟事件给出了一个举证比较充分的严格证明。此项研究是人类学乃至社会科学中最艰深和重要的基本课题（人类社会及其早期制度和宗教的起源）。人类学进化论学派、法国社会学年鉴学派和英国功能主义学派的工作是本书研究的重要基础。如果笔者的方法有效、结论属实，那么此项成果将成为继达尔文生物进化论之后的又一个重要科学发现（人类文明起源于两个原始群的结盟事件）。

本书共六章，已有四章曾以论文或研究札记形式发表。第二章外婚制与人类社会起源（载《社会学研究》2006年6期，《中国社会学》第七卷转载，上海人民出版社，2009）。第三章社会组织与亲属制度研究（载《社会学研究》2008年1期，《中国社会学》第七卷转载）。第四章结盟事件Ⅰ：原始分类体系与图腾增殖仪式（载《中国人类学评论》第12辑，世界图书出版公司北京公司，2009；《社会理论》第5辑转载，上海人民出版社，2009）。第五章结盟事件Ⅱ：转世制度与成年礼（载《中国人类学评论》第12辑）。其中，

《社会组织与亲属制度研究》一文获北京市第十一届哲学社会科学优秀成果奖。

本书并非普及性读物，为便于读者对本书内容的整体把握，笔者在本书编辑排版过程中又加写了一个绪论部分，对本书的主要研究对象、认识方法、步骤和基本结论作出了一个相对完整的简要陈述。

张　岩

2011年10月10日于北京

目　录

CONTENTS

第一章 人类学与史前史

第二章

外婚制与人类社会起源

第三章 社会组织与亲属制度研究

结盟事件Ⅰ:原始分类体系与图腾增殖仪式

第四章

第五章

结盟事件Ⅱ:转世制度与成年礼

第六章 黄金时代：部落制度起源

绪　论

为便于读者对本书内容的整体把握，下面对本书的主要研究对象、认识方法、步骤和基本结论作一个相对完整的简要陈述。

第一节　原始群与部落社会

史前史上限是生物演化历程中人科动物的出现，下限是文字的成熟。其时间跨度数百万年，是人类有文字历史（数千年）的大约 1000 倍。19 世纪中期，在博物学基础上形成史前史研究的主要学科——史前考古学（考古人类学）、体质人类学和社会人类学（文化人类学、民族学）。史前考古学发掘并研究人科动物出现后的物质遗存，体质人类学研究生物学意义上的人类物种，社会人类学收集、记录并研究近代原始民族（部落社会）的民族志。

灵长类学形成于 20 世纪二三十年代，是生物学和人类学之间的“桥梁学科”。灵长类学的主要工作之一是观察、研究现存非人灵长类（包括原猴类、猴类和类人猿）的群体形态和社会行为，据此推测人类早期（从能人、直立人到智人）的相应情况。在社会（文化）人类学的史前史研究中，包含两个相互衔接的核心概念：原始群→部落社会。

原始群是“动物性群体”，部落社会是人类社会。前者的构成情况没有直接证据，只能通过灵长类学的相关成果去间接了解。在西欧列国殖民扩张的初期，近代原始民族（部落社会）的分布范围占地球表面全部住人地区的将近一半。其中，澳洲[①]部落是人类早期社会制度和文化形态的“活化石”。这是早期人类学领域中的基本共识之一。

---

① “澳大利亚”（Australia）和“澳洲”的含义相同，在现有翻译过来的人类学文献中大多交替使用，使用“澳洲”多于“澳大利亚”。本书“澳大利亚”和“澳洲”的含义相同，具体指澳洲大陆及其附近岛屿，大致相当于澳大利亚的国土范围。

在殖民者进入澳洲初期（18 世纪末），这里分布着 500 多个独立部落。其社会组织和制度形态大同小异。澳洲原住民是近代可以观察到的最原始的人类成员，其社会发展水平处在中石器时代（相当于旧大陆约一万余年前的发展水平）。这里因此成为人类学研究原始社会的“经典地区”。对澳洲部落组织制度形态的正面研究具有两方面的认识价值：向前追溯其起源，向后考察其流变。

关于原始群的构成情况，除凭空猜想之外，主要参照依据是（与人类亲缘关系最近的）大猩猩和黑猩猩的群体类型[①]。大猩猩是一雄多雌群体（灵长类中最常见的群体结构），是一个成年雄性（主雄）独占群内所有成年雌性，是完全的排他性占有。黑猩猩是多雄多雌群体，是几个具有近血缘关系（兄弟）的成年雄性共同占有群内成年雌性，是相对的排他性占有。

一雄多雌的群体类型可以导致两性间的体型差异。只有雄性中少数个头最大且最强悍的个体才能通过争斗赢得并维持其交配特权。当这种争斗模式稳定存在一个较长时段时，就会由于获胜者特定的基因积累而发生雌雄体型差异的改变（性二型）。非洲大猩猩的成年雄性体型要比成年雌性大出一倍。在黑猩猩的多雄多雌群体中，弱势成年雄性也有少量交配机会，其雌雄体型差异较小（不超过 30%），与现代人相近。

在考古人类学现有古人类化石证据中，早期人科（南方古猿）的性二型特征明显（与大猩猩相近）。人属出现后，这种情况开始发生改观。早期智人的两性体型差异已与黑猩猩大致相当。一些人类学家据此指出：“在人属起源时，这种身材分化的改变肯定也代表社会结构的变化。”（利基，1995）换言之，原始群曾发生过一次从一雄多雌到多雄多雌的结构改变。这是一个非常重要的合理推测。

大猩猩和黑猩猩群体都具有很强的领土占有意识。相邻群体的领地冲突时常发生。在人类早期两个相邻而居且彼此独立的原始群之间，领土争端同样不可避免。两个因素决定人类狩猎采集时代地域群体的规模（三四十人左右）：由于主要生活在地面（而不是树上），群体规模小到一定程度就无法有效防御大型猛兽和同类的袭击；由于食物资源有限，群体规模大到一定程度就会有个体饿死。

澳洲部落仍处在狩猎采集时代，其最小社会单元（地方群体）仍保持原始群的规模（三四十人左右）。在一年中大部分时间，人们以地方群体为单位在各自领地过着狩猎采集生活。这一点与原始群阶段并无二致。但作为群体

---

① 在现存大型类人猿中还有东南亚地区的红猩猩和非洲的倭黑猩猩。前者不结群，后者具有独特的行为传统，均与人类社会行为相距甚远。

联盟，一个澳洲部落一般包含 10～30 个地方群体（氏族）。每个澳洲部落都是一个稳定存在的社会联合体（部落人口平均 600 人左右）。一整套部落制度和宗教观念维系着社会联合体的聚而不散。

至此，我们已经看到人类生活在史前时代发生的具有重要意义的变革：原始群的联合进程。从彼此独立的原始群，到囊括 10～30 个（与原始群规模相当）地方群体的社会联合体（部落）。这一进程何时发生？何以发生？怎样发生？其结果对此后人类文明进程（从独立部落社会到大型古代文明）产生什么样的影响？这应该就是史前史研究中的首要课题。

前面提到，原始群在人类早期经历过一次内部结构的改变：从类似大猩猩的一雄多雌群到类似黑猩猩的多雄多雌群，而部落社会则是后者之间联合的结果。黑猩猩是生物演化序列中与人类亲缘关系最接近（二者基因相似度高达 98.7%）的物种，也是非人灵长类中智力最高的物种。它们有能力制造和使用工具，拥有丰富的情感世界，会为亲属的死亡感到悲伤，会慰问死者的兄弟。它们甚至懂得设身处地揣摩其他个体的想法，并据此作出自己的决策（张鹏和渡边邦夫，2009）。

因此，黑猩猩的群间关系和群内个体间关系，是我们间接了解人类早期（多雄多雌）原始群状况的最可靠、合理的参照依据。通过灵长类学者对非洲地区野生黑猩猩半个世纪的观察和研究，我们可以注意到一个令人震惊的重要事实：在处理群间关系方面，黑猩猩是非人灵长类 300 多个物种中最凶残、最具有攻击性和杀伤效率的物种之一（智力水平与杀伤效率成正比）。

灵长类学者古德尔（Goodall）曾记录过此类案例：一个观察群分裂为两个群体，甲群有六个成年雄性，乙群有五个成年雄性（两个有残疾）。此外甲乙群各有两个老年雄性。一开始，两群相遇会避免冲突。这种情况迅速减少，强势的甲群开始威胁乙群。“不到 3 年的时间里，甲群……通过有计划地屠杀，歼灭了自己的兄弟群，掳掠了乙群的领地和部分雌性。”（张鹏和渡边邦夫，2009）

上述屠杀发生于两个群体的成年雄性之间。甲、乙群由一个群体分化而来，这是父子兄弟之间“有计划地屠杀”。在关系更远的黑猩猩群体间，此类残杀更加没有障碍。此外，黑猩猩群体内部的“第一雄性”拥有群体支配权和 80% 以上的交配权。因此，争夺“第一雄性”位置是群内成年雄性之间的主要争端。有学者观察到，一个拥有 13 个成年雄性的强盛群体在十一年内“由于群内雄性的内讧导致自我歼灭”（张鹏和渡边邦夫，2009）。

在同类相残的攻击性和杀伤效率方面，可以与黑猩猩相提并论且更有甚者恐怕唯有我们人类。人类有史以来独立社会（族群或国家）导致大量伤亡的内争外斗足以证实这一判断。具体来说，更主要的争端和伤亡发生于独立社会之间。在史前时代两个相邻而居且彼此独立的多雄多雌原始群之间，其交往规则是强者占优，也就是在冲突中获胜的强势群体赢得更广阔的领土和更丰富的资源。弱势群体要么被歼灭，要么只好屈居一隅或被迫离开。

由于前面提到的两个因素的制约，强势群体无法因获胜而无限扩大。其规模如果超过上限（四五十人），人们只有两个选择：聚在一起挨饿或一分为二各自谋生。在以此种方式一分为二的两个原始群之间，会在短期内相安无事。但要不了很久，一两个世代（甚至更短间隔）后，当亲情与利益此消彼长到一定程度时，领土争端将烽烟再起。

人类物种同出一源，任何两个原始群之间都存在血缘关系。但这种关系不会在人们的记忆中存留太久。如果冲突双方势均力敌，便会出现旷日持久的对立、仇杀。故领土争端是原始群之间关系的常态。这里并不存在群间联合水到渠成的自然条件。如果没有新因素的介入，这是一个无法打破的局面。可以称其为原始群僵局。这种局面绵延数百万年，一直持续到旧石器时代晚期。

对于灵长类动物的群体构成和群间关系，研究者可以从两个角度展开分析：一是自然条件；二是个体趋利避害的生存策略。成年个体的主要利益包括安全、食物和繁殖。这三者决定它们是否结群、怎样结群以及结群的规模。它们还能在此基础上有所变通。比如，树栖可以减少天敌，在安全前提下结为一雄一雌单元是最有效的生存策略。雄性倾向于稳定占有更多雌性（雌性可能也倾向于选择更强壮的交配对象），于是通过雄性的争斗形成一雄多雌群体。

一个典型的一雄多雌群体对其主雄的体能要求很高，年轻雄性会随时前来挑战。应战失败直接导致主雄替换。至少在一部分大猩猩群体中形成父子联合：主雄允许一两个成年雄性子嗣留在群内。它们共同应对外来者的挑战（数量优势），由此形成双赢局面。父方的利益是提高应战胜算，子方的利益是可以“接班”（张鹏和渡边邦夫，2009）。黑猩猩的兄弟联合可以获得更大的数量优势。这两种个体间联合都是在一雄多雌基础上的变通，都是雄性个体趋利避害的生存策略。

在大猩猩和黑猩猩群体中，成年雄性是维系群体的中坚势力。上述生存策略可以导致雄性个体之间的利益联合。但在群间关系层面，同一个动机导致相反结果：为争夺领土和雌性彼此杀伤。在这种情况下，只存在群体分化机制，不存在群间联合的个体动机。上述分析针对“动物性群体”的形成机制，是自然条件下灵长类动物个体为获取更大利益作出的行为抉择。

此项分析还可以进一步完善和展开，可以对灵长类动物的各种群体类型、变通情况和群间关系给出相对完满的说明，包括人类早期的“原始群僵局”。有必要指出，在体能优势决定等级关系和交配机会的多雄多雌原始群中，不存在核心家庭产生和维持的条件。当我们将认识目光转移到澳洲部落，就会看到一个迥然不同的社会景观。一整套复杂、严格的制度规范着部落共同体的社会生活，完全取代原始群阶段支配“动物性群体”的“自然法则”。

第二节　部落制度与结盟事件

本书的主要认识对象是澳洲部落。第一章是学术史梳理，说明此项研究在人类学传统中的位置。第二至五章是对澳洲部落制度和宗教观念的正面研究。本书的认识起点是部落制度的构成，在此基础上考察其功能和由来。澳洲部落有三种普遍存在的基本制度（大同小异）：外婚制（包括亲属制度，第二、第三章）、部落内加盟群体之间虚拟的经济合作制度（包括原始分类体系与图腾增殖仪式，第四章）、转世制度和成年礼（第五章）。此外还有三种相对简单但同样普遍且重要的制度（第六章第四节）：长老执政制度、定期聚会制度和成年礼中与转世制度无关的部分（知识传授和道德教育）。

澳洲部落制度的第一个特征是复杂、规整和严密，主要体现在外婚制类别规则和亲属制度中。澳洲部落一般分为三个层级：部落、半族（胞族）和氏族。一个部落一般有 10～30 个氏族（地方群体），这些氏族对等分属两个半族。半族内禁婚，通婚关系限定在两半族间。类别规则（四分和八分体系）

为部落内每一个成员确定半族和代序归属，并将通婚关系限定在两半族同一代男女之间。类别式亲属称谓制度是两半族多个代序社会成员的群间称谓体系。

外婚制和亲属制度都是社会人类学传统中非常重要的基础性课题，几乎所有重要学者都曾参与研究，但进展十分缓慢。自摩尔根（Morgan）以来，包括摩尔根在内的许多学者［恩格斯、韦斯特马克、达尔文、涂尔干（Durkheim）、科勒（Kohler）、罗维（Lowie）、克罗伯、拉德克利夫-布朗（Radcliff-Brown）、马林诺夫斯基（Malinowski）、列维-斯特劳斯（Levi-Strauss）、基辛等］的相关研究，都出现了不同程度的谬误。一些谬误仍因袭在当代大学教材中（详见本书第二、第三章）。

导致这种情况的主要原因有两个：一是西方学者对“蒙昧时代原始人”智慧的轻视；二是认识对象本身确实具有很高的认识难度。基辛将澳洲外婚制类别规则的发明者称为“石器时代的数学家”（基辛，1988）。罗维将这种制度称为“谜样的现象”（罗维，1987）。列维-斯特劳斯也提到搞清相关问题“需要数学家的努力”（列维-斯特劳斯，1987）。一位数学家朋友读过本书第二章初稿后，对类别规则（四分和八分体系）在逻辑上的复杂、严整和精巧感到震惊。他告诉笔者：类别规则创造者堪称石器时代的牛顿。

澳洲部落制度的第二个特征是奇特、费解，主要体现在另外两种基本制度中。先说虚拟的经济合作制度。在一个部落内，经过分类的天地万物对等归属两半族和下属氏族。这是部落公认的“法定所有权”。最重要的分配物是人们日常食谱中的主要动植物资源（主图腾），拥有这些动植物的氏族每年举行各自的图腾增殖仪式。每个氏族都有为其他氏族提供食物（举行增殖仪式）的义务，但却不吃自己的图腾（或只在仪式中象征性地吃少许）。人们对仪式效果深信不疑：如果哪个氏族不举行增殖仪式，属于该氏族的动植物将因此灭绝。弗雷泽（Frazer）称其为“巫术合作制”，苏联学者则认为这体现了“原始公社制度所固有的集体主义原则”。

再说灵魂转世制度和成年礼。每个澳洲部落都有起源神话，讲述黄金时代（阿尔彻灵迦时代）部落及其制度的起源。起源神话中有两类角色：一是缔造部落、创立制度的主持者（人类学家称其为文化英雄）；二是同一过程的参与者们（阿尔彻灵迦人）。每个（经过成年礼教育的）部落成员都认为自己是黄金时代某一阿尔彻灵迦人的灵魂转世。这不是简单意义的迷信。一整套繁复、严酷的制度将此信仰强制性地注入每一代部落成员的意识中。

起源神话提到文化英雄在黄金时代将储灵珈（长约20厘米的刻有图案的

石片或木片）授予人们“供其灵魂羁留之用”。于是两代阿尔彻灵迦人各有属于自己的储灵珈，从此开始“永远循环的投胎”。当一个人死去时，其灵魂回到属于他的储灵珈，等待下一次投胎。当一个婴儿出生时，由其生母和长老确定他是哪个阿尔彻灵迦人的又一次转世，在他十二三岁时开始接受为期十年左右的成年礼教育。

除知识传授和道德教育外，成年礼的主要内容是“系统地向新步入成年的人施加痛苦”（涂尔干，1999a）。各种制度化的按部就班的严酷考验和折磨可以实现三个效果：一是培养年轻人的勇敢和忍耐力；二是迫使他习惯于对长辈的无条件服从；三是令其自我意识处于高度涣散和迟钝的状态，并在这种情况下向他注入一个既定的观念：你不是你，你的本质是祖先（阿尔彻灵迦人）灵魂的又一次转世。这些制度周全而有效，足以完成一个强制性的主体替换过程：“另一个完全不同的个体代替了那个已经不复存在的个体。”（涂尔干，1999a）

澳洲部落制度的第三个特征是对所有社会成员的行为和意识的强制性约束。比如，外婚制是对每一个部落成员择偶自由的剥夺。对违背者的惩罚一般是处死。又如，灵魂转世制度是通过成年礼的严酷折磨对每一个青年原有自我意识的强制性替换。从“动物性群体”个体生存策略的分析角度，我们看不到澳洲部落三种基本制度的形成条件。恰恰相反，趋利避害的个体动机随时都倾向于摆脱这些违背“自然法则”的强制性约束。

在人类历史中，任何一种涉及所有社会成员并具有强制性约束力的制度，都必有一个从无到有的形成过程（历史事件），需要有制度的制定者、推行者、维持者。制度制定者必先有一个改变当前状态（制度前状态）的预期目标，下一步是为实现目标设计和推行制度。推行制度的前提条件是他必须具有足以让主流社会服从其指令的权威地位。同理，澳洲部落的三种基本制度也绝不可能从天而降。那么，是什么人、在什么情况下、为实现什么目标设计并且推行了这些复杂而奇特的部落制度（从无到有）？

泰勒曾提出一个简单判断：外婚制起源于人类早期小型群体的联合。这是一个非常重要的认识角度。小型群体的联合当然也是一个具体事件。澳洲部落起源神话中有一些与此相关的内容：文化英雄在黄金时代主持完成了两个独立部落的结盟。在结盟完成后，两个独立部落成为一个部落内彼此通婚的两个半族（胞族）。与此同时，文化英雄还创造并推行了包括外婚制在内的所有现行部落制度（详见本书第四章第六节“结盟事件的存在证据”）。

首先，澳洲部落的外婚制类别规则和亲属称谓制度，足以证实其设计者（黄金时代的文化英雄）拥有出类拔萃的智慧。其次，仅仅创造出这些复杂规则还远远不够，还要将其确立为强制性执行的法律准则。这是一个难度更高的过程，需要确立者拥有高度的政治智慧和足够的权威性。因此，澳洲部落起源神话中关于黄金时代结盟事件的叙述很可能是一段真实的历史。

具体来说，黄金时代就是结盟事件（非暴力社会整合）的发生过程，缔造部落的文化英雄则是结盟事件的发起者和主持者，他设计制度的主要目标是维系（结盟后）社会共同体在尽可能长的时间内的聚而不散，这些制度的推行与结盟过程同步完成。前面提到，本书的认识起点是部落制度的构成，在此基础上考察其功能和由来。随着本书对澳洲部落三种基本制度研究的深入，结盟事件的历史真实性逐渐凸显。

第三节　结盟推动者与人类社会的形成

澳洲部落的构成单元是地方群体（氏族）和半族。人类天性中从不缺少占有欲、排异性和攻击性。这是人性中野性的成分。由领土和各种资源引发的争端、仇杀随时可能导致部落联合体的瓦解，不但两个半族可能分裂，进一步的社会解体甚至会导致地方群体退回到彼此孤立的原始群状态。这在短期内并不会给人们带来无法承受的利益损失，这些小型群体日常情况下一直在各自领土内过着自给自足的狩猎采集生活。这就是结盟推动者面对的局面，也是他制度构思中需要解决的问题。

澳洲部落制度的第四个特征是具有高度有效的社会整合功能。外婚制可以实现两半族“全民通婚”。这是每个世代半数人口的双向流动：每对夫妻都由两个半族成员组成。每个家庭都是联盟的缩影，也是强化半族间亲善关系的重要纽带，由此可以最快速度和最大限度实现二者之间的文化融合。而文化融合质量的提高，又可反过来强化联盟的稳固。

以外婚制为基础，类别式亲属制度是两半族多个代序社会成员的群间称谓体系。于是两半族所有成员都被纳入一个亲属关系的网络之中。亲属制度还规定不同亲属间必须承担的责任和义务，以及彼此交往时必须遵循的礼仪规范。群间冲突一般发生于男人之间，是以激情和冲动为主导的连锁反应。该制度可以有效阻止半族间冲突的发生：双方是亲属关系（舅父与甥儿、岳父与女婿，姑舅表兄弟、彼此姐妹的丈夫），因此在冲突发生前和冲突过程中就会面对许多亲情和制度方面的顾忌，并且始终存在亲属之间的沟通途径和协调余地。

虚拟的经济合作制度（巫术合作制）以迷信为基础，表面看去奇特、费解。可以从制度功能反推其创制意图：这一套观念和制度可以在群间构建生存资源（主要是食物资源）的依存关系：谁也离不开谁，谁也惹不起谁。以此迫使部落内加盟群体（半族、氏族）为自身的生存而相互支持、合作，从而最大限度避免和化解部落内诸群体之间的敌视、对抗和冲突。

表面看去，灵魂转世制度更加奇特、费解。可以从两个角度考察该制度的形成与功能。第一，为说服人们赞同结盟，结盟推动者必须拿出足以打动人心的利益，但一个狩猎采集时代的政治家手中没有任何可支配的实际利益。转世制度直接告诉我们他解决问题的办法。他提出一个几乎无法抗拒的利益许诺：只要人们赞同并配合由他推动的结盟进程，即可获得永生（永远循环的投胎）的权利。这是两个独立部落大部分成员赞同结盟的主要动机。第二，该制度实施后可将转世观念成功注入每代部落成员的意识。当一个人意识到“我”是一个阿尔彻灵迦人的再生，就会因此获得新的利益本位：“我”的转世使我享有超越此世生命的更高利益。当一代人通过成年礼主体替换时，他们对上一代“转世者”的虐待程序充满感激，同时意识到自己这一代人的制度责任：采用相同程序帮助上一代灵魂在下一代人躯体中再生。由于任何制度破坏都会威胁到转世轮回的延续，他们因此成为部落制度的坚决执行者和捍卫者。

争夺“第一雄性”的地位是多雄多雌原始群内部兄弟相残甚至“自我歼灭”的重要原因。个体发育情况决定成年雄性的体能盛衰以及“第一雄性”在每代人中的多次替换，每次替换都会导致等级关系和交配机会的重新调整。在这种情况下，任何一对成年男女都无法维持稳定的排他性匹配关系（核心家庭）。成年礼是上一代人对下一代人的意志征服，是澳洲部落长老执政制度的存在基础，由此可以彻底消除“第一雄性”争夺机制。这是个体家庭得以产生、存在的前提条件。因此，部落社会与核心家庭同时出现。

前面提到，如果没有新因素的介入，无法打破持续数百万年的原始群僵局。现在我们看到，这个新因素就是人类的理性和智慧。这里有必要对理性和智慧的含义作一个明确界定。灵长类学者多次观察到黑猩猩争夺“第一雄性”的“政治学”现象。在一个案例中，当“第二雄性”挑战“第一雄性”时，二者分别向“老三”示好并寻求支持。老三则脚踩两只船，先支持老大，后投靠老二。它并不全力参与争端，而是趁老大、老二打得遍体鳞伤又都不敢得罪它的机会扩大其交配份额。有学者观察到一个黑猩猩群体中四次“第一雄性”替换，“每次都伴随着选择盟友和盟友背叛的现象”（张鹏和渡边邦夫，2009）。

这是黑猩猩群体中反复发生的“三国演义”，其参与者大多足够聪明、工于心计（这也是认识和评价我们人类个体许多社会行为的一面镜子）。其性质是个体趋利而动的生存策略，与结盟推动者的理性和智慧之间存在本质的不同。结盟推动者的利益本位不仅超越个体，还超越其所在独立社会的范畴，具有改变“动物性群体”野蛮状态及采用非暴力途径扩大社会规模的利他动机，还拥有实现其高难度目标的足够智慧。

澳洲部落仍处在狩猎采集时代，其基本社会单元（地方群体）仍保持原始群的规模，这些狩猎采集、自给自足的小群体并不具备社会整合的“经济基础”。其社会成员以个体为本位的生存策略、这些个体天性中野性的成分随时倾向于摆脱制度束缚、退回彼此独立的原始群状态。我们由此可以准确认识一个充满对抗性张力的社会状态：一整套高度有效的部落制度遏制着人们的野性，用文化和制度的绳索将10～30个随时倾向于彼此独立的地方群体牢固地捆扎在一起。

依据现有的民族志记录可知，在澳洲原住民500多个独立部落中，几种（大同小异的）基本制度不仅普遍存在且往往同时存在于同一个部落。从澳洲部落基本制度的创制意图、创制场合和实施效果等方面进行综合考察，可以得出如下结论：它们是结盟推动者为实现目标进行制度构思的必然结果，是人类小型社会整合进程中一组高度有效的“结盟制度”，是维系部落共同体聚而不散的最佳制度方案。只要目标相同且拥有同样卓越的智慧，在当时具体情况下，无论是谁，必殊途同归。换言之，结盟事件是部落制度唯一可能的成因。

第四节　首次结盟：人类文明进程的起点

人类社会的整合起点是原始群。原始群的首次结盟形成最初的部落，即人类学概念中的两合氏族。这就是人类社会的起源。在此基础上的进一步结盟，我们称为继发结盟。澳洲部落已处在小型社会阶段晚期，至少经历过两到三次结盟。在对澳洲部落制度及其起源神话进行深入研究的基础上，本书第五章第八节对（继发）结盟事件的主要步骤作尝试性复原，本书第六章是对原发性结盟事件作尝试性重建。

结盟事件是旧石器时代人类步入文明的“独木桥”。结盟推动者人数很少，他们拥有纯净的理性，奔逸绝尘的智慧，在现代科学形成过程中也只有培根、伽利略、牛顿等寥寥数人可与之比肩。他们实际上是同一种人。这种人的基本特征是：在其所处时代“独上高楼”，找到并完成（有条件完成的）推动文明进程的重要创造性成就。结盟推动者用文化和制度构筑群体之间彼此依赖的合作体制，化解对抗、避免冲突，让部落聚而不散，让进一步的文明进程成为可能。他们是人而非神，他们的作为体现了人类天性中最高贵的禀赋。

首次结盟发生于两个原始群之间。由于其难度极高且条件极苛刻，故成功的原发结盟必极少。可能只有两三次，更可能仅有一次。其发生大约在六七万年前到十余万年前这一时段。有一点可以确定，首次结盟一旦完成，第一个部落（原初部落）比原始群大出一倍。由于结盟制度可有效消除其内部冲突，周边又无与之匹敌的群体，故该部落有条件扩大其领土和人口（强者占优）。由于已具备更加稳定、有效的社会控制机构（长老议事会），该部落因此获得人类群体前所未有的沟通、协商能力以及部落成员协同行动的社会调动能力。

原初部落对原始群构成综合实力显著优势，其人口一旦到达极限，就会面临如何分群的具体问题。在对北美地区近代原始民族的研究中，摩尔根发现了一种被普遍采用的分群方式。这种分群以部落为单位：母部落组织结构的全部特征都被复制到新派生的子部落中。这种派生关系很容易识别：母部落与子部落（或两个同源子部落）的胞族、氏族数量和所用图腾彼此一致（摩尔根，1995）。如同将一个橘子横向切开，二者剖面结构完全一样。澳洲部落同样也存在普遍采用此种分群方式的重要证据：许多相邻部落的胞族（半族）名称彼此一致。

原初部落一旦学会此种分群，就会不断派生出新的强势群体，占有新的地域。任何原始群都无力抗衡这一派生进程。从这个认识角度考察史前史，可以注意到如下事实：大约十余万年前，解剖学意义上的现代人（智人）出现于旧大陆局部地区。约六七万年前，现代人开始了一次自人类物种出现以来最大规模、最具活力的全球性扩散进程。除在旧大陆的扩散，还在约五六万年前乘舟渡海进入澳洲，在大约两三万年前通过白令陆桥进入美洲，然后是一些渐次偏远的岛屿。

现代人出现后的第一件大事，是在数万年内完成全球性扩散。第二件大事是在完成旧大陆扩散后，开始了一个速度逐渐加快的文明进程。此前（人属出现后）一些微小变革的发生速度以十万年计，此后（从三万多年前到一万多年前的旧石器时代晚期）则以千年计（利基，1995）。欧洲地区这一时段的史前遗址得到（相对于其他地区）更加细致的发掘。从工具种类的迅速增加（包括制作技术的提高），到各种史前艺术的出现，一些学者将所有这些现象的发生称为“旧石器时代晚期革命”（利基，1995）。这是部落社会替换原始群的重要标志。首次结盟是这一进程的起点。

继发结盟导致部落规模进一步扩大，为上述逐渐加快的文明进程提供了多方面的必要条件。随着旧石器时代的结束，旧大陆不同地区部落社会经过中石器时代的过渡，相继（在冰期结束、气候转暖过程中）进入新石器时代。在这一时段，欧亚大陆（包括北非）成为人类文明的中心舞台。这是一个更高速度的发展进程：从农业革命到几个大型古代文明的形成。在原始群状态下，所有这一切都不可能发生。

从计算成本和收益的角度说，社会文化共同体规模的扩大（大群）可以为其加盟成员（小群）带来巨大利益：由此减少小群间持续不断的血腥冲突，提高小群乃至个体间的合作质量，可以最大限度地节约“知识搜寻成本”，减少任何高难度智力创造的重复，并推进此类创造成果的积累。以和平与合作为目标的群间交往技术的提高，采用非暴力途径实现社会文化共同体规模的扩大，这些都是人类文明的最初进程，也是至今人类繁荣的重要基础。

从逻辑上说，这一进程尚未结束。每一个具有自主意识和内部协商机制的独立社会（从独立部落到主权国家），都是一个具有不同程度的占有欲、排异性和攻击性的“我”，都不同程度地倾向于在条件许可的情况下谋求其更大利益。也就是说，人性中野性的成分至今仍然不同程度地存在于每一个独立社会“我”的性格中。独立社会的规模越大，“我”与“我”之间暴力冲突的破坏性和毁灭性程度也就越高。这是人类社会文明进程中已经付出的代价和正在面对的风险。

我们今天仍然面对数万年前文明伊始的同一个选择：让社会分立导致战争还是用社会整合确立和平。

第一章
人类学与史前史

第一节　人类学初衷：重建史前史

地球形成于40多亿年前。大约在30亿年前，地球表面出现了最初的生物。达尔文和华莱士学说中最坚实的部分，是以林耐形态学分类为基础的一个历时性生物演化系谱。该系谱以原初单细胞生物为起点，通过新物种的派生实现进化。大约500万年前（古人类学家一般认为最早的人科出现于约500万年前或更早些），在哺乳纲灵长目动物中派生出最初的人科动物（现代智人的共同祖先）。在西方学术史中，生物进化和社会进步的学说差不多被同时提出（18世纪至19世纪中期）。

英国学者马雷特（Robert Ranulph Marett）在其所著《人类学》中指出："人类学是达尔文的产儿，达尔文主义使之成为可能。"（马雷特，1933）至少可以说，达尔文的贡献在很大程度上影响了人类学形成期的学科设置和研究方向。体质人类学研究生物学意义上的人类物种，考古人类学（史前考古学）发掘并研究人科动物出现后的物质遗存，社会人类学（文化人类学、民族学）收集、记录并研究近代原始民族的民族志。

在人类学形成（19世纪中期）后四五十年间，上述三门学科是协同关系，共同目标是重建史前史。其主要工作大致包括：考察人类物种的起源和演化（从最初的人科动物到现代智人）及其种群的扩散和分布情况；通过对现存灵长目动物的研究推测早期人类的群体形态和行为方式；考察从旧石器时代到新石器时代的遗址遗物，包括人类早期各种技术的发展（从石器到陶器和金属器，从采集渔猎到农业和家畜饲养）；考察从原始群到大型古代文明的社会文化进程。

科学的基本目标是实现人类对世界（包括自身）的准确认知（真）。从现代科学的形成历程和构成情况来看，学科设置的主要依据是认识对象的分野。人类学的认识范围：向前接续到生物进化历程中人类物种的起源，向后接续到有文字记载的人类历史。由于大部分早期文字的可辨读性存在问题，而且文献遗存数量很少，故人类学对史前史的认识范围有必要扩展到文字出现后的一段时间。这是一个高度复杂的客观过程。在人类学形成前，人们对此所知甚少，故有必要设立专门学科去廓清这一领域。

上述三门学科是早期人类学的基本学科设置，它们依据不同素材、以不同方法、从不同角度去协同实现对同一个过程的准确认知（包括对导致这一过程主要因果序列的推求）。这就是人类学的起点、初衷和基本目标，也是有必要设立这门学科的主要原因（合理性）。①

早期人类学的认识论基础是孔德（Auguste Comte）确立的实证主义。下面是孔德对实证主义思想来源的总结："从培根以来，一切优秀的思想家都一再地指出，除了以观察到的事实为依据的知识以外，没有任何真实的知识。"（孔德，1993）这是自人类学形成以来从未改变的基本规范："仅限于在一个完全实证的范围内进行研究。"（孔德，1993）至今，这一点在人类学家之间没有争议。

人类学重建史前史的第一条认识路径是古典进化论（这是后人的说法，以区别于20世纪中期出现的新进化论），或称演进论。进化论的提出并非没有实证依据。第一，在史前考古学从博物学中划分出来之前，研究者已注意到一个重要事实：人类的文明成就（如工具制造技术、食物获取技术等）是从最初的"零起点"逐渐发展而来的。这个过程（实际上还包括社会规模的扩大、社会文化和制度复杂性的增加等）自旧大陆有史以来仍在继续，直到现代科学在西欧国家形成。这是对人类发展和进步观点的有力证明，也是早期人类学之所以选择进化论认识路径最重要的实证依据。第二，随着（近代原始民族）民族志材料的积累，人们注意到第二个同等重要的事实：在近代原始民族小型部落社会中，存在许多相同或相近的社会文化内容。许多早期学者都强调过这一现象的存在（拉德克利夫-布朗，1988）。例如，麦克伦南（John Ferguson McLennan）在《古代史研究》（*Studies in Ancient History*）一书中指出："随着我的研究延伸到早期的社会现象领域，我在通常被认为是不同种族的生活形式中，到处都找到了许多的相似性、一般性和同一性，因而人类家庭之间的民族学差异性同它们所具有的共同性比较，在我看来，是不大重要或者是根本不重要的。"（McLennan，1886）

以上两点（人类文明成就的进步过程、原始民族社会文化形态的相似性）不是理论，而是事实。早期人类学就是在此基础上构建其方法和理论的。

（1）人类同源（这是生物进化论的基本结论之一）且具有生理和心理上

---

① 除上述三门学科之外，人类学的传统学科划分还包括略晚些的语言人类学。这是20世纪初形成于美国的人类学学科。

的一致性（用以解释不同民族社会文化形态的相似性）。

（2）由于心智相同、物质环境相近，故所有民族的文化都是独立形成且彼此相似的，并循相同或相近的路径渐次演进（连续性）。下面是泰勒对这一见解的具体论述："人类社会的制度一如其所居的地球，也是层系分明的。它们先后衔接，次第演化，序列一致，举世皆然；纵有人种和语言的表面差异，却仅因人类的通性而造型，且经由连续变化的情况而影响着蒙昧、野蛮和文明时代的人类生活。"（Tylor，1889）古典进化论因此也被称为"单线进化论"。

（3）演进速度不同，导致近代不同民族在社会发展水平上参差不齐。由于世界各民族的文化都循着相同或相近的路径渐次演进，故近代原始民族是人类学认识旧大陆不原始民族史前社会的活化石。这是对地质学和古生物学基本路径和方法的借鉴。

（4）在旧大陆不原始民族的风俗习惯中存在一些来自古代的文化"遗存物"。这是泰勒学说意义上的民俗学认识对象。

（5）通过大范围比较研究，归纳近代原始民族的文化特征和社会类型，据此构建人类社会和文化的起源情况和演进序列，划分不同社会在该序列中的演进位置。

（6）在此基础上寻找推动人类文明进程的动因或法则。

早期人类学重建史前史的重要方法之一，是在历时性维度中展开研究（由现状追寻既往），如在同时存在的诸民族之间去区分其演化级次的先后关系，又如从同时存在的原始宗教观念、社会结构和各种制度中去追溯既往的起源、变迁历程。其首要课题是起源研究，认为相同的社会文化现象必有相同的形成过程（起源）。

部落社会存在一些令研究者很难理解的重要制度，如乱伦禁忌与外婚制、社会组织的单系（母系或父系）继嗣制度、亲属称谓制度以及关系到社会生活许多方面的图腾崇拜现象等。这些都是早期人类学的主要研究对象。早期学者高度重视起源研究的理论设想：一旦成功复原这些重要制度的形成过程（起源），许多关于因果关系的疑问即可迎刃而解。这一设想本身在逻辑上并不存在任何问题，问题在于人们大大低估了完成此项研究的难度。

19 世纪中期以后，两代学者由此路径展开研究。[①] 人们习惯于将这两代

① 早期人类学一些比较重要的作者和著作：摩尔根的《易洛魁联盟》（1851 年）、《人类家族的血亲和姻亲制度》（1871 年）、《古代社会》（1877 年），巴斯蒂安的《历史上的人》（1860 年），巴霍芬的《母权论：根据古代世界的宗教和法权本质对古代世界的妇女统治的研究》（1861 年），泰勒的《人类早期史研究》（1865 年）、《原始文化》（1871 年），麦克伦南的《原始婚姻：婚姻仪式中掠夺形式源流考》（1865 年）、《动植物崇拜》（1869 年）、《古代史研究》（1876 年），拉伯克的《文明的起源和人的原始状态》（1870），弗雷泽的《金枝》（1890 年）、《图腾制与外婚制》（1910 年），涂尔干的《乱伦禁忌及其起源》（1898 年）、《原始分类》（与莫斯合作，1903 年）、《宗教生活的基本形式》（1913 年），弗洛伊德的《图腾与禁忌》（1913 年）等。

人类学家称为进化论学派。这是一个不准确的说法。第一，重建史前史乃至人类史是19世纪社会人类学的学科目标。第二，这些人类学家之间的关系并不具有“学派”特征。埃尔曼·瑟维斯（Elman Rogers Service）提到，构成“学派”的主要特征，包括人类学在成为专门职业研究的学科领域之后出现的门生制度、专制作风、学院间的相互敌对与联合、其成员对学派的忠诚，以及学派对其成员接受还是排斥各种学术见解的影响等。因此，他认为并不存在一个严格意义上的进化论“学派”（瑟维斯，1997）。

第二节　相对于进化论的传播论

19世纪末20世纪初，古典进化论逐渐显露出方法上的弱点（后面将具体讨论），一些学者开始选择重建史前史的新路径。第二条认识路径是文化传播论。前面提到，持古典进化论观点的早期学者认为每一个民族的文化都是独立形成的，并循相同或相近的路径、以不同速度渐次演进。这导致近代不同民族发展水平的高低之分，以及处于同一发展水平上的不同民族在社会组织和文化形态上的相似性。持文化传播论见解的学者则认为，导致相似性的主要原因是民族间文化传播的结果。

从逻辑上说，不同民族间文化相似性现象的成因有两种可能：各自独创或相互传播。一些早期学者（如泰勒、巴斯蒂安等）已经注意到文化相似性成因中的传播因素，只是他们更加注重独创因素。文化传播论学者则认为，人类的创造能力十分有限，任何重要文化建树的原创必定十分罕见，进而认为传播机制才是人类文化发展的主要因素。这是两种认识路径（古典进化论与文化传播论）最重要的不同之处。

文化传播论学者认为文化传播总以先进地区为源头向落后地区扩散，战争、贸易、通婚、迁徙等多种原因均可导致传播的发生。他们的主要工作是依据民族志材料重建人类早期文化由点到面的传播过程。为此，他们通过大范围的比较研究，在各民族（主要是近代原始民族）之间寻找相似的文化要素，并以质和量的标准区分各民族文化的相似性程度，将高质、高量的文化相似性现象确定为传播结果。划分文化圈（包含相似文化特质的区域）和文化层（多个文化圈的相互叠压）的分布，寻找文化传播源头和系谱关系，在此基础上重建史前人类文明的历史。文化传播源头即文明起源发生地，德奥文化传播论学者认为只有几个，英国文化传播论学者认为只有一个（古代埃及）。

文化传播论学者展开研究的预设前提是人类创造能力的低下。这是一个无法给出可靠证明的结论。将一个尚待证明的结论包含在判断前提之中，即逻辑学所谓的“丐辞”。以此为理由，完全排除各民族文化中的独创性成分，将全部文化相似性内容解释为由点到面的传播结果，这样的研究属于偏执一端，在主观与客观之间也就是理论与事实之间失去平衡。在古典进化论学者的研究中也存在同样的问题。

这里有必要对理论与事实作尽可能明确的区分。前面提到，人们通过初步观察发现两个基本事实：文明进步事实和文化相似性事实。这两点是客观事实，而不是理论。古典进化论学者在此基础上构建其理论，排列各种宗教观念、社会制度以及各种技术性成就在人类文明进步序列中的先后关系，据此排列不同民族在此序列中的演进级次。文化传播论学者也是依据同样两个基本事实，去排列文化传播的源头和系谱关系。也就是说，二者（古典进化论与文化传播论）依据同样事实，却各执一端排列出两个相反结果（演进序列与传播系谱）。二者都是实证性研究，问题在于研究者以片面和不成熟的理论去排列事实。这种方法有些武断和牵强。

对古典进化论的批评主要来自传播论学者、美国历史批评学派和略晚些的英国功能主义学派。批评内容主要包括：①注重独创而忽视传播；②注重文化相似性却忽视文化差异性；③对单线进化的预设（次第演化、序列一致、举世皆然）提出质疑，指出进步并非文化变迁的唯一属性，渐变并非文化进步的唯一方式（存在激变），不能简单划分民族文化的先进与落后（认为任何民族的文化都各有优劣）；④对近代原始民族可以作为“古代社会”的认识素材这一观点提出质疑；⑤认为划分演进序列（阶段）依据不足，属于“推测的历史”；⑥以演进序列为框架排列各种文化现象多有牵强之处（存在例外）；⑦对一些具体结论提出质疑，如氏族制度的普遍性、母系继嗣制度是否先于父系等；⑧否定制度起源研究的认识价值。人们对文化传播论学者的批评主要包括：①对人类创造能力的低估；②文化相似性标准（质和量）的不准确；③忽视文化传播的地理阻隔；④忽视文化传播的心理阻隔。

第三节 德奥传统的博厄斯人类学

在20世纪初，博厄斯（Franz Boas）及其弟子对古典进化论提出全面批评，同时提出“历史特殊论”。这是人类学重建史前史的第三条认识路径。他们因此被称为批评学派或历史学派。1858年博厄斯出生于德国一个犹太人家庭，在德国接受教育，于1887年移居美国。此后40余年间，他先后执教于克拉克大学和哥伦比亚大学。在长达20年的时间里，他是美国唯一有资格授予人类学博士学位的人（亚当斯，2006）。

此时正值美国的人类学开始进入学术职业化时期，博厄斯的学生在其他大学建立了许多重要的人类学系。博厄斯还创立并编辑了几乎所有美国的主要人类学期刊（亚当斯，2006）。从20世纪初到20世纪40年代，博厄斯和他的学生几乎垄断了美国的人类学的教学和研究领域。博厄斯被称为“美国人类学之父”，该学派也被称为博厄斯学派或人类学的美国学派。这是一个具有全部“学派”特征的典型“学派”。

博厄斯的学生戈登卫塞（Alexander Alexandrovich Goldenweiser）对历史特殊论方法的概括如下：①集中探索有限度的“地理、历史的”地域，研究其在历史上经过的深度及其在地理上和别的部落接触的广度；②应用客观的、统计的方法，追溯文化特质及文化丛的流播，并用心理学的方法，研究文化特质的联合、相侵与同化；③应用形式的概念以描述区域文化，尤其是在吸收本地的或外来的新文化特质之际；④扩大求异的方法，寻出部落内的区别及个体；⑤采用语言学的方法以探索特征的意义；⑥分解文化丛之历史的及心理的成分；⑦排斥粗陋的古典派的演进论与环境论；⑧应用“传播”、“独立发展”、“并行”、“辏合”等概念，但仅作帮助的工具而不是武断的假说（林惠祥，1996）。

博厄斯另一个学生克罗伯的《宣言十八条》（*Eighteen Professions*）也是该学派理论主张的代表性表述（Kroeber，1915）：①历史的目的在于知晓社会事实对于文明全体的关系；②历史所研究的材料不是人而是人的工作；③文明虽由人类携带并因人类而存在，但它却自成一体，也与生命不同；④历史学家应知人有某种心理构造，但不应即用此解决社会现象；⑤人的本能存在于社会现象的底面及起源，但不能由历史对其研究；⑥人格和个人除用为例证外没有历史的价值；⑦地理或物质环境是文明所利用的材料，而不是形成或解释文明的要素；⑧历史学家应主张所有的人种都绝对同等或同等地成为文明的负担者；⑨遗传在历史上完全无力；⑩后得的遗传是生物学上及历史学上的怪事；⑪淘汰以及其他有机的（生物）演进（法则）都不能影响文明；⑫所谓野蛮人并不是动物与受过科学教育的人的中间物；⑬没有社会的种类或标准的文化形态或阶段；⑭无所谓种族心，只有文明而已；⑮在历史上没有像理化科学一样的定律；⑯历史只研究为一定条件的境状，不研究原因；⑰历史的原因论便是终局论；⑱总之，生物学、心理学或自然科学的定命论（决定论）的方法都和历史无关，就像历史的方法无关于生物学一样。

19 世纪末，德国排犹情绪日益增长，博厄斯决定移居美国。该学派第一个理论特点是用文化相对论反对种族主义，认为古典进化论中“隐含”着“种族和文化优越论”（巴纳德，2006）。克罗伯的《宣言十八条》中，共有 7 条（第 8～14 条）与此有关。在当时，不同民族文化乃至科技发展水平的先进与落后是一个显而易见的事实，而博厄斯则过度强调文化相对论原则，因此文化相对论也被后人称为极端相对论（巴纳德，2006）。博厄斯和他的学生大多具有德国或奥地利移民背景（亚当斯，2005）。因此，该学派的第二个理论特点是对德奥学术传统（新康德主义、文化圈理论等）的因袭。

古典进化论和文化传播论都是全球视野、贯通古今的宏大叙事。二者的缺点是理论和方法的不周全、不成熟，不足以完成研究者的预期目标，导致演进序列粗而不精、传播系谱大而无当。有鉴于此，作为人类学重建史前史的第三条认识路径，博厄斯学派的第三个理论特点是在研究视野和方法上的收敛。他们有选择地使用以往理论中的一些概念和方法，并对其使用限度重新加以界定。其选择和界定的原则是尽可能排除其中的不合理成分，试图以此恢复主观与客观（理论与事实）之间的平衡。

他们只对具体区域内的文化进行研究，考察其历史脉络，不作宏观和原则性的理论概括。例如，博厄斯学派（博厄斯、克罗伯、威斯勒等）在德奥文化传播论学者文化圈理论基础上展开文化区域研究，以部落为单位考察其文化特质，并以文化特质的组合与分布为依据划分由若干部落构成的文化区域，将区域内文化特质集中出现的地点认定为文化中心，将外围地区划分为几个文化特质分布递减的文化带。威斯勒（Clark Wissler）认为，文化中心是文化特质的原创地区，其外围则是传播的结果（林惠祥，1996）。

巴纳德（Alan Barnard）指出，文化区域研究是对进化与传播两个概念的限制性使用："进化发生在具体文化区域的中心，而传播是从中心向外围进行。"（巴纳德，2006）该学派的主要理论弱点是"极端相对论"和过度收敛，倾向于排斥民族之间文化方面的大跨度比较研究，其兴趣集中于文化现象的特殊性、互异性和多样性。这种倾向导致该学派对文化相似性事实的忽视。对古典进化论的过度批评，导致该学派对文明进步事实的忽视。

古典进化论的演进序列的确粗而不精，文化传播论的传播系谱固然大而无当，这些都是理论和方法不成熟的结果，与事实（文明进步事实和文化相似性事实）无关。罗维的《初民社会》是该学派批评古典进化论的主要论著。细读该书可以了解到其中多有不够客观、公允的成分，不是为搞清问题，而是为驳倒对方。

此种批评是一把双刃剑，寻到对方的理论缺陷，但又因过度批评而阻断批评者自身的理论建树。在19世纪末20世纪初的20余年间，博厄斯学派的主要工作是实地调查，积累许多人类学调查报告，却鲜有理论著作。一些欧洲人类学家因此批评博厄斯学派"无生产"。这一方面与当时美国人类学机构的民族志抢救工作有关，另一方面则是该学派在理论和方法上过度收敛的直接结果。

过度收敛的效果适得其反，导致人类学研究中主观、客观的进一步失衡。为摆脱这种局面，博厄斯学派的学者们在20世纪20年代后写出了一些综论性著述。① 这些著作的论述范围很广，但其民族志使用多局限于本学派调查报告（林惠祥，1996）。这些报告的调查对象主要是北美印第安原住民。在这个范围内不具备完成人类学综论的素材条件。

该学派逐渐派生一些新的理论见解。其中较有影响的为本尼迪克特（Ruth Fulton Benedict）等的"国民性研究"，赫斯科维斯（Melville Jean Herskovits）等的"文化相对论"，以怀特（Leslie Alvin White）和斯图尔德（Julian Steward）为主的"新进化论"。前两者都是对德奥传统博厄斯人类学的延续，乏善可陈。尤其是到了本尼迪克特的"民族性格"研究，已经走入科学研究的死胡同。怀特和斯图尔德均出自博厄斯门下，他们的"新进化论"体现出该学派一些学者的改弦更张。怀特则成为博厄斯"最持久和最严厉的

---

① 如博厄斯的《人类学与现代生活》（1928年），克罗伯的《人类学》（1923年）、《文化成长的形貌》（1944年）、《文化的性质》（1952年），戈登卫塞的《初期文化》（1922年），罗维的《原始宗教》（1924年），威斯勒的《人与文化》（1923年）、《社会人类学绪论》（1929年），托泽的《社会起源及社会继续》（1925年）等。

批判者”（亚当斯，2005）。

有必要提到如下事实（拉德克利夫-布朗，1988）。在 1888 年和 1896 年，博厄斯曾经指出，人类学的两个主要任务第一个是构拟具体地区或民族的历史。他认为这是“首要的任务”。第二个任务他叙述如下：“不同民族社会生活的比较证明，它们文化发展的基础有着惊人的一致。由此可推断，存在着与这种发展有关系的一些规律。对这些规律的发现是我们的科学第二位的、但也许是更重要的目的……审视这些研究，我们发现，同样的习俗、同样的思想，发生在我们不能建立任何历史联系的那些民族之中，以致不能设想出一个共同的历史渊源，这样，就有必要确定是否存在着这样一些规律，这些规律导致了有其独自历史原因的共同现象或至少是相似现象的产生。因此，产生了民族学（社会文化人类学）的第二个重要任务，即对统治社会生活的规律进行考察。”“在没有历史联系的文化区域中频繁发生的相似现象，使人想到重要的结论或许就来自这些现象的研究，因为，它说明人类意识在各地的发展是依据同样的规律。”

博厄斯在上文中强调小型部落社会文化相似性事实的普遍性及其重要认识价值。此为其早期见解，也是当时人类学界的基本共识。此后，他用文化相对论反对种族主义，走出一条相反道路，转而注重文化现象的特殊性、互异性和多样性，放弃由他自己提出的人类学第二个重要任务（对文化相似性事实的研究）。可以这样说，博厄斯背离了自己的治学初衷，导致博厄斯时代美国的人类学背离了人类学的初衷（这与当时正在形成的职业化学术体制和门生制度有直接关系），直到新进化论的提出。

第四节　从涂尔干到功能主义

以涂尔干为主导的法国社会学学派形成于 19 世纪末 20 世纪初。涂尔干的人类学研究主要采用古典进化论路径（阶段划分和起源探寻）。但他同时还提出一些非常重要的方法论见解，如对“社会事实”的界定以及对社会事实的功能分析。英国功能主义学派形成于20世纪20年代，马林诺夫斯基和拉德克利夫-布朗是该学派的主导者，一方面他们从涂尔干那里获得社会制度功能研究的启示，另一方面他们都是古典进化论“历史推测”方法（起源研究和重建史前史）的重要批评者。

在对部落社会文化观念和社会制度的功能分析方面，马林诺夫斯基和拉德克利夫-布朗基本一致。这样的例证很多，如马林诺夫斯基对起源神话社会功能的分析（马林诺夫斯基，1987），拉德克利夫-布朗在涂尔干基础上对澳大利亚原住民图腾制度社会功能的分析（拉德克利夫-布朗，1999）等。他们都强调对文化、制度作整体性研究：在一个社会共同体内部，各种制度构成有机整体，故有必要将各种制度置于整体之中，考察它们作为组成部分对整体的“贡献”。

在理论方面，马林诺夫斯基认为，社会文化的产生原因是为满足社会成员机体方面的生物性需求（新陈代谢、生殖、安全、成长、健康等）。拉德克利夫-布朗采用斯宾塞（Herbert Spencer）、涂尔干等学者的有机体类比，认为社会制度的基本功能是为维系社会共同体的运作和延续，如同生物有机体各系统（呼吸、消化、神经、血液循环系统等）间彼此协调的生理功能是为维系其生命的延续。马林诺夫斯基的“需求理论”比较牵强，后继乏人。拉德克利夫-布朗采用的有机体类比有其合理使用限度，过犹不及。

此前，古典进化论和文化传播论采用简单方法排列现象，无法触及社会事实的本质。马林诺夫斯基批评此类研究是“对孤立单项（isolateditem）的零敲碎打”（马林诺夫斯基，1999）。博厄斯学派的文化区域研究，在很大程度上只是德奥文化传播论文化圈、层研究的方法细化和范围缩小。在该学派一些研究者看来，文明是由“杂碎和补丁”构成的（无计划的）混合物，是历史事件（接触-传播）造成的彼此不相干的文化特质的随机组合（罗维，1987；拉德克利夫-布朗，1999）。

因此，制度功能分析是人类学方法的重要进展。研究者由此获得具有更高客观性的认识角度：制度如何发挥作用，社会结构（社会成员地位与角色的关系网络）的构成情况，以及制度之间的内在关联（功能关系）。古典进化论、文化传播论和博厄斯历史学派的学者们都是在历时性维度中展开研究，马林诺夫斯基和拉德克利夫-布朗转而采用共时性研究。其主要方法是对一个部落社会全部现存制度及其现有功能进行更加深入细致的整体性研究，而不去考虑这些制度的产生与变迁历程。

从历时性观点（古典进化论、文化传播论和博厄斯历史学派等）到共时性观点（功能主义、结构主义、阐释主义等），是人类学史上一次非常重要的范式转换。在功能主义出现后的20余年中（两次世界大战之间），“无论是法国、美国还是英国人类学，大范围的人类史的观念不再起大的作用”，大部分学者“不再试图构造全球人类史”（王铭铭，1998）。导致这种情况的原因，一方面是博厄斯学派文化相对论的影响，另一方面是在共时性研究中无法展开重建史前史的工作。

第五节　对象变迁与学派林立

社会文化人类学的认识对象在第二次世界大战后发生变迁：从部落民族扩展到无文字民族，再扩展到有文字民族；从非西方社会（他者）扩展到西方社会自身（古塔和弗格森，2005）。在原有基础性问题尚未解决时轻易改变认识对象（后面讨论其原因）并非明智选择。新学派的产生导致人类学出现学派林立的格局。在《人类学百年争论》一书中，瑟维斯提到人类学各学派间的分歧情况：“他们不仅各执一词、各自为政，而且彼此间越来越谈不拢。”（瑟维斯，1997）

如果将数十年来社会文化人类学的从业者群体比作一个人，则此人目无定睛，心浮气躁，各种标新立异的想法层出不穷，但却缺少最起码的内省与综合。对于一门从事实证性研究的经验科学来说，此局面并非良性指标，它只能说明这门学科仍处在比较初级的阶段。如何对人类学诸学派不同范式进行划分，一直是学术史家的难题。总结起来，主要有四种划分框架。

第一种框架以时间维度为主要划分依据。①历时性观点：古典进化论、文化传播论、马克思主义（在某些方面）、文化区域研究（在某些方面）。

②共时性观点：相对论、结构主义、结构-功能主义、认知研究、文化区域研究（在绝大多数方面）、功能主义（在某些方面）、阐释主义（在某些方面）。③互动观点：互动论、过程论、女性主义、后结构主义、后现代主义、功能主义（在某些方面）、阐释主义（在某些方面）、马克思主义（在某些方面）（巴纳德，2006）。

第二种框架以“主要兴趣点”（社会还是文化）为划分依据。①关于社会的理论：古典进化论、功能主义、结构-功能主义、互动论、过程论、马克思主义、后结构主义（在绝大多数方面）、结构主义（在某些方面）、文化区域研究（在某些方面）、女性主义（在某些方面）。②关于文化的理论：文化传播论、相对论、认知研究、阐释主义、后现代主义、文化区域研究（在绝大多数方面）、结构主义（在绝大多数方面）、后结构主义（在某些方面）、女性研究（在某些方面）（巴纳德，2006）。

第三种框架以国别为划分依据（略）。

第四种框架以认识论的不同（自然科学还是人文科学）为主要划分依据。详见表 1-1（瑟维斯，1997）。

表 1-1　瑟维斯二分表格

A 类	自然科学	决定论	古典进化论	社会结构	一般性	比较方法	环境论	有机体类比
B 类	人文科学	自由意志论	相对论	文化	特殊性	整体论	精神论	语言类比

相对来说，第四种划分更加准确。瑟维斯对人类学百年学术史的研究结论是：“民族学（社会文化人类学）并未真正取得多少长足的进展。……是我们在自己所钟爱的民族学的知识体系上将近一百年来就一无所获吗？从一定意义上说，它确实如此。”（瑟维斯，1997）他提出这个见解的主要理由，是在人类学知识体系中，几乎每一个基础性课题都缺少最起码的共识。

下面是瑟维斯的具体论述：“时至今日，在亲属称谓的‘意思’、社会结构与图腾崇拜的基本形式，或国家、法律、原始财产以及经济交换形式的起源，甚至文化自身的主要概念等方面，依然未能取得清楚明了或者普遍能接受的观点。诚然，我们大多数人都有各自的立场，每个人都深信对许多这样的问题找到了答案，唯一的问题是缺乏清楚的统一认识。”（瑟维斯，1997）他提到撰写该书（《人类学百年争论》）的目的之一是“指出民族学（社会文化人类学）界是如何杂乱无章，尤其是缺乏认识论的激情”（瑟维斯，1997）。

人类学界这种“杂乱无章”的格局在马林诺夫斯基晚年已经出现：“即使现在，人类学还是被许多学派、趋向和非正规方法所分割。它仍处于激战阶段，忙于学科建立早期——如果不是人性形成之始——所特有的‘所有人对所有人的战争’。”（马林诺夫斯基，1999）

第六节　验证困境与范式整合

人类学新学派的创立者乃至认同者一般都要对既有理论提出批评，古典进化论一直是众矢之的，包括由于冷战时期西方社会对马克思主义的敌视，连带对古典进化论和新进化论学说的排斥（古塔和弗格森，2005）。从罗维的《初民社会》到列维-斯特劳斯的《图腾制度》，此类批评不胜枚举。由此形成一种不够严谨的批评语境，即对古典进化论基本方法和取向的过度批评和全面否定，包括其中一些十分重要的合理成分，如重建史前史的历时性研究和社会制度的起源研究等。其结果是造成这些重要课题的无人问津和长期停滞。

在自然科学中，一门相对成熟的学科不存在学派林立的局面。这是因为，在自然科学中可以通过实验来检验各种理论：一个足够严格的检验结果（证实或证伪）可以有效排除任何争议，直接矫正人们的见解。通过验证的理论被纳入知识体系，不能通过的则被排除在外（搁置或废弃）。在自然科学中也有一些领域不同程度地缺少验证手段，但通过运用合理的认识方法可以有效弥补认识条件方面的不完备（详见后文）。这是马林诺夫斯基所说的“经验与原理之间的不断交叉互验”（马林诺夫斯基，1999）。于是主观与客观（理论与事实）通过不断矫正而保持其趋于对应的关系。

社会科学则缺少此种矫正手段。无人质疑社会科学作为经验科学的基本属性。只是当人类将自身作为认识对象时，有时难以把握主客体的位置。人类社会无法被放进实验室，人类历史鲜有相对稳定的规律性现象，社会事实的相似性与差异性彼此纠缠，社会生活中各种文化观念、社会制度综合作用的因果关系极难被澄清。这是社会科学的取证和验证困境。主观与客观（理论与事实）之间因此缺乏使之趋于对应的约束。理论家的自由往往以强调一部分事实和忽略一部分事实为代价，由此造成两种结果：自然科学自形成以来长足进展，社会科学则步履维艰。

具体在人类学中，由于缺少检验和矫正的有效机制，所以在批评旧理论和提出新理论的过程中无法摆脱批评过度和收敛过度的局面，也无法摆脱学派林立（各有其道理，谁也驳不倒谁）的局面。拉德克利夫-布朗从来都不承认自己是“功能主义者”：“在自然科学中没有这种意义上的‘学派’的位置，而我则把社会人类学当做自然科学的一个分支。”（拉德克利夫-布朗，1999）他似乎未能注意到，导致学派林立正是因为社会人类学不是自然科学，是因为其存在取证和验证困境。

前面提到，科学的基本目标是实现人类对世界（包括自身）的准确认知（真）。在此意义上，社会科学与自然科学并无区别。在自然科学中，对于同一认识对象，不会得出两个彼此矛盾但却等价为真的认识结果。这一常识性判断尺度同样适用于社会科学乃至社会人类学的实证性研究。这是古典进化论学者（包括法国社会学学派）一以贯之的基本信念，也是拉德克利夫-布朗始终坚守的认识论底线。马林诺夫斯基同样强调了人类学的科学属性：“科学的最低定义总是无一例外地隐含着普遍原理的存在。”（马林诺夫斯基，1999）

在瑟维斯二分表格中，A 类研究者坚守上述认识论底线，B 类研究者则在底线之外。前者被称为科学人类学，强调比较研究，在归纳和分类的基础上构建一般性知识；后者被称为人文人类学，强调文化现象的复杂多样和分类困难，排斥比较研究，强调每一种文化的个性与独特性（皮普尔斯，2008）。二者在许多方面针锋相对，格格不入。

人类的社会文化现象固然高度复杂，但并不构成放弃以科学途径解决问题的理由。认识对象有多么复杂，就有必要在多么复杂的程度上选择方法和搞清问题。从这个角度考察，可以看到两类研究者的理论和方法各有得失。A 类坚守底线是正确选择，但在具体研究中却出现许多生硬模仿自然科学的失误，如整齐划一的阶段划分，各种决定论的以偏概全。B 类正确指出现象的复杂性以及 A 类研究存在的问题，但却错误地放弃了科学研究的认识论底线。

弗雷泽于 1941 年逝世，其时古典进化论已经式微。马林诺夫斯基为之撰写纪念长文。他在文中呼吁结束人类学中“所有人对所有人的战争”，并提出对各种范式进行整合的构想：“对人类学家而言，现在应该已是用休战与建设性的和平统治来逐步取代争吵、摩擦和兄弟相残之战的时刻，我们现在开始清楚地看到，进化论与历史方法、发展的原理与传播的事实、心理过程解释与社会学理论解释，都既非相互排斥，亦无内在对立，而是不可避免地相关和互补。”（马林诺夫斯基，1999）

马林诺夫斯基于次年（58 岁）因心脏病突发而过早辞世。在其死后出版的最后一部（也是最重要的一部）理论性著述（《科学的文化理论》）中，他进一步表述了上述构想，认为有必要将多个学派中的合理成分提取出来，构建一个更加合理有效的综合性认知策略。其中包括古典进化论的阶段划分和起源研究（马林诺夫斯基，1999）。

拉德克利夫-布朗也有类似见解：人类学中不应存在像哲学和绘画那样的学派或流派（拉德克利夫-布朗，1999）。他认为“社会进化是社会人类学家应该承认和研究的事实”。他区分出“进步”与“进化”两个概念。“进步”指“通过知识增长和技术改进，人类对自然环境更加有所控制”。社会“进化”指社会结构“新形式的产生过程”，是社会结构形式的多样化和由简单到复杂的过程（拉德克利夫-布朗，1999）。

上述研究的主要途径是在不同社会（个案）之间的比较研究方法。拉德克利夫-布朗认为，比较研究方法的“真正原则”是：“因为我们所知道的人类是同一种生物，所以，当他们在社会生活中联合起来时，尽管他们在不同地区，也很容易独立地创造出具有制度相似性的联合形式。”（拉德克利夫-布朗，1988）这是一个非常重要的卓越见解。

第七节　历时性与共时性

在拉德克利夫-布朗的研究中，有一个明显的自相矛盾之处。他对古典进化论“历史推测”方法持否定态度，认为在没有详细和连续性历史记录的情况下，研究者对原始社会各种制度的由来问题无能为力（拉德克利夫-布朗，1999），在这种情况下采用“历史解释”只能“求助于猜测和想象”，其结果是“杜撰出一些‘伪历史’或‘伪因果’解释”。但在对“历史解释”作出上述不留任何余地的批评后，他又说：“这并不意味着摈弃历史解释，相反，我

们要采纳这种解释。”（拉德克利夫-布朗，1999）

此种表述令人费解。他对此有一个说明：“但我的见解却常常被误解。我反对推测历史并非反对其历史的一面，而是反对其推测的一面。”（拉德克利夫-布朗，1999）任何一种社会形态或社会制度都有其形成与变迁的历史过程。拉德克利夫-布朗并没有愚蠢到“反对”作为客观事实的历史。关键在于，在没有详细和连续性历史记录的情况下，采用什么样的“历史解释”可以排除推测性成分？

上述矛盾并非简单意义上的表述问题。在一篇具有长远影响的重要论文（《亲属制度研究》，拉德克利夫-布朗于 1941 年在英国皇家人类学会所作会长演说）中，他试图以自己的“社会学分析方法”取代“历史推测方法”。但在其具体论证中却出现一个无法解决的矛盾：他用同胞群和世系群的团结一致原则去“解释”分类式亲属制度合并称谓现象的产生原因。这一论证得以成立的前提是需要证明一个演化序列的存在：核心家庭和世系群→氏族乃至半族。而证明这一前提则是一个严格意义上的“历史推测”（详见本书第三章第五节）。

1930 年，拉德克利夫-布朗曾对澳大利亚原住民 130 个部落（约占澳洲部落总数 1/4）的社会组织结构进行田野调查。他从外婚制度和亲属制度角度划分出一些基本制度类型，如卡列拉（Kariera）制度、阿兰达（Aranda）制度、穆尔金（Murngin）制度等。他试图依据由简单到复杂的社会结构“进化”标准，在不同类型间建立时序关系。例如，他认为阿兰达制度来源于更加简单的卡列拉制度（莱顿，2008）。

该项调查是拉德克利夫-布朗对人类学非常重要的贡献之一。但其建立社会类型间时序关系的判断则又是一个（在语义方面无法严格区分的）“历史解释”或“历史推测”。这是在拉德克利夫-布朗人类学研究中始终纠缠不清的一个方法论问题。自然科学的类似研究表明，在深入细致的个案分析和个案间比较研究的基础上，并非不能提出经验依据足够充分的“历史推测”。

自然科学中至少有三门学科接近人类学重建史前史的工作：天文学中的天体演化研究，地质学中的地壳演化研究，生物学中的物种演化研究。三者都采用历时性研究（起源和演化）方法，都缺少详细和连续性的历史记录，都必须借助推测性研究手段，其结论中都存在一些至今无法加以验证的理论环节。但这些认识条件方面的不完备并没有挡住这些领域的知识成熟进程。可以设想，如果不采用推测性方法和历时性研究途径，到目前为止，上述三门学科也就只能停滞在博物学起点上驻足不前。

还可以调整角度看待问题：是否正是数十年来主流人类学研究不采用推

测性方法和历时性研究途径，导致人类学重建史前史的工作停滞不前？如果研究者对地球表面每一处彼此不同的地层露头采用相对论原则并只关注其特殊性现象，地质学将永远无法摆脱博物学状态。如果放弃归纳法意义上的大范围比较研究，由林耐初步完成的生物形态学分类将无法实现，达尔文的研究也将失去必不可少的知识基础。如果达尔文不在历时性维度中展开工作，今天的生物学将仍然停留在林耐的共时性分类状态。

人类学与上述三门学科间存在连续性关系：天文学中的天体演化研究让我们获得有关地球由来的知识，地质学中的地壳演化研究使我们了解不同地层的时序关系乃至地球的历史，生物学中的物种演化研究告诉我们生物的历史和人类的由来。人类学研究的基本方向是重建人类物种的史前史，并在此基础上准确认识迄今为止的全部人类历史。其中最重要的课题就是从动物性群体到人类社会的文明起源研究。

古典进化论工作固然粗而不精，但其基本认识方向则完全正确。完成这些工作（文明起源研究和重建史前史）是人类学无法回避的首要学科使命。主流人类学放弃这些工作的过程是否过于草率？我们是否可以拿出足以说服自己放弃的理由？如果本学科放弃这些工作，哪一门学科更有条件接手？如果不完成这些工作，人类学乃至社会科学的知识基础何在？仅仅依靠底线之外B类研究者的工作，这门经验科学是否还有继续存在的足够理由？

第八节　人类学的民族志困境

马林诺夫斯基在《西太平洋的航海者》一书开篇指出：“民族学正处在一个即使不是悲剧性的也是十分尴尬的境地。正当它整理好作坊，打造好工具，准备不日开工时，它要研究的材料却无可挽回地急剧消散了。”他的意思是说，近代原始民族及其文化在欧洲人的殖民进程中迅速消亡："尽管目前尚有大批土著社区可供科学研究，但在一两代人之内，他们或他们的文化实际上就要消亡。"因此，他指出，对原始民族的民族志调查"时间紧迫，任务繁重，急需大量的精力投入"（马林诺夫斯基，2002）。拉德克利夫-布朗在1923年一次题为"民族学的方法和社会人类学的方法"的演讲中提到同一个问题。

下面是拉德克利夫-布朗的具体论述："近几年来，研究者的数量一直在增长，他们既受过严格的观察方法的训练，又具有进行实地考察所需要的学科知识。就像科学似乎也有自己的成年一样，原始文化研究的题材也正在迅速地消逝。白种人的扩展和欧洲文明在全世界的传布，仅在一两个世纪内就出现了巨大的变化。许多地区的土著民族已经销声匿迹（如塔斯马尼亚人），或正接近销声匿迹（如澳大利亚人和我们这里的布希曼人）。在别的地方，虽然还残存着一些土著居民，但他们的习俗和生活方式已经发生了变化。他们再也不像以前那样做事，他们学会了一种新的语言，他们的习俗已被废弃，前辈的许多信仰也被他们遗忘。民族学家和社会人类学家进行研究所依赖的大量材料正在我们眼前逝去。我想，没有其他科学处于这样一种状况：如果现在不立即做，将来就再也没有机会去做。"（拉德克利夫-布朗，1988）

《安达曼岛人》和《西太平洋的航海者》于同年（1922年）出版。二者都是英国人类学家对英属殖民地原住民所作的民族志调查报告，都被公认为现代人类学民族志调查的奠基性和经典性范本。前者是拉德克利夫-布朗于1906～1908年在安达曼群岛的考察成果，后者是马林诺夫斯基于1914～1918年在特罗布里恩德群岛的（三次）考察成果。

一些学者曾对拉德克利夫-布朗所作田野调查的准确和诚信问题提出质疑，认为他没有（像马林诺夫斯基一样）给出材料的获取途径和田野调查的具体过程（拉德克利夫-布朗，2005）。从这个角度来看，马林诺夫斯基、拉德克利夫-布朗二人的工作都有不尽如人意之处。

拉德克利夫-布朗在田野报告导言部分简要交代以往数十年间殖民化进程对安达曼群岛原住民社会生活的影响，包括人口锐减、出生率"几乎下降到零"、原有社会组织和习俗已发生极大改变等（拉德克利夫-布朗，2005）。后文提到，大安达曼岛原住民的10个部落原有将近5000人，在殖民者进入后数十年间减少到600人，不足原有人口的1/8（拉德克利夫-布朗，2005）。他指出："民族学家真正感兴趣的，是欧洲人占领这些岛屿之前这些部落原有的社会组织。"（拉德克利夫-布朗，2005）殖民化冲击导致原有情况迅速消亡，进而导致对原有情况进行复原的极大困难。拉德克利夫-布朗调查报告的主要工作之一，就是对安达曼群岛原住民（在殖民者进入之初）原有情况进行复原。只是他明显低估了其改变程度。

由此反观马林诺夫斯基的调查报告，他在其导论中强调："我希望，无论就本书的资料来源，还是就我是怎样、在什么条件下以及以何种精确程度达到对每一给定细项的知识，不留任何暧昧不明之处。"（马林诺夫斯基，2002）实际情况并非如此。

我们需要知道：殖民者何时与该地区原住民发生最初接触（导致原住民感染大规模瘟疫往往是在这一时段），瘟疫的发生情况和死亡人数，英国政府何时在该地区建立何种殖民统治，传教士何时进入以及如何用基督教强制性替换原住民的传统宗教，这里的居民成分一直以来怎样变化，所有这些对原住民的原有情况造成了什么程度的破坏。这些都是民族志读者必须知道的背景情况。但在40余万言的调查报告中，马林诺夫斯基对此未作最起码的正面说明。这是一个不可原谅的"暧昧不明之处"。

至少马林诺夫斯基、拉德克利夫-布朗二人对近代原始民族原有情况的迅速消亡均有着直观而深切的体察。拉德克利夫-布朗指出："1898年剑桥大学赴托雷斯海峡的考察，标志着社会人类学新发展阶段的开始。"（拉德克利夫-布朗，1988）此次考察的领导者是（当时的都柏林皇家科学院教授）哈登（Alfred Cort Haddon），他是英国现代人类学主要创始人之一。考察队成员包括拉德克利夫-布朗的老师里弗斯（William Halse Rivers）和马林诺夫斯基的老师塞利格曼（Charles Gabriel Seligman）。其考察地点（托雷斯海峡一带的岛屿和澳洲北端的约克角）与16年后马林诺夫斯基的民族志地点（特罗布里恩德群岛）相距不远。由哈登撰写的考察报告（中译本《南洋猎头民族考察记》）可知，其考察对象原有情况已发生严重变化。

殖民地统治者对原住民传统宗教一直奉行强制性取缔政策。在哈登此次考察的墨累岛（Murray Island），"真正的图腾制度现在已不存在，不论它过去的情形是怎样，但是有一种重要的'神圣'会社或团体，它的权力是为传教士所打破的"（哈登，1937）。由于当地原有文化的迅速消亡，他们只能向老人提问。"即使中年人对他们的古风俗也已很少知道，至于青年人则一无所知了。"（哈登，1937）例如，当地曾有一种非常重要的仪式（"马鲁"，成年礼仪式）。由于原住民都被强制改信了基督教，此仪式已有25年未举行。哈登的考察队为看到它，只好强求一些很不情愿的老年人来回忆和"表演"仪式过程（哈登，1937）。依据此种有偿表演所记录的民族志材料，其认识价值只能聊胜于无。在澳洲北端的约克角，情况更加严重。这里的原住民谷当（Gudang）部落及其邻近部落已经灭绝。哈登一行人对此只能"继续不断地引起反复叫喊的'太迟'的叹息"（哈登，1937）。在拉德克利夫-布朗对安达曼群岛的田野调查中，也存在让原住民"表演"仪式的情况（拉德克利夫-布朗，2005)。

在 1900 年，由弗雷泽本人执笔起草一份请愿书，他与当时 76 位英国学者一道，将请愿书呈交维多利亚政府，要求在澳大利亚原住民的社会文化和制度遭到彻底破坏之前，去进行尽可能完整、准确的民族志观察和记录。其理由是：这些原始民族的资料将提供“在早期社会与宗教史上的伟大时刻的某些问题的答案”(特朗普，1995)。

弗雷泽在另一个场合(1908 年就任利物浦大学社会人类学教授时的演讲)提到：“如果我们不迅速赶去抢救，这些知识将不得不与人(指殖民地原住民)一同消失。在目前人类知识的整个范围中，没有比在为时过晚之前先去记录下人类早期历史这一无法估价的证据更为紧迫的事情了。因为不久以后，很快地，我们还拥有的这些机会就将永远失去。在本世纪下一个 1/4 中，大概只有极少数甚至根本没有古老的野蛮人生活留下来可供记录了。”因此，这是“极为紧迫的、最重要的科学任务”(弗雷泽，1988)。

马林诺夫斯基、拉德克利夫-布朗二人的田野调查之所以能得到各种支持，与弗雷泽等古典进化论学者的大声疾呼不无关系。在美国，博厄斯时代(20 世纪初期的 30 年间)的民族志抢救工作同样捉襟见肘。在许多情况下，他们的田野调查是去“发现和询问年长的印第安报道人，希望他们能从自己的记忆中，或者是根据上一代的口述传承，告诉研究者任何关于上古的战争、部落冲突以及太阳舞的信息”(亚当斯，2005)。那些“年长报道人”是有偿服务，其提供的资料是否准确难以验证。

本书前面提到，拉德克利夫-布朗曾在澳大利亚进行田野调查。其调查对象与博厄斯时代美国人类学家面对的情况相近：“尽管他在西澳大利亚开展田野工作，但那是一个土著生活已经遭到殖民严重破坏的区域。他的许多数据是在一个小岛上的与世隔绝的专门收治性病患者的医院里收集到的，在那里他能获得宗谱和有关婚姻规则的资料，但和马林诺夫斯基不同，他没能观察到这些程序是如何在灌木丛里的传统生活中转换为日常互动的。”(莱顿，2008)

虽然马林诺夫斯基没有正面介绍殖民化过程及其对原住民社会生活造成的破坏，但我们仍可从其报告的只言片语中得知，殖民统治在该地区(特罗布里恩德群岛)已有半个多世纪(三个世代)，这里也曾发生过瘟疫导致人口锐减的情况，殖民者强占这里大片土地，潜水采珠和在白人庄园做工等新的生计已完全改变原有经济生活，殖民地官员和传教士一直在强制性取缔原住民的传统宗教。其结果是“库拉”仪式的迅速衰败，并已经失去其原有的宗教内涵和社会影响(马林诺夫斯基，2002)。

拉德克利夫-布朗在 1931 年的一次学术演讲中提到，人类学“近乎悲剧的状态”已经“接近危急关头”。“我从第一次从事这种研究至今已有 25 年了，在此期间，我目睹了许多重大的变化。25 年前，从澳大利亚、美拉尼西亚和北美的部落中，我们获得了极有价值的材料；但是，这些部落今后能告诉我们的已没有多少了，在许多方面甚至是一无所有。在第二个 25 年里，情况的恶化将是前所未有的。今天在地球各处还能进行的研究，将成为再也不可能的事情。是否有过什么其他科学或历史上曾经有过什么其他科学面临的是这样一种形势，而且，这种形势正接近危急关头：一方面由于缺少普遍的吸引力和支持，研究者极少，资金匮乏；另一方面，大量极重要的材料正年复一年地迅速消失，哪怕对稍大一点的部分进行研究都没有可能。”（拉德克利夫-布朗，1988）

可以这样说，在澳大利亚、大洋洲（为叙述方便，这里用其狭义范围，不包括澳大利亚，下同）、南北美洲等全部殖民化地区，专业民族志调查者对原住民（部落民族）文化观念和社会制度的观察和记录，是在迅速、彻底的破坏之中仓促进行的，并在彻底破坏之后被迫结束。弗雷泽、马林诺夫斯基和拉德克利夫-布朗的预言很快变成事实，原始文化乃至其“年长报道人”在全世界迅速消失。至少在 20 世纪五六十年代，也就是半个多世纪前，此事木已成舟。

这就是社会文化人类学的民族志困境。

第九节　民族志困境中的人类学

确如马林诺夫斯基和拉德克利夫-布朗所言，在科学领域中，只有社会文化人类学（民族学）面对如此尴尬的悲剧性局面。在哥伦布地理发现之初（15 世纪末），近代原始民族的分布范围占地球表面全部住人地区将近一半。

可以列出一个时间表：欧洲人的殖民过程与近代原始民族及其社会文化形态的消亡过程。两个过程一长一消，相伴而行。

在这个时间表中，1800 年是第一个分界点。近代原始民族及其社会文化形态由此开始在全球范围内迅速消亡。1900 年是第二个分界点。此时，已不存在保存较好的原有情况。此后，残存不多的原始民族社会文化形态在四五十年内全面消失。1950 年是第三个分界点。此后，社会文化人类学彻底失去原有意义上的民族志对象。这三个分界点是考察和评价社会文化人类学悲剧性学术史的重要参照系。由此可以看到这门学科的行业危机和理论尴尬。

以近代原始民族原有情况的保留质量为指标，可将田野调查的民族志对象区分为五个等级。一等，原有情况的保留基本完整。二等，原有的社会组织和制度形态受到一定程度的破坏，但尚未伤及筋骨。三等，受到比较严重的破坏，一些宗教观念和重要制度已严重变形或消失。四等，受到彻底破坏，原有的社会组织和制度形态要么消失要么已改变到无法复原的程度，但还有一些在“三等时代”生活过的老人。五等，还有少量在“四等时代”生活过的老人（对应于哈登考察墨累岛时的“中年人”），原有情况仅仅凭借第二代口传残存于他们不准确的记忆之中。

欧洲殖民者对近代原始民族及其社会文化形态的第一个冲击，是传播瘟疫（天花、肺结核、猩红热、性病等）：“由欧洲人有意或无意地传染给没有免疫力的部落民族”（基辛，1988），大规模瘟疫爆发导致人口锐减（沃什伯恩，1997）。例如，密苏里河上游的曼丹人（Mandan）原有人口约为 9000 人，两次（1764 年，1837 年）天花流行之后仅存 60 余人（基辛，1988）。

第二个冲击，是占领其土地、杀戮其人民。例如，英国殖民者于 1803 年入侵塔斯马尼亚岛，当时原住民人口至少 6000 人（实际人口可能远多于此），1876 年被杀光。又如，在大洋洲“土著居民的人数随着殖民掠夺（包括瘟疫造成的结果）而减少。波利尼西亚人在殖民以前共有 110 万人，到 1890 年就减少至 18 万；密克罗尼西亚人则从 20 万减为 8.3 万”（托卡列夫和托尔斯托夫，1980）。

第三个冲击，是殖民者当局和传教士用基督教强制性替换原住民的本土文化，包括将部落解体后的残余人口强行迁入“传教村”（澳洲）或“保留地”（北美洲）。

第四个冲击，是原住民社会生活的几乎所有方面都受到西方文化影响（澳洲地区的情况可参阅托卡列夫和托尔斯托夫，1980；美洲地区的情况可参阅沃什伯恩，1997；整体情况可参阅基辛，1988）。

所有殖民地政府都有一个共同倾向，即低估原住民的原有人数。其动机很简单：这个数字越小，也就越可以掩盖原住民受到伤害（人口锐减）的程度。从宏观上说，近代原始民族（殖民地原住民）的每一个部落社会（包括部落联盟、酋邦以及早期国家等）都曾经历上述五个等级的消亡过程。在第三个分界点之后，劫后余生的少数原住民已在五等之外。

有必要区分两个“现状”。原住民原有情况保留质量的一等状态，是近代原始民族社会组织和制度形态未受殖民化冲击的自然状态，是严格意义上的“第一现状”。二等以下是“第二现状”。保留质量的等级越低，两个“现状”之间的改变越大。完整、准确记录“第一现状”的民族志，是社会文化人类学借以展开基础研究的理想素材。实际情况是，（哈登以来）专业民族志调查者田野调查对象的保留质量一般都在三等或三等以下。因此，他们的首要任务是在“第二现状”中辨别和排除殖民化导致的改变成分，最大限度完整、准确地复原“第一现状”。这是一个记录匮乏、难度极高的历时性重建工作。

两个“现状”之间的改变越大，复原条件也就越低。例如，拉德克利夫-布朗田野调查对象（安达曼群岛原住民）的“第二现状”保存质量在三等到四等之间，其主要工作之一就是对该地区“第一现状”的历时性重建。其难度极高，且复原质量并不理想。又如，哈登在考察对象四等“第二现状”中已无法复原墨累岛原住民的“第一现状”。所谓巧妇难为无米之炊。

在第二个分界点之前，民族志调查者主要是非专业人员。此后，受过大学训练的专业民族志调查者迅速替换了前者。美国第一代专业民族志调查者是博厄斯及其学生，欧洲的第一代专业民族志调查者则是哈登、里弗斯、塞利格曼以及晚些的拉德克利夫-布朗和马林诺夫斯基。自他们之后，专业民族志调查者有两个共同见解：一是对非专业民族志记录质量的质疑甚至否定，并很少或完全不使用此类资料；二是对“安乐椅上的人类学家”（指未从事过民族志田野工作的早期学者）学术见解的质疑，并倾向于排斥他们的见解。

如果人类学认识对象的“第一现状”如同天象运行、四时交替乃至苹果落地一般恒定，研究者有条件用更精确的专业观察取代以往的非专业观察，还有条件从容不迫地进一步改善观察精度。但人类学没有这个条件。前面提到，专业民族志调查者田野调查对象的保留质量一般都在三等或三等以下。无论研究者的“作坊”和“工具”多么精良，其民族志成品的质量都不可能达到“第一现状”的合格标准。

虽然非专业民族志质量存在问题，但其中包含许多近代原始民族一等到三等状态的直观记录。这是一些非常珍贵的人类学基础研究素材。对于社会文化人类学研究者来说，将其废弃是很不明智的选择，如同一个人在空气本已十分稀薄的情况下又用力扼住自己的咽喉。对于本学科的民族志困境，人类学家无力左右这一悲剧性局面的形成。但废弃非专业民族志记录，则是许多人类学家在第二个分界点之后自主作出的悲剧性选择。

社会文化人类学在19世纪末20世纪初有一些最低限度（跨学派）的基本共识：这门学科的主要认识目标（具有首要意义的学科使命）是重建史前史（博厄斯学派是具体地区或民族的历史），主要认识对象是近代原始民族，准确地说是近代原始民族未受殖民化冲击的自然状态。下面是拉德克利夫-布朗在这个方面的代表性见解。在1931年的一次学术演讲中，拉德克利夫-布朗提到："以前，如果一个实地考察工作者去一个曾受到欧洲文化影响的民族中，他的任务一如往常，就是去详尽地发现在欧洲文化影响之前，原本的文化的情形。通过与欧洲文化联系起来详细研究土著文化所发生的变迁，不被认为是人种史学家工作的一部分。……人种史学家的首要任务也是同样的，就是搞清楚有可能发现的有关原本文化的一切东西。只有在这一工作比较圆满地完成后，才有可能认识欧洲文化的影响所造成的变迁。"（拉德克利夫-布朗，1988）

其否定性共识：非"第一现状"的文化变迁成分在重建史前史的基础研究中没有认识价值。下面是拉德克利夫-布朗在这个方面的代表性见解："当所要讨论的文化正处于完全瓦解和崩溃的过程中的时候，像在澳大利亚土著或北美印第安人的某些部落中所发生的那样，这样的研究无论是对社会学理论或是对实际目的来说，都没有或基本没有什么价值。"（拉德克利夫-布朗，1988）

这是人类学界培训、派遣第一代专业民族志调查者从事田野调查的唯一目的。他们的任务是民族志抢救，其田野调查对象是残存"第一现状"的近代原始民族。马林诺夫斯基说"时间紧迫"，是因为田野调查对象"就要消亡"。在博厄斯、拉德克利夫-布朗和马林诺夫斯基之后，田野调查成为人类学者必不可少的专业履历。随着第三个分界点临近，人类学田野"作坊"面对行将"倒闭"的行业危机。这是一个迅速发生、不可逆转的倒计时过程。

这场"民族志危机"构成这一段人类学历史（20世纪前半段）中一系列重要调整和改变的基本动因，调整的性质类似汤因比学说中的"挑战"与"应战"。主要改变包括田野调查对象和研究方向的宽泛化（从原始文化到异文化，再到去掉"异"字只留下文化），还包括对宽泛化提供理论依据以及各种实用人类学的出现。在这些理论表述中，危机的存在暧昧不明。这是民族志困境导致人类学从业者的理论尴尬。

但是，我们在学术史回顾中不可忽视危机的存在，否则无法看到这一段人类学自身"文化变迁"的真实原因，进而也就无法区分此番变迁是主动进取，还是被动调整。二者之间有天壤之别。

第十节　专业民族志：经验提取质量

在自然科学中，已经具备比较严格的经验提取程序。这里的“经验”指认识者对客观现象（事实）的准确感知（包括借助工具的感知）。任何理论都是对经验的逻辑处理结果。换言之，提出科学理论需要具备两个基本依据：经验依据和逻辑依据（逻辑是被经验反复验证其有效性和可靠性的经验处理方法）。对任何理论的检验也只能通过这两条途径：经验验证和逻辑验证。通过验证的理论才能被纳入科学知识体系。这两个验证环节（前一环节尤为重要）可以保证被纳入知识体系的理论为真或具有更高真值。

对一具体时空范围内的具体现象（自然现象或社会现象），只应有一个客观准确的观察结果。对任何一门经验科学来说，其基础性工作是最大限度地缩小经验提取误差。否则进一步工作无法有效展开。在科学认知程序中，经验提取（观察或实验）既是研究起点，也是最终裁定（验证）手段。因此，确保经验提取的客观准确是经验科学的首要原则。这里称其为经验提取的客观准确原则。

前面提到，在社会科学研究中存在取证和验证困境。具体说，此问题具体产生于经验提取环节。涂尔干提出社会事实（社会现象）概念，主要意图是为摆脱社会科学的经验取证和验证困境（涂尔干，1999b），包括对主体（观察和研究者）与客体（社会事实）的区分、对客体的界定以及观察的方法。他强调，对社会事实（社会现象）的观察“必须始终如一地摆脱一切预断”（涂尔干，1999b），以此保证经验提取的客观准确。

下面讨论社会文化人类学（民族学）领域相关问题。讨论范围具体限定在第二个分界点和第三个分界点之间的专业民族志调查。前面已经提到，这一时期这门学科的主要认识对象是近代原始民族的部落社会，准确说是其未受殖民化冲击的自然状态（第一现状）。其主要研究素材（经验依据）是部落社会民族志。也就是说，民族志田野调查是这门学科的经验提取环节。

有必要明确区分这门学科的两项基本工作（理由见后）：一是经验提取，二是经验研究。这两项工作可用来划分人类学家两种可以进一步细分的职业身份：一是民族志田野调查者，二是以民族志为认识素材的基础研究者。在自然科学中，许多研究者都会身兼二职（经验提取、经验研究）。一个人（A）的经验提取数据和研究结论可以由 B、C 或任何他者通过再次经验提取加以核实。人类学则没有这个条件。

具体说，在第二个分界点和第三个分界点之间，部落社会原有情况一直在发生迅速改变，直到彻底消亡。如果一个人类学者身兼二职，从他开始进行田野调查到撰写民族志文本，再到以此为依据的经验研究，这两项工作的完成一般需要三五年或更长时间。此时再回到田野，同一个民族志对象已发生不可逆转的改变。再一次的经验提取已经难以有效核实他的田野数据。

还有一个问题值得高度重视。如果是一位具有很高理论抱负的民族志田野调查者，他倾向于在田野调查中构思其理论，甚至在进入田野之前已经形成其理论意向。在这种情况下，他会在有意无意之间单向寻找支持其理论的社会现象，忽视那些在其理论中无用或与之相违但却十分重要的社会事实。更加严重的情况是为了其理论而歪曲事实，让事实为我所用。此类现象并不少见。其典型如玛格丽特·米德（Margaret Mead）对萨摩亚人的研究。可以参阅弗里曼（Derek Freeman）在《玛格丽特·米德与萨摩亚：一个人类学神话的形成与破灭》一书中对玛格丽特·米德萨摩亚文本真实性提出举证翔实的质疑和批评（弗里曼，2008）。

当经验提取与经验研究这两项工作被如此这般“粘连”在一起时，其结果是既不能得到一个合格的民族志文本，也不会由此诞生一项有质量的基础研究成果。在无外在约束的情况下，米德类型的“粘连”不可避免。故有必要在二者间作明确区分。鉴于这一时期这门学科所面对的特殊情况，还有必要制定相应的约束规则。此规则所要实现的目标：避免一位田野调查者因其理论冲动而毁了他的民族志文本（失去经验提取的客观性、完整性和准确性），同时避免一位以民族志为经验依据的研究者使用存在严重误差的认识素材。

此规则的上限：最好将从事两种工作的人类学家严格分开。此规则的下限是：如果身兼二职不可避免，那么以民族志为经验依据的研究者原则上不可将他（或她）自己的田野报告纳入其基础研究的论据之中，尤其不能以他自己的田野报告作为主要或唯一论据构建其理论（米德式“粘连”）。就其下限而言，这一规则可称为民族志回避规则。

上述“粘连”源于早期身兼二职的人类学家的一种不切实际的自信。下面介绍拉德克利夫-布朗在这方面的代表性见解：“非欧洲民族比较社会学的未来完全属于实地考察工作者。在这种研究中，承认那些从未亲自对至少一种文化进行深入研究的任何科学权威的时代，已经一去不复返了。”只要与民族志对象“进行直接、亲自的接触”，就有条件解决问题，“不论是否有天才，有没有洞察力都是不要紧的”（拉德克利夫-布朗，1988）。

下面是拉德克利夫-布朗在这一问题上具有重要影响的核心见解：“新人类学还有一个重要特征，即坚持调查和理论决不能分离，而必须像其他学科一样将两者紧密地结合起来。资料的观察、假设的阐述以及通过进一步的直接观察来验证这些假设，是一个过程的所有步骤，这一过程应尽可能由一个人来完成。”（拉德克利夫-布朗，1988）此时田野调查已成为人类学家必不可少的专业履历。因此上述见解很快成为每个人类学家都乐于接受的专业立场或者说是行业立场。于是在充满理论自信的专业民族志中，或多或少的“粘连”现象接踵而至。

拉德克利夫-布朗的上述见解存在三个方面的不周全。第一，他自己很清楚，近代原始民族原有情况将在短期内“迅速消失”。如果按照他提出的原则进行研究（只有亲自调查者才有研究资格），那么“新人类学”在田野对象彻底消失后只好歇业。第二，与其他学科相比较，人类学在经验提取方面有其特殊性。在没有外在约束时，米德式的“粘连”不可避免。第三，涂尔干的社会学方法和理论对（由拉德克利夫-布朗本人提出的）功能主义学说的形成具有决定性影响，拉德克利夫-布朗在其最后一部理论著作中提到，涂尔干的工作“就是为比较社会学这门科学奠定坚实的基础”（拉德克利夫-布朗，1988）。而涂尔干恰是一位“从未亲自对至少一种文化进行深入研究”的“科学权威”。如果不承认涂尔干，他的学说乃至他所说的比较社会学都将失去坚实基础。

下面简要讨论这一时期专业民族志田野调查有必要注意的问题。在第二个分界点和第三个分界点之间，田野调查对象原有情况的保存质量一般都在三等或三等以下。这里存在两个层次的质量问题：一是前面讨论过的田野对象“第一现状”的保存质量，二是田野调查的经验提取质量。前者取决于一个给定社会原有制度和文化数据的实际储量，后者则取决于对一个给定社会既有数据储量的实际“开采”量。二者同等重要，共同决定一部民族志文献（调查报告文本）的最终质量。其表达方式为：

保存质量×提取质量=民族志目标实现质量

解决第一个质量问题的首要步骤是调查者对田野调查对象的选择，也就是尽可能选择“第一现状”保存质量最好的部落社会。这需要对当时世界范围内近代原始民族的分布情况及其“第一现状”的保存情况有一个比较准确的宏观把握。第二个步骤是尽可能准确地了解选定对象（原住民社会）已经并正在受到的殖民化影响。这主要包括：选定对象原有人口数量、领土范围、与欧洲人的初期接触情况，瘟疫发生情况和死亡人数，该地区何时建立殖民统治，殖民地官员和传教士一直以来用何种方式干预原住民的社会生活和宗教信仰及其干预结果，此地经济生活和居民成分的改变情况等。

在这一时期的田野调查报告中，有必要对上述内容给出尽可能完整准确的正面陈述。进一步说，有必要在专业民族志文本显要位置独辟一个单元，专门介绍田野调查对象所经历的殖民化冲击背景。这是民族志调查者以及民族志文本研究者借以评估田野调查对象“第一现状”保存质量的重要依据。也可以说是该文本田野调查对象“第一现状”保存情况的“质量标签”。

前面提到，在拉德克利夫-布朗的调查报告中对此有所交代，但远不够细致完整。在马林诺夫斯基的调查报告中，对此未作任何正面陈述。细读他们的报告可知，其田野调查对象“第一现状”的保存质量实际上都在三等和四等之间。可以设想，作为尚未成名的年轻学者，他们的田野报告是赢得当时学术界承认的主要甚至是唯一的途径。如果在发表出来的民族志文本中贴上“第一现状”保存质量为三等或四等的“质量标签”，其效果可想而知。

这是他们不贴标签或不明确标注质量等级的“隐私”。在第二个分界点和第三个分界点之间，实际上几乎每一个田野调查者都面对相同窘境。因此在这一时期的民族志文献中，等级分明的“质量标签”不多。这是人类学在民族志困境中的行业隐私，是没有隐私权的隐私。马林诺夫斯基和拉德克利夫-布朗被公认为人类学田野调查技术的主要奠基者，他们为这门技术奠定了不够坚实的基础。

解决第二个质量问题的难度极大，有必要先从保留质量为理想状态（一等或二等）的田野调查对象入手展开讨论。这里的问题是：提取什么、怎样提取。

先讨论第一个问题，提取什么。提取对象可以被界定为涂尔干意义上的社会事实。首先确定田野调查对象作为一个独立社会的明确边际（展开调查的空间范围），其次是区分该社会全部社会事实的主次关系（哪些是芝麻，哪些是西瓜）。

在自然状态中，任何一个原始民族的独立社会并非空中楼阁，其社会生活正常运转是有条件的。如同一幢建筑物，它需要足够牢固的支撑体系方可立而不倒、聚而不散。上述主次区分就是指在社会事实中寻找支撑该社会稳定存在的主体结构，也就是由若干主要制度构成的社会生活控制体系。这里称其为部落社会组织和制度的主体结构。

以澳洲原住民部落为例，其社会组织和制度的主体结构包括社会组织结构与亲属制度、乱伦禁忌与外婚制、原始分类体系和图腾增殖仪式、成年礼和转世制度、作为社会中坚的成年男子群体以及在这个范围内通过成年礼逐代传递的神圣文化、婚后居与单系继嗣制度、图腾圣地、起源神话和纪念仪式、每年一度的部落聚会以及部落间的交往惯例等。

这些社会事实（都是本书将要正面研究的主要对象）有其鲜明的自在特征，共同构成一个彼此关联的有机整体。如果按照传统人类学四个基本领域（亲属制度、政治制度、经济制度和宗教制度）来划分，很难看清这些社会事实的内在关联。无关紧要的社会事实可以忽略，主体结构则需要尽可能完整地记录，与之相关的每一个细节都十分重要。

第二个问题，怎样提取。仍以澳洲原住民部落为例。部落文化核心内容在成年男子范围内通过成年礼逐代传递。如果一个行过成年礼的青年将其中的秘传文化泄露给不该知道的人（妇女和儿童），两人（泄露者和得知者）都将受到严厉惩罚。在部落传统受到严重破坏之前，其惩罚通常是处死。在部落内部尚且如此，人们更不会轻易向一个外来者泄露部落神圣文化的核心内容。由此可知，即使在“第一现状”保留质量为一等或二等的情况下，一个调查者仍然面对经验提取方面的极大困难。

调查者获取部落文化核心内容的入门途径只有一个，那就是与部落社会核心成员建立友谊和信任关系。这是被调查者向调查者毫无保留地叙述其文化、讲解其制度的前提条件。这不是一般友谊，而是要赢得他们对调查者的高度敬重（不是畏惧）。只有通过高品质的沟通，才能获得高品质的信息。这种关系的实现非常困难，需要有人际交往方面的天赋和智慧，远非每一个受过专业训练的调查者都有能力做到。换言之，解决这个问题需要高手。

如果不能建立这种关系，即使坚持长时间同吃同住，调查者也只能看到一些局部和表面的社会现象，而无法看到真正重要的社会活动，更无法得知真正重要的制度内容及其宗教背景。这种意义上的“参与观察”，如同隔着一道紧闭的大门，近在咫尺，远在天涯。如果田野调查对象“第一现状”的保存质量在三等或三等以下，原住民已受到殖民化冲击的极大伤害，他们对殖民者以及通过殖民地官员进入田野的调查者通常怀有仇恨和戒心。此时打开大门更加困难。

当马林诺夫斯基进入特罗布里恩德群岛从事田野调查时，就是面对此种局面。他调查期间的日记在其去世后被整理出版，其中记述了他的郁闷和对原住民（调查对象）的憎恶（Malinowski，1967）。他住进原住民村落的茅屋，当地人对他的“密切接触”既反感又无能为力，只好适应这个走来走去“窥测每一件事情”的闯入者：“干脆把我当做生活中一个令人讨厌而又无伤大雅的部分，只有在我给他们烟时，这种感觉才稍有缓解。”（马林诺夫斯基，2002）这是调查者与被调查者之间的双向憎恶。

马林诺夫斯基在其报告（《西太平洋的航海者》）导言部分用较大篇幅介绍其“参与观察法”。他始终强调与调查对象“密切接触”，但有一事他没明说，即他与调查对象之间未能建立最起码的互敬与信任。据另一位人类学家福琼（Reo F. Fortune）回忆：通常，土著人不配合马林诺夫斯基，马林诺夫斯基就抓住土著人的衣领不让他们离开。这种欺凌性的技巧所凭借的是帝国背景（马林诺夫斯基，2002）[①]。

我们不妨反躬自问：对一个我们十分憎恶但又处在强势地位的外来者，他的在场和窥测会在何种程度上改变我们的正常行为，我们会以何种方式去敷衍他的提问。如果调查者与被调查者之间无法化解彼此的憎恶，最明智的选择是承认失败、结束调查。以揪衣领的“调查手段”胁迫资讯人提供信息，必会更严重地影响经验提取质量。

必须承认，马林诺夫斯基具有高度的忍耐力和敬业精神。虽然十分郁闷，虽然与特罗布里恩德群岛原住民之间彼此憎恶，他还是坚持完成了一个“参与观察”的全过程，并在此基础上完成了其调查报告，也就是《西太平洋的航海者》一书的撰写（还包括另外几部系列著述）。

可从六个方面评估《西太平洋的航海者》一书的民族志文本质量：①其田野调查对象“第一现状”保存质量在三等到四等之间；②没有“质量标签”；③调查者未能实现与调查对象的高品质沟通；④相对完整地记述了残存“库拉”制度的实施过程及其外在特征，做到这一点毕竟难能可贵；⑤骨架性内容不够翔实，如对参与“库拉”贸易诸部落的社会组织和制度主体结构的介绍过于简略，又如未能给出足以支持“库拉”制度的宗教背景（不是巫术背景）；⑥不具有民族志认识价值的内容太多，如对参与观察的过程叙述（还包括所谓“实际生活的不可测度方面”乃至自然风光等）篇幅过大。

其原有信息储量有限，开采量更有限。一言以蔽之，事倍功半。

---

① 参阅该书中高丙中的“代译序”。

第十一节　从经验提取到经验研究

如果未能实现高品质沟通，单纯采用马林诺夫斯基“参与观察法”的效果十分有限。另一位人类学家福琼在回忆中还提到，马林诺夫斯基对特罗布里恩德群岛原住民的抓衣领“技巧”，在当时民族志调查者之间是被当做方法来传授的（马林诺夫斯基，2002）[①]。在此“技巧”传授范围内，不可能产生高品质民族志文本。

如何提高经验提取质量，是民族志调查中有必要深入研究的重要课题。马林诺夫斯基在其田野报告导言部分开其先河。此后鲜有进展。在美国的德奥传统人类学中，这项研究同样薄弱，否则不会出现博厄斯亲自指导下的米德文本中的没有历史背景的萨摩亚世外桃源。

此时讨论这一课题，虽是亡羊补牢，但并非全无价值，至少可以通过补牢而得知亡羊的原因。本书前面已对此作初步讨论。这项研究主要包括如下内容：以近代原始民族及其社会文化形态迅速消亡（三个分界点）为背景的民族志困境，两个“现状”的区分，“第一现状”保存质量的等级划分，民族志经验提取的客观准确原则，民族志回避规则，田野调查对象的选择标准和途径，民族志文本的“质量标签”，对（涂尔干意义上）社会事实的主次区分，与“参与观察”同等重要的高品质沟通，民族志文献质量判定标准等。

在上述初步讨论的基础上，再通过对田野实践效果的不断总结以及更加深入的专题研究（以经验提取的客观准确为首要原则，以提高效率为次要原则），可以逐步形成一套成熟、高效、严格且具有可操作性的田野调查工作规

① 参阅该书高丙中“代译序”。

范。包括人才的选拔，不是每个优等学生都具备高品质沟通的天赋才能，与其让许多缺少这种才能的年轻人像马林诺夫斯基那样到丛林中去体验被他者讨厌的“文化冲击”以及自身事倍功半的郁闷（这是对有限资源的极大浪费），不如精选货真价实的高手。

在这个方面，首屈一指的典范是斯宾塞和吉兰（Francis James Gillen）。正是他们完成了人类学史中最杰出和最重要的田野考察及其民族志文献，即《澳洲中部的土著部落》（*The Native Tribes of Central Australia*，1899 年）（Spencer and Gillen，1899）和《澳洲中部的北部部落》（*The Northern Tribes of Central Australia*，1904 年）（Spencer and Gillen，1904）。其调查对象第一现状的保存质量为二等到三等之间（澳洲中部地区的 Arunta 和 Warramunga 等部落保存了相当好的自然状态，一些北部部落的第一现状保存质量等而次之），其经验提取质量为上佳。马林诺夫斯基和拉德克利夫-布朗的田野调查报告（保存质量和提取质量）则相形见绌。

通过严格有效的选拔、培养和实践、考核，一旦出现这种高品质民族志的作者，作为卓越的民族志者，他们理应享有与卓越的经验研究者同等崇高的声誉和地位。上述规范中还应包括对调查质量的复查制度，也就是在一次田野调查完成后，须在短期内对同一对象作再次调查，由此审核前次调查的经验提取质量。有必要反复强调：田野调查的唯一目标就是高品质经验提取，只做好此一事已十分困难。如果将经验研究带入田野，其效果有害无益，只能是两件事情哪个都搞不好。

从马林诺夫斯基的日记（Malinowski，1967）的出版到德里克·弗里曼在《玛格丽特·米德与萨摩亚：一个人类学神话的形成与破灭》一书中对玛格丽特·米德萨摩亚文本真实性提出举证翔实的质疑和批评（弗里曼，2008），此类现象导致人类学界面临一场民族志表述方面的理论危机，并引发广泛讨论。其核心议题包括：人类学家的职业伦理道德问题，以马林诺夫斯基为代表的现代主义科学人类学田野技术能否保证民族志的客观真实。

在进一步的讨论中，包含马林诺夫斯基、拉德克利夫-布朗时代的早期人类学理论和民族志调查方法成为被批评的对象，于是学术问题（知识）与非学术问题（权力）纠缠在一起。此类批评包括：“科学民族志”以直接观察为理由对“话语权”和“诠释权”的把持，貌似科学客观实则代表西方中心主义意识形态立场，于是“科学主义”被表述为“知识论帝国主义”，早期人类学者的“原始社会”概念被认为是西方中心主义虚构的产物，进化论被贴上殖民主义、帝国主义标签等。此过程伴随一些新理论的提出，也伴随后现代主义进入人类学。

这些讨论的基本特征是：背离人类学根基和历史的善忘与浮躁。用假问题替换真问题，用指责替换反省，用主次不分的肤浅议论掩盖人类学的首要学科使命、基本问题和致命危机。马林诺夫斯基以来的专业民族志之所以存在表述缺陷，并非科学本身出了问题，而是因为马林诺夫斯基开其先河的调查规范不健全。用科学方法的不健全去否定科学本身，此议题已在经验科学的认识论底线之外。

下面从两个角度回顾专业民族志。第一个角度，假设成熟健全的田野调查规范在马林诺夫斯基之后很快建立起来，那么米德类型的民族志文本的撰写将会受到多重规范的制约：民族志回避规则，"第一现状"保存的"质量标签"，社会事实（社会现象）的主次区分，短期内回访的复查制度。只此四条即可彻底杜绝专业民族志中米德式"粘连"，从而大大提高欧美人类学在全球范围内民族志抢救工作的效率和质量。

健全的调查规范一旦建立，在学科从业者共识中，前面提到的倒计时随即开始。人们可以明确知晓第三个分界点的追近与到来。一旦到来也就标志着人类学彻底失去原有意义上的民族志对象，这是民族志抢救工作被迫结束的终点。此时的唯一选择就是撤离田野，回到书斋去完成尚未完成的首要学科使命。如果哪一位学者一定要继续滞留田野，那么必须给出足以说服本学科、科学界乃至资助者的清清楚楚的理由。

第二个角度，实际情况。由于未能建立健全的调查规范，民族志文本的经验提取质量难以在马林诺夫斯基事倍功半的水平上有所提高。又由于博厄斯的指导和拉德克利夫-布朗的提倡，米德式"粘连"并不少见。那么，在第二个分界点和第三个分界点之间的半个世纪中，专业民族志田野调查的整体水平到底如何？搞清此问题极有必要且并不困难。只需对这一时段的民族志文本进行一次普查。其判别标准为：

$$保存质量 \times 提取质量 = 民族志目标实现质量$$

普查结果可能不理想。

专业民族志调查者总是面对"第二现状"。这种局面是对整体性功能分析有效性的扼杀。功能主义强调对社会结构和制度进行整体性分析，但"第二现状"本身就意味着整体性的缺失。部落社会原有制度控制体系已不同程度地失去作用，被强制性介入的殖民统治和传教士的影响取代。原来那个"社会有机体"已经死掉。这种情况下的共时性功能分析不啻解剖半具零碎的尸骸。马林诺夫斯基和拉德克利夫-布朗都是整体性功能分析的极力提倡者，但他们自己似乎从未遇到过具备整体性分析条件的民族志对象。换言之，功能主义极力提倡的整体性功能分析实际上是纸上谈兵。这是他们在民族志困境中的理论尴尬。

前面提到拉德克利夫-布朗一个重要见解：只有在成功重建“第一现状”的基础上，才有条件展开殖民化冲击导致的文化变迁研究（引文见前）。如果“第一现状”无法重建，研究者无从知晓完整的变迁过程，而只能看到调查期间的变迁片段，准确地说，是在原有情况迅速消亡过程将近结束时的一个片段。此种片段的人类学认识价值何在？这是文化变迁研究者时常面对的窘迫境遇。

在早期人类学的基本共识中，具有较高认识价值的民族志对象主要分布在澳洲和美洲。有必要明确指出一个重要问题：这里原住民早期社会文化形态在近代历史中的存在，不是以往所说简单意义上的“幸存”，也与不同民族文明进步速度的快慢无关，而是因为人类进入这些地区的时间要远远晚于旧大陆。最初进入的人数很少，其后代最终散布到整个大陆需要很长时间，然后才有条件在此基础上开始社会文明的发展。这就延迟了这些地区的文明进程。

因此，我们有条件在近代直接观察到相当于旧大陆数千年前（美洲）乃至大约1万年前（澳洲）的人类社会组织和制度形态。这是理清人类早期文明进程不可缺少的经验依据。大洋洲诸岛屿原住民社会文化形态的认识价值等而次之。在旧大陆的偏远闭塞地区也分布着一些近代原始民族，但这里的住人时间与旧大陆文明发达地区差不多同样古老，其社会文化发展的滞后原因是偏远闭塞，其原始社会文化形态属远端残存，其“第一现状”的认识价值进一步等而次之。

前面提到，第一代专业民族志田野调查的唯一意图是民族志抢救。在第二个分界点和第三个分界点之间，我们可以看到一个民族志地点随“第一现状”的消亡而逐渐转移的大致脉络：从美洲、澳洲到大洋洲岛屿，从东南亚丛林、非洲丛林到苏丹地区。再就是连续性完全中断的进一步转移：从不原始的乡村、集镇到大都会，从超市、医院到戒毒所、红灯区乃至同性恋群体。

针对上述已经发生的转移，有必要严格区分两种类型的民族志对象：一是近代原始民族的部落社会，其基本特征是有明确边际的小型独立社会共同体。二是不原始的非部落社会（如乡村、集镇和都市等），其基本特征是一个大型独立社会共同体（国家）内部的组成部分。前者是一个独立社会的整体，后者是一个独立社会的局部，或局部的局部。一个独立社会的整体包容其每一个局部，但绝非这些局部的简单堆积物。作为认识对象，二者之间具有不可化约的重要不同。

伴随着田野调查对象的转移，从经验提取到经验研究，其取向和方法均需作大幅度调整。转移早已完成，调整则似乎没有跟上。在调整的起点，首先要回答那个很难回答的问题：继续滞留田野的合理性。如果这个问题可以解决。其次，提取什么？怎样提取？如何保证经验提取的客观准确？这是任何一门经验科学"安身立命"的基础。由马林诺夫斯基和拉德克利夫-布朗开其先河的民族志调查规范并不完善，而且也不适用于新的"田野"调查对象。需要重新思考和建构。

为化解民族志困境导致的社会文化人类学的行业危机，一些人类学家开始寻找这门学科的实用性出路。第一代实用人类学是由拉德克利夫-布朗提倡的，为殖民地政府的政策制定提供人类学意见。此后的实用人类学扩展到社会生活多个方面。有必要思考：这一转移和改变过程是主动还是被动？是连续还是断裂？是理性还是半理性还是非理性？

当民族志对象"第二现状"已失去认识价值，当被调查者自己都搞不懂残存遗俗的原有观念背景，当经验提取与经验研究纠缠不清，当没有什么认识价值的琐碎事件乃至眨眼示意和抽动眼皮的不同居然进入民族志讨论焦点，当无论是"浅描"还是"深描"都无法在"第二现状"中找到"第一现状"，当研究者在主体与客体之间迷失方向，当民族志撰写与文学创作被相提并论，当第一代专业民族志田野调查的初始目标被嘲讽和遗忘……

此时，除继续转移和改变外，至少一部分人类学家有必要认真回顾和思考 18 世纪中期开创人类学研究领域的初衷。专业学者的民族志抢救工作从一开始就不是一条往而不返之路。人类学家案头已堆积大量未经充分研究的民族志文献，具有首要意义的学科使命已被搁置太久。

第十二节　结语：部落学界定

古典进化论和新进化论重建史前史的主要课题之一是人类社会组织和制

度的演进历程，包括人类社会的形成、社会规模的扩大、社会组织以及文化和制度复杂性的增加。最有代表性的社会演进模式是摩尔根的“氏族→部落→部落联盟→国家”和瑟维斯的“队群（bands）→部落（tribes）→酋邦（chiefdoms）→国家（states）”。在近代原始民族中，最小规模的独立社会是部落，氏族、队群则是部落社会的组成部分。故独立部落应是此项研究的焦点所在。

以独立部落为核心概念的专题研究可以被称为部落学。其认识范围包括：独立部落在近代原始民族的分布；通过归纳法寻求其社会组织和制度的形态特征（主要文化和制度的构成情况）；对每一种主要制度作专题研究；对其全部文化和制度进行整体性功能分析；通过个案研究和大范围个案间比较研究，构建具有典型意义的部落模型，并归纳部落形态的变迁情况；在此基础上深入分析独立部落及其主要文化和制度的形成历程（起源）；考察部落社会在人类早期文明史中的普遍性存在，从独立部落到古代文明（早期国家）的社会和制度形态演进历程，包括推动这一进程的因果机制等。可以这样说，部落学的基本目标就是重建史前史，就是在文明进步事实和文化相似性事实基础上的文明起源研究。

在欧洲人殖民澳洲初期（18 世纪末），这块“岛大陆”分布着 500 多个独立部落。其组织制度形态大同小异。澳洲原住民是近代可以观察到的最原始的人类成员，其社会发展水平处在中石器时代。这里因此成为人类学研究原始社会的“经典地区”。澳洲部落则是部落社会的典型形态。对澳洲部落组织制度形态的正面研究具有两方面的认识价值：向前追溯其起源，向后考察其流变。故澳洲部落是部落学研究的首要对象。只有在此项研究的基础上，才有条件展开对美洲、大洋洲以及旧大陆（近代原始民族）部落社会的正面研究。

马林诺夫斯基在 1941 年纪念弗雷泽逝世的文章中提到：“过去 50 年来的民族志实地调查一直处在弗雷泽建议的影响之下。”其中包括法伊森（L. Fison）、豪伊特（A. W. Howitt）和斯宾塞、吉兰对澳洲部落的实地调查（马林诺夫斯基，1999）。如果没有上述四人在最后时刻（19 世纪中后期）观察和记录到的民族志文献，我们将永远失去足以对人类早期文明进程展开正面研究的主要经验素材。这是弗雷泽贡献中最重要的一座丰碑。仅此一点，任何后学者都没有资格轻慢这位卓越的“安乐椅上的人类学家”。

澳洲部落是人类学传统中非常重要的认识领域。泰勒、麦克伦南、摩尔根、弗雷泽、弗洛伊德、涂尔干、莫斯（Marcel Mauss）、列维-布留尔（Lvy-Bruhl）、拉德克利夫-布朗、马林诺夫斯基、罗维、海通、列维-斯特劳斯等许多重要学者都曾直接参与此项研究。涂尔干《宗教生活的基本形式》是其中具有里程碑意义的伟大著述。这些都是部落学对澳洲部落展开研究的重要学术基础。

以往人类学中一些彼此对立的范式和方法，其缺陷很像《庄子·天下》对百家之言的评论，所谓“得一察焉以自好”，所谓“各为其所欲焉，以自为方”。人类学传统中存在一些不足效法的范式，如有机体类比和语言类比。一个正常运作的独立社会类似一个生理机能健全的生物有机体，一个独立社会的文化结构类似语言结构，但仅仅是相似而已。前者有些像后者，但绝对不是后者。此种比喻性研究的致命弱点就是对不同现象的属性混淆和方法混淆，即所谓似是而非。

马林诺夫斯基在半个多世纪前已“清楚地看到”，一些人类学范式和方法（不包括不足效法的成分）“既非相互排斥，亦无内在对立，而是不可避免地相关和互补”（马林诺夫斯基，1999）。创造与传播是人类文明进程中相辅相成的两个方面。历时性与共时性同等重要。对典型个案的整体性功能分析与个案间的比较研究缺一不可。对社会事实的归纳研究必须同时注重现象之间的相似性与互异性。

以往一些古典进化论的批评者认为“起源”概念含义不清。这里有必要给出一个明确界定。下面以普遍存在于澳洲部落的外婚制（本书第二章对此作具体研究）为例说明问题。外婚制（四分和八分体系）是澳洲部落实现社会整合不可缺少的基础性制度，其从无到有必经如下步骤：①一整套高度复杂的通婚规则的设计完成；②此套规则在部落社会现实生活中的具体推行，包括对每一个部落成员首次确定类别身份，让人们从此按同一个原则划分类别、选择配偶；③由于此套规则“易坏而难成”，故须在推行同时确立一套保护规则的制度。

这种制度（澳洲部落的外婚制）不是对人之常情的顺应，恰恰相反，它是对每一个部落成员择偶自由的强制性剥夺，是对抗多数人意志的独断性立法。任何具有强制性约束力的社会制度都必有一个从无到有的形成过程。部落社会一些重要制度的“起源”，就是指这些制度从无到有的具体形成过程。

这是历来社会人类学研究中最艰深的课题。

第二章
外婚制与人类社会起源

从动物性群体到人类社会，这一进程何以发生？怎样发生？近代原始民族的部落社会是我们对这一进程作理性回顾的主要经验依据。原始婚姻制度是确立部落社会组织结构的基石。因此，外婚制、乱伦禁忌和亲属称谓制度是人类学百余年来最重要的认识对象之一。其探索方向是社会科学的基本问题：人类社会早期形态及其起源。

100 多年前，法伊森和豪伊特合著《卡米拉罗依和库尔奈、群婚和相互关系及私奔成婚》（1880 年初版），向当时西方学界介绍澳大利亚卡米拉罗依部落一种十分复杂的婚姻制度——婚姻类别制度（婚级制）①。摩尔根在该书出版前已通过法伊森书信得知这种制度的基本情况（摩尔根，1995），并在《古代社会》（1877 年初版）中将其作为比氏族制更早的社会组织（以性为基础的社会组织）和通婚规则作重点讨论。此前，麦克伦南在《古代历史研究》、泰勒在《人类远古史研究》中都曾对这种制度“略有论述”（摩尔根，1995）。此后，进一步的民族志田野考察证实，这种制度普遍存在于澳洲原始民族中。

在欧洲人向澳洲移民的初期（18 世纪末），这块“岛大陆”依生存条件不同而疏密不同地分布着 500 多个独立部落，总人口 30 余万（实际数字可能远多于此）。澳洲原住民部落是近代可以观察到最“原始”的人类社会，其社会发展水平在中石器时代。这里因此成为社会人类学研究“古代社会”的“经典地区”，澳洲外婚制则一直是研究“原始婚姻制度”的主要认识对象。

100 多年来许多重要学者参与这项研究，在“琐碎枯燥的形式主义的顶峰”，领略“试图解释澳大利亚亲属关系所带来的奥妙与挫折”。一方是社会科学研究者，另一方是其研究对象“原始人”的社会现象。在研究澳洲外婚制百余年的学术史中，很少有人对原始时代人类智慧怀有适当的敬重（澳洲原住民处在“进化论”序列最底层的“蒙昧”时代），但充满智力优越感的学者们的研究进展十分缓慢，具体论证中经常出现不应有的失误。下面举例说明。

---

① 本章的主要研究对象是曾经普遍存在于澳大利亚（原住民）部落社会中的“婚级制”（class）或译作“婚姻类别制度”，也被称为“组别制度”（classificatory system）。本书使用“婚姻类别制度”，或简称“类别制度”、“类别制”。这种制度主要有两种类型：①四个“婚级”（婚姻类别）类型；②八个“婚级”（婚姻类别）类型。“婚级”的名称和译名也比较多，如婚姻级、婚级、级别、类别、姻族（classes），组别（sections），姓类（named classes），结婚组、婚姻组（marriage classes）等；本书使用“婚姻类别”，或简称“类别”。本书据《图腾制度》（渠东译）将四个婚姻类别的类型称为“四分体系”，将八个婚姻类别的类型称为“八分体系”。除四分体系和八分体系外，澳大利亚还有少量只有两个半族再无进一步类别区分的部落。这三种制度的共有特征，都是在一个部落内两个半族间的通婚规则。本书统称其为澳大利亚外婚制或简称澳洲外婚制。

第一节　以往研究者的失误

摩尔根《古代社会》第二编第一章题为“以性为基础的社会组织”，专门讨论澳洲婚姻类别制度。这一章至少存在三个问题。第一，摩尔根的社会进化序列是“从最初以性为基础、随之以血缘为基础、而最后以地域为基础的社会组织”（摩尔根，1995）。《古代社会》出版后，法伊森于次年写信给摩尔根，对其材料作补充说明，指出卡米拉罗依部落实际上只有四个婚姻类别（摩尔根误作八个），每个类别的“女性形式”在说明性别差异时才使用，“并非一种类别”（瑟维斯，1997）。也就是说，澳洲婚姻类别制度社会实际上并非“以性为基础的社会组织”。[①] 这是一个比较大的疏忽。在收到法伊森的补充说明后，摩尔根对“以性为基础的社会组织”这一论述主题本应作出全面修正。第二，是一个技术性失误。他讨论类别制世系和通婚情况时将“孔博”误作“库比”。这个失误被《古代社会》中文新译本的译者（杨东莼先生等）发现并给予更正。第三，他上述同一段讨论的起点是：“如果我们以伊摆和卡波塔为例，列出一个延续四代的世系表，并假定其间每对配偶各生男女一名。”后文直接推出表兄弟姐妹（伊摆和他的表姐妹卡波塔，库比和他的表姐妹伊帕塔）之间的通婚。这是他对于类别制度性质判断（世代相承地实行同宗通婚）的关键依据。这一推理过程误差太大，结论不能成立。这也是一个

① 四个类别是两项区分的结果：半族（一分为二）和代序（二分为四）。性别区分是在此基础上第三层区分（四分为八），这层区分与“社会组织”实际划分无关。

比较大的疏忽（将 1/2500 的婚姻现象误作 100%）。①

恩格斯所著《家庭私有制和国家的起源》（1884 年）一书以摩尔根《古代社会》为基础，副标题是“就路易斯·亨·摩尔根的研究成果而作”（恩格斯在 1891 年版中增补了澳洲婚姻类别制度内容）。他在分析卡米拉罗依部落婚姻类别制度时归纳说：“根据这一制度，兄弟姐妹的子女（母方的）不得为夫妻，但是兄弟姐妹的孙子孙女却可以为夫妻。”（恩格斯，2003）我国学者陈克进先生注意到恩格斯的归纳中存在问题：“……恩格斯的这一具体结论应加以修改。就前半句说，完全错了，即兄弟姐妹的子女不是‘不得为夫妻’，而是必定结为夫妻。”（陈克进，1984）

涂尔干在《乱伦禁忌及其起源》一文中指出，由于“姻族”（婚姻类别）名称“隔代重现”，故这种制度可以导致隔代通婚：“外祖父又可以毫无限制地选他的外孙女为妻。”（涂尔干，2003）亲属称谓制度普遍存在于澳洲部落，并与类别制度“相适应”：“亲属称谓的分类，同时也就是群婚关系的分类。”（托卡列夫和托尔斯托夫，1980）蔡俊生先生称其为“镶嵌”现象（蔡俊生，1998）。在这种情况下，法定通婚的类别之间被明确界定为平代（称谓）关系，例如，男子呼：“父亲的姐姐（妹妹）们的女儿们，妻们。”（托卡列夫和托尔斯托夫，1980）这个界定可以严格排除隔代通婚。因此涂尔干的判断不能成立。

《乱伦禁忌及其起源》是《社会学年鉴》第一卷（1898 年）的第一篇文章，是涂尔干重要著述之一，也是法国社会学年鉴派开山之作。该文以澳洲婚姻类别制度作为人类早期“乱伦禁忌”的主要现象：“如此既复杂而又风行的安排②，一定具有极普遍而又深刻的原因。……这个问题已经让人种志学者们伤透了脑筋。”（涂尔干，2003）他试图解决这个问题。

他简要介绍澳洲婚级制后提出隔代通婚问题的上述判断，并据此指出：“这种组织并不是以禁止直系血亲之间的婚姻为目的的。”（涂尔干，2003）他以此为理由改换“解释”角度，从地域占有和族系延续“特有的更替”现象来探讨制度的形成（后文具体讨论）。这一重要转折基于一个错误判断，严重影响了这篇重要社会学文献的内在合理性。这也是一个比较大的疏忽。

涂尔干的论证要点是：通过追溯“这些姻族是怎样产生的”（涂尔干，

① 澳洲婚姻类别制度的族系划分层级是半族（胞族）。假定卡米拉罗依部落人数相当于澳洲部落人口的平均数量（这是最不会引起争议的假定），即至少 600 人左右，则这个部落一代人的数量不会少于 200 人，一代内四个类别（按摩尔根八个“婚级”划分）平均人数不少于 50 人。因此，伊摆与卡波塔以及库比与伊帕塔之间的类别通婚，实际上都是（至少）50 人对 50 人的群间通婚。如果“每对配偶各生男女一名”，那么两个表兄弟姐妹（两个 1/50）间实际通婚的概率非常低，具体是（50×50）1/2500。摩尔根这一推理的误差是将发生概率为 1/2500 的婚姻现象误作 100%。

② 指婚姻类别制度。

2003)，来证明“这种看似奇怪的规定，其实就是普通的外婚制法则的扩展”(涂尔干，2003)。他将研究起点“设想”为包含两个“原生氏族”的早期部落，二者间实施平代通婚的“外婚制的法则”(涂尔干，2003)。他同时“假设”这个早期部落：①实施母系继嗣制度，即“亲子传承关系依母系而定”(涂尔干，2003)；②实施婚后从夫居制度，即妻子“生活在她丈夫的氏族所占据的地域”(涂尔干，2003)。这三种制度(婚姻类别制度、母系继嗣制度和婚后从夫居制度)的综合效果导致“特有的更替”现象：两个(原生)母系氏族每代一次互换居地的“交叉换位”。在这种情况下，人们用“专门的名字来称呼”四个姻族，以体现其“内生”和“外生”状态的“循环不已”(涂尔干，2003)。

涂尔干上述论证的弱点比较明显。首先，他所说“外婚制法则”已包括“姻族外婚制”全部基本内容：通过代别区分保证两个通婚群体平代通婚。其次，他要解决的问题是“姻族是怎样产生的”(涂尔干，2003)，但在研究起点无条件“假设”三种制度已经存在，其关键论证只是一个命名过程：人们用“专门的名字来称呼”四个姻族(涂尔干，2003)。最后，其“起源论证”变成“结果说明”：命题 A(姻族怎样产生)变成了命题 B(姻族名字怎样产生)。论证过程与证明标的南辕北辙。

在此基础上，涂尔干后文为确立其理论(外婚制起源于“原始人有关月经或经血的观念”)的长篇论证大多比较牵强，多处出现原因和结果之间的混淆不清。虽然涂尔干上述论证不能成立，但他所描述的“特有的更替”现象的确存在，并且是一个非常重要的认识角度。本章后面还要接触到这个问题。

在该文介绍澳洲婚姻类别制度的内容中，涂尔干讨论了德国社会学家库诺(H. Cunow)的研究成果。库诺试图搞清类别制的代别区分功能。但在其分析中，所谓年龄层划分与类别制度的代别区分功能之间有些纠缠不清。涂尔干针对这一矛盾对库诺理论合理性提出质疑(涂尔干，2003)。据此可以了解到，在涂尔干撰写该文时(1898 年)，西方社会学界对婚姻类别制度的代别区分功能还没有一个相对准确的认识。

20 余年后，罗维的《初民社会》出版(1920 年)。罗维撰写该书的意图是对摩尔根社会学取向提出全面批评，该书因而成为美国博厄斯学派涉及民族志最广博的著述。他以数页篇幅讨论澳洲部落社会制度，并对库诺同一个理论提出质疑，其理由与涂尔干基本一致(罗维，1987)。换言之，罗维在涂尔干的终点未能前行半步。此时距西方学者对澳洲婚姻类别制度展开认识的起点(1870 年)刚好半个世纪。

英国社会学家拉德克利夫-布朗对澳洲部落作过田野考察和研究。在《图腾的社会学理论》(1928 年)一文中，他提出一个解释澳洲四类别(组别)

制度成因的简单理论："如果要理解这种一分为四的成因，最好的解释是，它们是按一对父系半偶族和一对母系半偶族来划分的。"（拉德克利夫-布朗，1999）他在注释中有具体说明："我们若称这四个组别为 A、B、C 和 D 的话，母系半偶族是 A+C 和 B+D，父系半偶族是 A+D 和 B+C。由于一个男人不可以与本父系半偶族内部或本母系半偶族内部的女人通婚，这样，A 里的男人只能与 B 里的女人结婚，其孩子属于组别 D，即同时属于父系（A）的父系半偶族，也属于母系（B）的母系半偶族。"（拉德克利夫-布朗，1999）

涂尔干社会学理论对拉德克利夫-布朗学术思想的形成具有重要影响。这里借助涂尔干对澳洲婚姻类别制度的分析来反驳拉德克利夫-布朗的理论：一个部落成员"或者属于其父的群体[①]，或者属于其母的群体，但绝对不可能同时属于两个群体"（涂尔干，2003）。拉德克利夫-布朗的理论直接建立在一个部落成员"同时属于两个群体"的基础上，涂尔干说"绝对不可能"。

涂尔干对居留与继嗣"特有的更替"现象的研究构成另一位法国学者列维-斯特劳斯讨论"居留与继嗣辩证关系"的重要基础。列维-斯特劳斯在《图腾制度》中以一章篇幅（第二章"澳大利亚的唯名论"）研究澳洲外婚制和与之相关的居留、继嗣制度。其主要论证线索是考察从两个胞族到"四分体系"（四类别体系）和"八分体系"（八类别体系）之间的结构"生成"情况（列维-斯特劳斯，2002）。

在具体介绍四分体系和八分体系前，列维-斯特劳斯假设二者都是母系继嗣，然后分别给出两个公式及其说明（列维-斯特劳斯，2002）。对于前者，他说："这就是所谓的四分体系，或者叫作卡列拉，这一说法取自西澳大利亚一个部落的名字。"对于后者（八分体系），他说："阿兰达人的体系就是如此。"（列维-斯特劳斯，2002）实际情况似乎是：卡列拉和阿兰达部落都实行父系继嗣。列维-斯特劳斯（1987）在另一本书中提到："阿兰达人的传续是父系的（不是母系的）。"罗维（1987 年）提到：卡利厄剌（卡列拉）人分为"从父系的"两个"半部族"（半族）。

他对假设二者都是母系继嗣的说明："因为这（母系继嗣）是最普遍的情况，尽管相反的假设也会得出相应的结果。"（列维-斯特劳斯，2002）细读他的公式和说明，可知这两个公式只能描述母系继嗣的四分体系和八分体系。如果是父系继嗣则地域与族系合而为一，不仅公式需要改写，也不存在他将要讨论的"居留与继嗣的辩证关系"。

即使是对母系继嗣的描述，他的两个公式也存在问题。他在四分体系公式中列出两个类项（列维-斯特劳斯，2002）：地域（牛津、剑桥）和族系

① 指氏族和胞族的族系归属。

（琼斯、史密斯）。地域占有和族系归属发生“交叉换位”，是三个因素（类别制度、母系继嗣和婚后从夫居）的综合效果。故地域问题与婚姻类别制度不在一个逻辑层面，前者在后者中属“杂质”。在八分体系公式中，他用A、B、C、D代表四个“父系地方群体”（列维-斯特劳斯，2002）。这里的A、B、C、D也属于有必要在类别制度严格表述中排除出去的逻辑“杂质”。

列维-斯特劳斯在后文提到“澳大利亚的男系”分为两个“范畴（类别）”及其隔代重复现象。他指出：“这种分类本身不可能解释，只能把它们当作婚姻法则和继嗣法则直接或间接的结果，或者是两者之间复杂的相互作用。从逻辑上说，它不能被看成是一种先在的现象。”（列维-斯特劳斯，2002）他以此种方式将一个简单问题转换为“不可能解释”的复杂问题。

《图腾制度》第二章多次提到“2－4－8”之间的“成倍增加”关系。他对此最直接的一处解释是：“我们只能把四分体系解释为社会学意义上的双重二元图式的整合过程（从历史上说，一方并不必然先于另一方存在），八分体系也是同一过程的复制。即使四分体系并非本来就是胞族体系，我们似乎也有理由假设八分体系与四分体系之间有一种生成意义上的联系。”（列维-斯特劳斯，2002）

第一个问题比较简单：四分体系的“生成”，就是在两个半族（胞族）基础上再加一层代别区分，于是二分为四；第二个问题比较复杂：八分体系的“生成”是两个二元结构整合为彼此通婚的四个群体（2＋2＝4），在此基础上再加一层代别区分，于是四分为八。本章后面将对此作具体分析。

上面分析列维-斯特劳斯的所有论证缺陷，都以一个基本问题为焦点：他未能搞清代别区分与“2－4－8”间的“生成”关系。由上述讨论可知，截至《图腾制度》出版（1962年），西方社会人类学界对四分体系和八分体系中婚姻类别的代别分类属性仍然没有一个相对明确和稳定的共识。这是一个要由归纳法解决的重要基础性问题。

基辛所著《文化·社会·个人》出版于1976年（中译本1988年），是当时人类学领域的“最新综述”（基辛，1988），很快成为美国“得到最普遍采用的文化人类学教材”（基辛，1988）。该书以一节篇幅讨论“乱伦、外婚和联姻”（基辛，1988），其中介绍并评论了列维-斯特劳斯“成群的男人交换女人”的著名理论，包括“直接交换”和“间接交换”。澳洲外婚制属“直接交换”。为说明问题，基辛枚举一个民族志案例：西澳洲卡列拉部落的四分体系（基辛，1988）。

基辛提到分析和解释这种“极为复杂的制度”（澳洲婚姻类别制度）是百年以来“人类学家最偏爱的一项游戏”（基辛，1988）。罗维将这种制度称为“谜样的现象”（罗维，1987）。列维-斯特劳斯也提到这一认识对象的复杂程度："其[①]社会组织和婚姻规则需要数学家的努力才能加以解释。"（列维-斯特劳斯，1987）基辛将澳洲婚姻类别制度的发明和使用者称为"石器时代的数学家"，他用一种有些轻慢的语气评论这种制度（基辛，1988）。这在人类学著述中并不少见。但他本人的案例分析也存在问题，由此构成一个反讽。

以往学者认为卡列拉部落采用父系继嗣半族间通婚（罗维，1987）。基辛持否定意见："没有什么名称可用来称呼卡利美拉＋布隆或帕列利＋巴那卡，不过它们很容易在分析上被当作父系半偶族来加以区分，许多人类学家就曾错误地这样做过。这两类牧群也没有名称，不过一个人可以区分'我的人'（他的牧群和与他同分组的人）和'他们的人'（其他两个分组的人）。"（基辛，1988）细读该书案例介绍可知：卡列拉部落的相关制度完全符合将其确认为两个父系半偶族二元通婚结构的判定条件。[②]

在介绍阿兰达制度后，基辛提到这项研究的最新进展："研究澳大利亚亲属关系的专家远不认为列维-斯特劳斯有关对称性联姻制度的独到见解符合事实。近年来有一种看法认为，澳大利亚大部分地区的联姻制度所涉及的并不是地域性继嗣群之间的交换妻子，而是交换岳母，一个年轻女孩（在阿兰达制度中）如果是一个年轻男人的母亲的母亲的兄弟的女儿，或者在亲属称谓制度上列于同样地位的话，就（由双方的长辈）安置给他当岳母，以后在他们之间就存在着回避关系。但她以后结婚所生的女儿就会成为他的妻子。"（基辛，1988）

这段近似调侃的话语有丰富的含义和沉重的分量，需要从多个层面进行解读。所谓"交换岳母"已经属于极不正常的社会现象。欧洲移民对原住民第一个沉重打击，是各种传染病导致人口锐减；进而导致一个年轻男人在规定婚姻类别中找不到适龄配偶，甚至没有一个符合条件的婴儿。"乱伦禁忌"的神罚压力迫使长辈遵循传统制度。假如有一对夫妇符合条件，长辈会"安置"给他做岳父岳母，让他等待妻子降生。可惜没有。退而求其次，找到一

---

① 指澳洲部落。

② 第一，卡列拉部落内存在两个彼此通婚的"半边"（这与民族学概念中的半偶族相吻合），即基辛在"卡列拉牧群和分组"表格（基辛，1988）中所说"第一类型牧群"（下称"甲半族"）和"第二类型牧群"（下称"乙半族"）。第二，两半族被进一步区分为四个婚姻类别（组别）："每个卡列拉男人或女人都属于四个在文献上称为分组（section）的姓类（named classes）。"（基辛，1988）第三，这四个类别的具体属性是：a. 甲半族A代，卡利美拉；b. 甲半族B代，布隆；c. 乙半族A代，帕列利；d. 乙半族B代，巴那卡。第四，四个婚姻类别实行半族间平代通婚：在A代卡利美拉与帕列利通婚，在B代布隆与巴那卡通婚。第五，两个半族的族系归属由父系传递。甲半族传递：卡利美拉男子的子女是布隆，布隆男子的子女是卡利美拉；乙半族传递：帕列利男子的子女是巴那卡，巴那卡男子的子女是帕列利。第六，在半族内部，存在明显的族系认同意识："我的人"。在半族之间，存在明显的族系区分意识："他们的人"。因此，"卡利美拉＋布隆"就是一个父系半偶族，"帕列利＋巴那卡"则是另一个父系半偶族。

个符合（做他岳母）条件却尚未成婚的女孩“给他当岳母”。

这是一个令人震惊的悲剧性选择：长辈为男青年开出一张空头支票，他从此开始希望渺茫的等待。他要等女孩找到符合制度要求的“岳父”，等他们生下他的妻子，等她长大成人。此时他已衰老或死去。如果“岳母”和他一样找不到合适的配偶或没生女孩，将是更加绝望的境遇。如果两个半族以同样方式彼此指认“岳母”，表明这种制度已失去实施条件。再者，岳母是“乱伦禁忌”回避对象，不存在嫁娶意义上的“交换”问题。

一方面是部落民族为挽救传统毫无希望的痛苦挣扎，另一方面是许多人类学家对这些现象及其意义的麻木不仁。于是历史、文化和学术多个层面纠缠在一起。于是有人提出一个惊人成果：用“交换岳母”来颠覆列维-斯特劳斯的“交换妻子”。这位提出者不仅对澳洲外婚制缺少客观准确的认识，甚至没有搞清问题的兴趣和科学研究最起码的严肃态度。在介绍这一理论时，不知基辛先生是否意识到这个话题在历史、文化和学术层面上的沉重程度。

我国学者对澳洲外婚制的基础性研究较少。在笔者的有限视野中，陈克进先生《澳大利亚的级别婚试析》和阮西湖先生《澳大利亚土著居民亲属制和等级婚姻》是近年来仅有的两篇专题论文。也有些著作和文章涉及澳洲外婚制，但多是简单的知识介绍。蔡俊生先生的专著《人类社会的形成和原始社会形态》是这方面少见的例外，该书以较大篇幅对澳洲外婚制作比较深入的研究。

前面提到恩格斯对类别制的归纳存在错误，由陈克进先生给予更正。陈克进先生在更正恩格斯前半句后指出，其后半句也错了。实际情况是，恩格斯的后半句（兄弟姐妹的孙子孙女却可以为夫妻）没有错，是陈克进先生自己搞错了。[①] 他的文章中有一个描述类别规则的图表（陈克进，1984）。简单地说，这个图表作为表述和推演工具不太好用，陈克进先生就是在使用自己绘制的这个图表时发生推演错误。阮西湖先生的文章也存在一些失误，如他介绍“阿兰达婚姻类型”（八分体系）时所说“父亲的父亲的儿子的女儿”（阮西湖，1987）应为“父亲的父亲的姐妹的儿子的女儿”。失之毫厘，谬以千里。

---

① 下面是陈克进先生的分析：“至于后半句则极为含混，似是而非。按母系计算世系（按父系亦同），以表中 A 的第二代 Cc 为例，姐妹的孙儿女同是兄弟的孙儿女，这些孙儿女……都归入第三婚级、同属库帕廷胞族，因而以兄弟姐妹相称，互不承担结为夫妻的权利与义务。实际上，他们仅仅与从表兄弟或从表姐妹通婚。”（陈克进，1984）实际情况是，在卡米拉罗依部落类别间关系中，姐妹的孙儿女是兄弟的外孙儿女，兄弟的孙儿女则是姐妹的外孙儿女；故“姐妹的孙儿女”不可能“同是兄弟的孙儿女”，且“姐妹的孙儿女”也不可能与“兄弟的孙儿女”隶属同一半族（胞族）；恰恰相反，在“姐妹的孙儿女”与“兄弟的孙儿女”之间，正是两半族间的平代通婚关系。因此，恩格斯后半句（兄弟姐妹的孙子孙女却可以为夫妻）没有错误。

自李玄伯、李亚农及日本学者加藤常贤以来（李玄伯，1949；李亚农，1978；加藤常贤，1940），我国学者多有从人类学角度研究古文献中昭穆制度的起源，即在澳洲“两合氏族婚姻组织”（四分体系）与我国古代昭穆制度之间作比较研究，以此证明二者的“起源”关系。这是一个非常重要的认识角度，我国史学界已在这方面取得一些重要成就和初步共识。但在近年来相关论文中，也出现了一些不同程度的论证失误。其中，郭政凯先生的《昭穆制度的起源及延续》一文最为典型。

下面简单枚举郭政凯先生的疏忽。他在分析卡米拉罗依部落婚姻类别制度时说：“儿子与母亲的母亲的兄弟（后世舅爷）在同一个婚姻组。”（郭政凯，1986）“四级婚姻组若从母系计算，同一组中实际上是外祖母和外孙女，或舅祖与甥孙，也不可能直接产生昭穆制。”他的另一个判断是：“在亲属方面按男系计算时，四级婚姻组就出现了祖孙同属一个婚姻组的现象。”（郭政凯，1986）他据此指出：“现在我们再看昭穆制，大概不难发现它与男系的四级婚姻组极为相似。祖孙同昭穆的最初含义，就是祖孙同属一个昭穆组。”（郭政凯，1986）他认为昭穆制度产生于“男系的四级婚姻组”基础之上。

前面提到，亲属称谓制度普遍存在于澳洲部落（包括卡米拉罗依），并与婚姻类别制度彼此“镶嵌”。这里存在一个简单问题：同一套亲属称谓制度既适用于父系继嗣，也适用于母系继嗣；无论采用哪一种，类别间的亲属关系都不会因此发生改变。例如，上下代类别男性成员间的父子关系，采用父系继嗣则父子同属一个半族，采用母系继嗣则父子属不同半族。但父子关系不会因此改变。

具体在（四类别制）两个隔代同名类别男性成员间，同时存在两种关系：一是祖父（父亲的父亲）与孙子的关系，二是舅爷（母亲的母亲的兄弟）与甥孙的关系。前一种关系在任何情况下都是更加重要的血缘关系。郭政凯先生似乎认为：在母系制中只能按“母系计算”亲属关系，在父系制中只能按“男系计算”亲属关系。于是名实之间发生混淆：在前一情况下祖父变成舅爷，在后一情况下舅爷变成祖父。同类研究中类似疏忽并不少见。在这个水平上，无法展开比较深入的基础研究，更无法获得相对准确的研究结论。

在《人类社会的形成和原始社会形态》一书中，蔡俊生先生详细讨论了从四分体系到八分体系的过渡（蔡俊生，1988）。这样的深入研究在我国学者中寥若晨星。但其论证中似乎也存在一些问题。例如，在一个描述“八个婚姻类别制度的全部婚姻形式的上下辈关系的划分”图表（蔡俊生，1988）中，蔡俊生先生在一代内列出八个类别（ABCDEFGH）。实际情况是，八分体系一代内只有四个类别。因此，至少这个图表的代序描述不够清楚。

前面提到列维-斯特劳斯也有一个描述八分体系的公式（列维-斯特劳斯，2002）。他随后将其改进为“环形图式”（列维-斯特劳斯，1987）。这两个公式在概括的完整和表述的简约上都已经很精彩。但其中也有一些问题。例如，前面提到的父系还是母系的性质问题，其“环形图式”文字标注“母系半族1”和“母系半族2”既不清楚也不正确的问题，图式表述的完整、准确、直观性以及作为推演工具的好用程度问题等。本章也将给出一个八分体系图式，试图更好地解决这些问题。希望得到蔡俊生先生的指导。

列维-斯特劳斯《图腾制度》一书是对“图腾幻象”的消解。此事始于1910年。在讨论博厄斯学派对“演化论”的批评中，列维-斯特劳斯的意图并非继续一项已完成的工作（否定古典进化论），而是为自己的研究开辟道路，即所谓“通往心智”（列维-斯特劳斯，2002）。这里无意对他的这项研究作具体评价，只想指出一个重要事实，在“原始人”制度中存在一个“硬度”极高且无法消解的对象——澳洲外婚制。

这类研究有两个不可动摇的认识步骤，一是经验归纳意义上的“是什么”，二是在此基础上的因果、源流研究，也就是“为什么”。没有完成第一步骤，任何第二步骤的尝试都徒劳无益。本书上述讨论足以说明，这项研究的第二步骤早已开始，第一步骤至今没有完成。由于这个原因，从摩尔根到列维-斯特劳斯，只要进入澳洲外婚制的研究领域，采用不同“解释”的研究者始终面对同一个局面：不知其然何以知其所以然。

改变这种局面，需要去掉几分傲慢和浮躁。澳洲外婚制的四分体系是一个比较复杂的逻辑结构，八分体系与之性质相同但更加复杂。这种制度的基本特征是复杂、规整和严密。此种认识对象在社会科学中十分罕见。因此有必要完成一个相对严格的界定和描述过程，构建一个有条件趋于成熟的知识平台，避免继续出现不必要的技术性失误。这是本章将要进行的主要工作之一。

本章前面的讨论中涉及如下问题：①类别制度中亲属关系的推演失误（摩尔根、恩格斯、陈克进、阮西湖、郭政凯）；②是否存在隔代通婚的可能（涂尔干）；③类别属性中的代别区分问题（涂尔干、罗维、列维-斯特劳斯）；④继嗣问题（涂尔干、拉德克利夫-布朗、列维-斯特劳斯）；⑤类别制的隔代重复是否“不可能解释”（列维-斯特劳斯）；⑥四分体系与八分体系的演化关系（列维-斯特劳斯、蔡俊生）；⑦用图式或公式描述类别规则的准确性和直观性问题（列维-斯特劳斯、陈克进、蔡俊生）；⑧父系半偶族二元结构的性质判定（基辛）；⑨交换岳母（基辛）；⑩亲属关系的“母系”和“父系”推演问题（郭政凯）。

到目前为止，上述问题中有些已得到解决或初步解决，如婚姻类别属性中的代别区分问题，决定族系归属的“单系”和“双系”继嗣问题等。有些问题还没有完全搞清楚或“仍在争论中”，如类别体系隔代重复的功能和原因、八分体系的构成和产生情况等。还有一些原本不是问题的问题，如父系半族二元结构性质判定和交换岳母问题等，这些问题的提出，直接体现了这门艰深的学问在进取与退化之间的不稳定状态。至于亲属关系的推演失误等技术性疏忽，则一直没有得到有效排除。本章后面主要局限在“是什么”的层面，以循序渐进的方式介绍澳大利亚婚姻类别制度的构成情况，并在与上述问题相关部分作适时的提示。

第二节　澳洲部落的社会组织

前面提到，在欧洲移民于 1788 年开始进入澳洲大陆时，这里分布着 500 多个部落。这是一些彼此独立的“小型社会”，部落间的关系类似于今天一般意义上的国际关系。部落人口少则几百人，多则几千人，平均人口（至少）600 人左右。诸部落各有其固定领土，从几千平方公里到几万平方公里不等。这里尚未出现农业，人们以渔猎采集获取食物。在社会组织和文化、制度形态方面，澳洲诸部落的情况大同小异。

澳洲部落社会组织一般分为三个层级：部落、半族（胞族）和氏族。一个部落一般有 10～30 个氏族，这些氏族对等分属两个半族。部落结构主要有两种情况，一是两个半族（1＋1）的结构，二是两个半族之下又有一层二元划分（2＋2）的结构。这里婚姻制度的基本形态，是每一个独立部落的内部通婚。部落间通婚的情况极少。在每一个独立部落内部，实施两半族间“全员通婚”。

这是一种高度强制性的法定通婚规则：半族内严禁通婚，通婚关系只能发生于二者之间。对违背者的惩罚一般是处死。两个半族内的氏族数量乃至人口数量相同或相近，故称“半族”，也被称为部落内“两个外婚的半边”，这样的部落被称为“二元社会”。由两个半族进一步划分为四个外婚单元(2＋2)的部落是一种更加复杂的社会组织和通婚关系结构（八分体系）。后面将具体论述。

澳洲部落最小群体单位是“地方群体”，其人数为三四十人。“地方群体”由几个到十几个核心家庭组成；每个家庭由一对夫妻及其子女构成；除有一个“正妻”，一个已婚男子有时会有一两个“副妻”。地方群体各有固定领土，小则几十平方公里，大则几百平方公里。地方群体是“地缘社会”，氏族是“血缘社会”。澳洲部落的半族和氏族都是“单系继嗣群”，或为父系，或为母系。

这里普遍实行婚后从夫居制度。在父系继嗣制度中，一个氏族同时就是一个地方群体（男性成员同属一个氏族，妻子从对方半族的氏族中娶进，女儿们则嫁到对方半族的氏族中）；当从夫居制度与母系继嗣制度结合在一起时，就会出现比较复杂的“交叉换位”现象。详见后文。

在一年中的大部分时间里，人们以地方群体为单元在各自领土内过着渔猎采集生活。食物资源条件在很大程度上决定着人们的生活方式。在食物资源匮乏的地区，地方群体只好在领土内不断地游徙寻食，在一个地点一般只停留一两天。在食物资源较丰富的地区，人们有条件在一个地点停留更长时间，在这种情况下已出现一些半定居村落。

澳洲部落中的氏族大多各有其图腾，氏族图腾具有血缘群体的姓氏标记功能。图腾氏族通常有一套与其图腾相关联的图腾文化（制度），如图腾圣地、图腾祖先、起源神话等。氏族首领一般由“长老”也就是老年男子担任，“长老执政”制度在澳洲普遍存在。

两个半族一般都具有较强的独立意识（一方是“我们的人”，另一方是“我们的朋友”）。澳洲部落两个半族间彼此区分和对立的情绪，在文献中常被提到。例如，一些重要仪式以半族为单位独立举行，有时甚至不让对方半族的人在旁观礼。还有一个与此相关的重要现象，澳洲一些“血亲复仇”的族群冲突，其参战者往往以半族为单位召集和组织。

下述内容与此（半族间关系）有关：“在澳大利亚人自己内部，有些地方保留了一些传说和模糊的记忆，涉及胞族（半族）之间的某种仇恨，以及关于胞族（半族）成员相互之间的区别，首先是根据体质特征的。例如，一些有‘淡血’，另一些有‘浓血’，一些是软发，另一些是硬发等。不久以前，A. 佐利和 ф. 罗兹在沃罗拉部落（澳大利亚西北部）里发现了一个关于部落的两个半边（半族）如何合并在一起的传说。”（托卡列夫等，1980）

每一个澳洲部落都有各自的宇宙论体系。人们将天地万物概括在一个无所不包的分类体系中，然后在两半族间平均分配。分配对象包括动植物等实用资源和日月星辰等象征性资源。涂尔干和莫斯的《原始分类》是对这种现象的专题研究（涂尔干和莫斯，2000）。涂尔干在其晚期著作《宗教生活的基本形式》中对这个问题的研究有所深化（涂尔干，1999a）。以此为起点，西方人类学界许多重要学者都曾参与这项研究，包括列维-斯特劳斯的《野性的思维》（列维-斯特劳斯，1987）。时至今日，相关民族志材料早已为人类学界所熟知（本书第四章对此作专题研究）。

在一年中某种（动植物）食物最丰富的季节，平时分散在各自领土上的氏族或地方群体以部落为单位（部落领土一般为几千平方公里）聚到一起，由此形成几百、上千人的大型营地。人们利用这个机会举行成年礼仪式、祭神仪式，长老们则通过长老会议商讨部落内部的公共事宜。长老会议的一般议题包括“巫术杀人案件，……宗教仪式的布置”以及“和战问题，外宾招待问题，营地迁徙问题，乱伦惩罚问题，以及内争的防制问题等”（罗维，1987）。至少每年一次的部落聚会对维系部落共同体的存在具有重要意义。澳洲长老会议是政府的雏形，上述议题的决策是早期的政府职能。

两个半族是部落内最重要的社会组织，它们是两个“单系继嗣群”，各自统属若干氏族，相互结为世代通婚的婚姻联盟。它们是彼此独立的军事单元，在各自“单系继嗣群”（半族和氏族）范围内独立承担血亲复仇的责任和义务。它们也是平均分配所有部落资源（实用资源和象征性资源）的两个利益主体。在澳洲部落的宇宙论体系中，半族间的资源分配有时会细到每一颗星的所有权，这直接体现当时那种分配过程的斤斤计较。

以往对部落社会外婚制起源的解释，主要有两种完全相反的见解，即所谓“联合对血统”。“血统说”主张两个彼此通婚的外婚制群体是由当初一个族群分化而来；“联合说”则主张是由两个独立族群以通婚形式结为联盟。一方认为是一分为二（血统），另一方认为是合二为一（联合）（瑟维斯，1997）。

列维-斯特劳斯（《亲属关系的基本结构》）在马塞尔·莫斯“礼物论”的基础上提出，外婚制是一套在族群之间“交换女人”的规则，这套规则是亲属关系的“基本制度”，其动机是乱伦禁忌的“情结”，其效果是由此实现了族群社会的联合。路易斯·迪蒙晚些时候也提出与列维-斯特劳斯比较接近的

"由婚姻而联合的理论"（瑟维斯，1997）。作为重建部落历史的尝试，这种理论的主要问题是因果倒置。后面将具体讨论。

泰勒曾经指出部落社会族外婚现象的社会意义："外婚制凭借氏族间不断地结合，促使一个成长扩展的部落保持自身的巩固，使它能够胜过任何孤立无援的小型内婚群体。在世界史中一再出现这样的局面，即蛮族在其心中一定得在两个简单而现实的问题——实行外婚和全部杀光——之间作出抉择。"（Tylor，1889）此说庶几近之。

第三节　四分体系的构成

四分体系包含四个婚姻类别。下面是四分体系在澳大利亚部落中的具体分布情况。"在新南威尔士各部落中最广泛普及的婚姻级（类别）名称是伊摆、孔博、穆利、库比；在昆士兰的各部落中是翁戈、库巴鲁、古尔格拉、崩摆；在中央和西部的各部落里是帕依加（巴纳卡）、布尔塔拉（帕利耶里）、普鲁拉（布隆格）、库马拉（卡利美拉）。不过，所有的名称在不同的部落里都有各种各样的不同的变异。"（托卡列夫等，1980）类别名称在澳洲的跨部落使用是一个重要现象，与澳洲部落在早期阶段的分化历程以及类别制度的传播有关。

文献中介绍类别制度一般采用三个描述角度：①半族区分，②代别区分，③通婚与继嗣规则。下面介绍澳大利亚原住民部落四分体系的三个具体案例。其中，西澳洲卡列拉部落和中部的南方阿兰达部落采用父系继嗣，新南威尔士东北部的卡米拉罗依部落采用母系继嗣。

卡列拉部落父系继嗣四分体系：①半族区分：甲半族——卡利美拉，布隆；乙半族——帕列利，巴那卡。②代别区分：A代——卡利美拉，帕列利；B代——布隆，巴那卡。③通婚与继嗣规则：卡利美拉男子娶帕列利女子，子女是布隆；帕列利男子娶卡利美拉女子，子女是巴那卡；布隆男子娶巴那卡女子，子女是卡利美拉；巴那卡男子娶布隆女子，子女是帕列利（基辛，1988）。

南方阿兰达部落父系继嗣四分体系。①半族区分：甲半族——帕侬加，布尔塔拉；乙半族——普鲁拉，库马拉。②代别区分：A代——帕侬加，普鲁拉；B代——布尔塔拉，库马拉。③通婚与继嗣规则：帕侬加男子娶普鲁拉女子，子女是布尔塔拉；普鲁拉男子娶帕侬加女子，子女是库马拉；布尔塔拉男子娶库马拉女子，子女是帕侬加；库马拉男子娶布尔塔拉女子，子女是普鲁拉（托卡列夫和托尔斯托夫，1980）。

卡米拉罗侬部落母系继嗣四分体系。①半族区分：甲半族（狄尔比半族）——慕里，库比；乙半族（库帕廷半族）——孔博，伊摆。②代别区分：A代——慕里，孔博；B代——库比，伊摆。③通婚与继嗣规则：慕里男子娶孔博女子，子女是伊摆；孔博男子娶慕里女子，子女是库比；伊摆男子娶库比女子，子女是慕里；库比男子娶伊摆女子，子女是孔博（托卡列夫和托尔斯托夫，1980）。

三个案例社会结构基本相同，故有条件作进一步“形式化”归纳。由两个划分原则构成四个类别的基本属性：第一层区分是两个半族的区分（一分为二），第二层区分是两个半族成员的代别区分（二分为四）。下面是四个类别的基本属性：类别1（A半族·A代），类别2（A半族·B代），类别3（B半族·A代），类别4（B半族·B代）。上面的表述还可作进一步简化。例如，“A半族·A代”可简化为AA，前一个字母（第一层区分）表示半族归属，后一个字母（第二层区分）表示代别。四个类别基本属性的简化表述为AA、AB、BA、BB。

父系四个类别之间的通婚和继嗣规则可以被表述为四个“关系公式”：AA＝BA→AB；BA＝AA→BB；AB＝BB→AA；BB＝AB→BA。母系四类别通婚与继嗣规则也可以被表述为四个“关系公式”：AA＝BA→BB；BA＝AA→AB；AB＝BB→BA；BB＝AB→AA。

上面公式中的“＝”表示通婚关系，其左方为男性，右方为女性，二者间是丈夫与妻子的法定通婚关系：“→”表示（父母与子女之间的族系）继嗣关系，其左方为父母，右方为子女，二者间是半族归属的传递关系。四类别之间通婚和继嗣规则的简化结果如图2-1和图2-2所示。

前面提到，婚姻类别系统的特征是复杂、规整和严密，故有必要十分讲究表述的严密程度。苏联学者谢·亚·托卡列夫等人所著《澳大利亚和大洋洲各族人民》一书中，有一个介绍卡米拉罗依部落四分体系比较直观的图式（托卡列夫和托尔斯托夫，1980），图 2-1 和图 2-2 都是对其略加改进的结果。

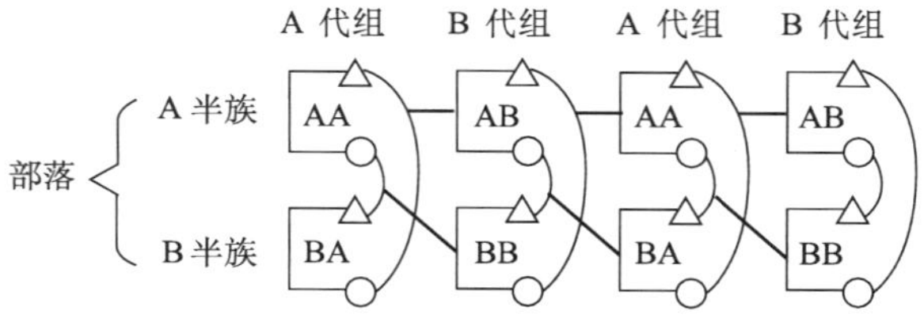

图 2-1　父系四类别规则

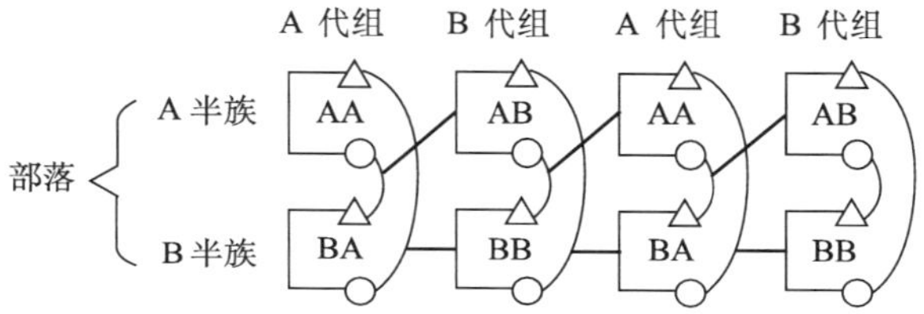

图 2-2　母系四类别规则

图 2-1 和图 2-2 中，“△”表示类别内男性成员，“○”表示类别内女性成员。弧线表示法定通婚关系，粗直线连接父母与子女（同时指示族系归属的传承）。有必要强调指出：这里的通婚和亲属关系都是指类别与类别间的群间关系。研究者有必要随时记住这个问题，否则，很容易出现摩尔根研究中 1/2500与 100%之间的巨大误差（详见本章第二节）。所谓“法定通婚关系”指强制性规定的通婚范围。例如，AA 只能与弧线另一端 BA 通婚，同时严禁与其他任何类别通婚，包括“隔代重复”的同名类别。

认识澳洲外婚制，得到一个好的图式（表述的完整、准确、直观性和作为推演工具的好用程度）可以直接解决许多问题。例如，恩格斯与陈克进先生的技术性疏忽（包括摩尔根将“孔博”误作“库比”），在上图中只是一些十分简单的类别间关系推演问题。又如，郭政凯先生“祖父与舅爷”问题，只需简单推演即可知：祖父（父亲的父亲）就是舅爷（母亲的母亲的兄弟）；无论采用母系继嗣还是父系继嗣，这种关系都不会发生改变。再如，西方学者用半个世纪搞不清楚的四分体系代别区分功能（库诺对此有深入研究），在图中只是一个甚至无须说明的简单现象。

第四节　隔代重复现象与四分体系性质判定

在四分体系图式中，隔代重复现象一目了然。这个问题早就有人提出，但一直未得到相对合理的解释。列维-斯特劳斯干脆认为这个问题“不可能解释”。但实际情况并非如此。第一，此现象十分重要，它直接关系到对四分体系性质的判定问题。第二，此问题并不深奥，只要搞清四分体系“是什么”，“为什么”，也就是因果和由来问题，就可以迎刃而解。

前面提到，澳洲少量部落只有两个半族，再无进一步类别区分。这样，两个半族也被认为是“两个级别（类别）的制度”：半族内禁婚，通婚关系只能发生于二者之间。作为澳洲外婚制中最简单的制度，这种制度可以称为“二分体系”。二分体系是四分体系的形成基础。这个判断以往无争议。从这个角度来看，四分体系只比二分体系多出一个代别区分层次，于是二分为四。因此，搞清代别区分的作用是了解四分体系成因的直接认识线索。

由四分体系图式可以了解到，四分体系代别区分的结果，是将两个半族全体成员编入层次分明的相应“代组”，然后将半族间通婚关系严格限定在每一“代组”内。无论采用父系继嗣还是母系继嗣，都可以实现相同效果，即A代组：AA = BA；B代组：AB = BB。由此可以直接得出一个重要结论：四分体系类别规则是一套专门用于规范两合组织通婚和继嗣的指导原则。实施之前它是一整套复杂、周密的社会控制方案，实施之后成为被强制性执行的法律准则。

这里我们遇到一个社会学研究中具有重要意义的基础性问题，也就是在认识像四分体系婚姻类别制度这种类型的“原始社会”现象时，分析问题和提出判断的分寸感或者说是准确程度问题。下面是涂尔干在分析四分体系时提出的一个理论原则："任何社会制度，尤其是原始的制度，都不可能起源于深思熟虑的人为造作。把社会制度解释成这种从预先已经意识到的目的出发建立的约定俗成的安排，完全和我们所知道的情况背道而驰。"（涂尔干，2003）

不知涂尔干所说"我们所知道的情况"具体指什么。如果坚持采用"我们所知道的情况"认识事物，也就没有什么值得研究的新事物。涂尔干上述见解具有很高的代表性，是至今为止绝大多数相关问题研究者的基本立场。可从三个方面分析四分体系类别制度的性质：一是这套规则复杂、周密和严整的程度，二是它的具体确立过程，三是确立后的实施过程。

第一个方面，可用一个已发生的事实来说明这套规则的复杂程度：一个世纪以来大量一流学者直接参与这项研究，但问题至今没有被完全搞清楚。这样一套复杂系统的原创过程与人类学家完成对这个系统的准确认识，二者之间的难易程度又不可以道里计。对于石器时代的人类个体来说，这个复杂系统的创造难度绝不低于数学中微积分的发明。笔者的一位数学家朋友读过本章初稿后告诉笔者："类别规则的创造者堪称石器时代的牛顿。"涂尔干先入为主的理论原则直接影响其研究水平，导致其"起源论证"实际上是一个"结果说明"。

到 20 世纪 80 年代，基辛倒是认可这种"极为复杂的制度"是"石器时代的数学家"智力活动的结果。关于这些智力活动的原因，他认为"也许多半因为未受复杂技术之累"（基辛，1988）。不管怎么说，这是在涂尔干基础上的一个进步。与此同时，西方人类学对这个问题的研究已经发展到"交换岳母"的水平。在这项研究 100 多年的学术史中，字里行间充满对"野蛮人"的"傲慢与偏见"。研究者为此付出的代价是学术进展举步维艰。从摩尔根、涂尔干到列维-斯特劳斯乃至基辛，没有一个研究者意识到这套逻辑规则创造者的卓越智慧，更没有意识到他们正在直接面对人类文明在石器时代的最高成就。

第二个方面，仅仅创造出这套复杂规则还远远不够，还要将其确立为强制性执行的法律准则。这也是一个难度极高的过程。无论是规则的原创者，还是每一次"传播"过程的制度确立者，都要做到让绝大多数部落成员甘愿听从他的安排，要给每一个部落成员首次确定其类别身份，让人们从此以后按照他的原则划分类别、选择配偶。这种非常复杂且严格的制度存在本身，就意味着必定存在一个十分具体的确立过程。这是一个非同寻常的社会事件，是一场名副其实的革命。

在这种事件的背后，必然存在一个强有力的掌控者，一个具有足够权威性的社会角色。他还要让人们世代相传这一套对于石器时代部落社会来说十分复杂的知识，让有足够权力的社会成员继续推行和维护这一套通婚法则，并且用死刑去惩罚任何敢于违背法则的人。这个原创者（以及每一次“传播”过程的制度确立者）面临的第一个问题来自部落成员对新制度的排拒：我们凭什么要听你的。从这个起点出发他要走很长的路。每一步都需要高度的政治智慧。

第三个方面，澳洲部落类别规则是一种极严格的“性纪律”，破坏者必遭严惩，一般是处死。换言之，自由恋爱在部落社会有生命危险。就近择偶既经济且自然，所谓日久生情。而这种制度偏要杜绝半族内所有就近择偶，将通婚关系严格限制在两个半族彼此并不熟悉的男女之间。它是对人之常情的断然否决，它得以实施的先决条件是对部落成员性选择自由的强制性剥夺。假如让部落成员处在自主选择婚配对象的状态，类别规则便会迅速瓦解。

每一个性欲尚未衰退的族人都是类别规则的潜在破坏者。这种制度很难推行且极易被破坏，所谓“易坏而难成”。必然存在一个更加强大的管理和控制机制，才有可能维系这种十分脆弱的制度。谁来管理？怎样管理？对于管理者（澳洲部落的长老）来说，他会在清醒状态下不断追问自己：为什么我一定要管理？毕竟这种制度不会为部落成员带来任何直接利益。处死性纪律破坏者，实际上都是长辈（有时包括亲生父母）杀死自己的后代。

澳洲“原始人”在族群和家庭方面的亲情意识十分强烈，任何部落成员的死亡都会给家人、族人带来巨大悲痛。如果是（或怀疑是）非正常死亡，人们会急切寻找谋杀者（包括所谓“巫术杀人者”），然后采取“血亲复仇”的暴力行动。在与死者告别的场合，人们悲痛欲绝，割裂自己的身体让鲜血长流。为什么一定要杀死自己的亲人？任何一次很容易发生的姑息宽容都是制度彻底崩溃的起点。这是管理和控制机制本身的脆弱部分。

如果我们准确了解四分体系的属性与规则“是什么”，就会对这种体系原创者的高度智慧肃然起敬。如果我们相对准确地认识到这种制度“立法过程”面临什么样的困境，也就不会提出类似涂尔干的“理论原则”。列维-斯特劳斯在提出其“交换女人”理论时，有必要认真反思一个社会事件何以发生、怎样发生的可能性和现实性问题。什么动机促使两群男人会面协商？谁是召集者？什么压力迫使他们一定要签订一份“交换女人”的“契约”？谁是主持者？谁来保证这份契约的履行？这是理论提出者无法回避的具体问题。

如果我们初步认识到这种制度在具体实施中随时面对哪些强有力的破坏因素，或者说一个更加强大的管理和控制程序正在以何种方式发挥作用，对各种破坏因素施加持续、稳定和有效的抑制，我们就会发现澳洲部落社会的真实状态：这是一个在人性（人之常情）与压制人性的文化、制度之间充满对抗性张力的高度复杂的社会。这样的社会、文化和制度形态与“我们所知道的情况”大相径庭。简而言之，从四分体系的原创、确立到实施，都是我们常识之外名副其实的人类奇迹。因此有必要放弃涂尔干的理论原则，在一个更加客观准确的“是什么”的基础上考察“为什么”问题。

下面继续讨论“隔代重复”现象。四分体系具体由四组通婚和继嗣规则整合而成，如父系四分体系的四组规则具体是：AA＝BA→AB，BA＝AA→BB，AB＝BB→AA，BB＝AB→BA。这四组规则可以分为两个部分，每个部分由两组构成。前两组规范 A 代组内部的通婚关系，同时连接 A 代组与 B 代组之间的继嗣关系；后两组规范 B 代组内部的通婚关系，同时连接 B 代组与 A 代组之间的继嗣关系。由此实现这一社会控制方案可以循环使用的逻辑构建：A 代组→B 代组→A 代组。“隔代重复”现象由此而来。

由四分体系图式的代序标注可以看出，所谓“隔代重复”实际上是二进制序列的重复。“A→B→A”结构的第二个 A 在自然序列中已是第三代。如同我们踏着“一二一”口令向前走，第二个“一”是第三步。这是一个循环使用的社会控制方案，可以在一个线性代别更替序列中不断使用下去。“A→B→A”结构规范两代人的通婚关系，连接三代人的继嗣关系。在不影响使用的情况下，这个结构实现了该方案所能达到的最大限度的简约。

本章到此已完成对“隔代重复”现象成因的解释。此现象为我们对四分体系性质的判定提供了重要依据。这是一套用来规范澳洲部落婚姻制度的社会控制方案，是部落长老实施制度的“技术指南”，是可用来完成多种关系推演的公式。“隔代重复”现象体现了这套公式的“A→B→A”结构。这种结构不会自然产生，因为它与世代更替的自然序列不符。这是人为创造的直接证据。其目的是为制度执行者提供一个容易理解、便于使用的逻辑工具。这个公式内部的四组通婚和继嗣规则彼此制约、协调，缺一不可，表明这是一次性完成的创造过程。将四组规则如此和谐巧妙地整合为一，即便普通智力的“深思熟虑”也无法完成，更何况这是在农业出现之前没有文字的石器时代。

第五节　四分体系的产生情况

《澳大利亚和大洋洲各族人民》一书提到两个重要现象。第一，在实行四分体系和八分体系的澳洲部落中，其亲属称谓制度与婚姻类别制度完全吻合，即蔡俊生先生所说“镶嵌”关系。第二，在没有进一步区分的二分体系部落中“也有完全同样的亲属制度”（托卡列夫和托尔斯托夫，1980）。该书据此认为：亲属称谓制度的出现早于类别制度，前者已经具备规范半族间平代通婚的功能，后者则是“亲属称谓的分类，同时也就是群婚关系的分类”（托卡列夫和托尔斯托夫，1980）。基辛也有类似见解（基辛，1988）。蔡俊生先生持相反看法，认为亲属称谓制度“更大的可能”是由四分体系婚姻类别制度“脱胎而来”（蔡俊生，1988）。

这里出现了一个先有鸡还是先有蛋的问题。

二分体系部落“完全同样的亲属制度”既可能是一种先在的现象，也可能是类别规则蜕变后的残余。这两种情况都不影响本章上面的讨论。看来更有可能是第一种情况。换言之，托卡列夫和基辛等人的判断很可能是一个正确的“历史推测”。他们的判断中包含一个比较合理的内核，即亲属称谓制度的出现应早于类别制度。前者是后者的产生基础，后者产生于对前者的归纳和分类。后者产生后，二者间存在完全对应的“镶嵌”关系。后者是前者的分类系统，前者是后者的类别间关系描述系统。

如果上述判断属实，我们可以据此更直接和更具体地了解类别制度的产生过程。四分体系的四个类别中包含两代人，有四男四女共八个性别群体（我国一些学者称其为“性级”）。每一个 1/8 都可派生一个“以我为中心”的类别式亲属称谓系统（四个“男子呼”系统和四个“女子呼”系统）。例如，在母系四类别规则中，一个甲半族男子群体在五代内（从其祖父辈到孙子辈）共有20种主要亲属关系（群间称谓），具体如下[①]。

◎上两代：①祖父【甲】；②祖母【乙】；③外祖父【乙】；④外祖母【甲】。

◎上一代：⑤父亲【乙】；⑥母亲【甲】；⑦母亲的兄弟【甲】；⑧父亲的姐妹【乙】。

◎平代：⑨群内互称兄弟，男“我”的位置【甲】；⑩母亲兄弟的女儿，妻子【乙】；⑪母亲兄弟的儿子，姐妹的丈夫【乙】；⑫姐妹【甲】。

◎下一代：⑬儿子【乙】；⑭姐妹的女儿，儿媳【甲】；⑮姐妹的儿子，女婿【甲】；⑯女儿【乙】。

◎下两代：⑰孙儿【甲】；⑱外孙女，孙媳妇【乙】；⑲外孙，孙女婿【乙】；⑳孙女【甲】。

再举一例。在同一个母系四类别规则中，一个乙半族女子群体在五代内也有20种主要亲属关系。

◎上两代：①外祖母【乙】；②外祖父【甲】；③祖母【甲】；④祖父【乙】。

◎上一代：⑤父亲的姐妹【甲】；⑥母亲的兄弟【乙】；⑦母亲【乙】；⑧父亲【甲】。

◎平代：⑨群内互称姐妹，“我”的位置【乙】；⑩父亲姐妹的儿子，丈夫【甲】；⑪母亲兄弟的女儿，兄弟的妻子【甲】；⑫兄弟【乙】。

◎下一代：⑬兄弟的女儿，儿媳【甲】；⑭儿子【乙】；⑮女儿【乙】；⑯兄弟的儿子，女婿【甲】。

◎下两代：⑰外孙女，孙媳【乙】；⑱孙儿【甲】；⑲孙女【甲】；⑳外孙子，孙女婿【乙】。

在八个（四男四女）包含五代的亲属称谓系统中，一共有160（8×20）种亲属关系，再加上这些亲属各有具体半族归属，由此可以了解到两合组织亲属称谓制度的高度复杂。四类别规则正是在这样一个基础上归纳出来的。很可能正是由于二分体系亲属称谓制度过于复杂、繁琐，给婚姻制度的实施带来极大不便，于是最终由足够聪明的人具体完成四分体系的创造。

四分体系出现后随即取代原有的亲属称谓制度，成为半族间平代通婚更好用的“管理工具”。原有的称谓制度则成为类别间关系的描述系统。在其后的社会历程中，类别制会由于各种原因而瓦解。这时亲属称谓制度又会再度成为规范群间通婚的主导制度，由此形成外婚范围大小不等以及不同严格程度的“规定婚”（prescriptive marriage）。

① 下文【甲】和【乙】指半族归属。

通过对上述归纳、分类过程具体方法和步骤的了解，可以直接领略类别规则创造者的高度智慧。前面提到澳洲至少有三套四分体系类别名称：①伊摆、孔博、穆利、库比；②翁戈、库巴鲁、古尔格拉、崩摆；③帕侬家、布尔塔拉、普鲁拉、库马拉（托卡列夫等，1980）。这表明在澳洲原始民族历史中，同一个四类别规则至少有过三次独立创造过程。这些创造者是石器时代的人类圣贤、文化英雄。

在澳洲，“婚姻级的名称照例是不能翻译的，也是不能用它们所在的那些部落的语言解释的。这部分也可以理解，因为广大地区的一系列部落通常都有同样的婚姻级名称，它们显然是由一个部落传到另一个部落，并且可能起源于某个很少人知道的甚或已经绝代的部落的语言”（托卡列夫等，1980）。上述现象可以充分证明一个重要事实：四分体系类别制度在澳洲部落中存在的历史已十分久远。

综上所述，二分体系及其亲属称谓制度的创立意图，是规范和控制两个半族间的世代通婚；四分体系的创立意图，则是为更好地实现同一个目的，也就是有效保证两个半族间“全员通婚”有条不紊地长期实施。[①] 这是石器时代人类圣贤的基本目标之一。

第六节　四分体系与继嗣、居留制度

本章第五节介绍类别制度，同时给出父系和母系两个图式。这里出现一

① 四分体系类别制度是规范两个半族间通婚关系的规则。这个规则统一支配两个半族内部所有氏族。因此，在分析四分体系类别规则时，可以并且有必要局限在半族层面，氏族层面的问题可以暂时忽略不计。

个问题。在没有限定父系或母系继嗣之前，四分体系规则因此失去族系传递线路。在这种情况下，其“剩余”规则是否可以继续“运行”并发挥其半族间平代通婚的规范功能？这种情况在澳洲部落现实中并不存在，但在理论上应为其留下位置，否则会影响陈述的完整。我国古代昭穆制度很可能是四分体系“残留”下来的代别区分规则的独立“运行”。

在不确定父系和母系两种继嗣方案时，一个部落内共有两男两女四条不间断的族系传递（识别）线索。在此基础上，既可选择两个男系继嗣线索作为代际交替中的半族识别依据，也可选择两个女系继嗣线索，但不可以同时使用两男两女四条线索。在此我们与拉德克利夫-布朗的 ABCD 又一次不期而遇。他的“一对母系半偶族”是“A＋C 和 B＋D”，“一对父系半偶族”是“A＋D 和 B＋C”（拉德克利夫-布朗，1999）。分开看，他的两个组合分别是对父系和母系四类别规则基本结构的正确描述。也就是说，这不是一个低水平的外行出错，而是“专家级”失误。他以此将四分体系发展到最大限度的繁琐：只有两个半族何必设置四个族系归属？这样的画蛇添足在任何意义上都不具有解释四分体系成因的理论效力。

前面提到，澳洲部落普遍实行婚后从夫居制度。以此为前提，在父系继嗣时一个氏族同时就是一个地方群体（男性成员属同一氏族，媳妇从对方半族的氏族中娶进，女儿们则嫁到对方半族的氏族中）。在母系继嗣时会出现比较复杂的“交叉换位”（涂尔干“特有的更替”现象）。下面讨论“四类别规则＋母系继嗣＋婚后从夫居”的制度组合结果。

涂尔干所说“内生”和“外生”的“交叉换位”，是以假设最初半族之下没有氏族划分为前提的。实际情况是，澳洲部落一般包含几个到几十个（很少超过 30 个）氏族，两个半族各自拥有其中的半数。在这种情况下，虽然在半族层面存在“交叉换位”，但体现在氏族和地方群体层面上变得更加复杂：“每一个地方群体由不同氏族的人们组成，而反之，每一个氏族就好像‘撒播’在各个地方群体之间似的。”（托卡列夫等，1980）如果一个男人的两个妻子来自不同氏族，就会出现同一个父亲的子女分属不同氏族的现象。

这些现象看似纷乱，实际不难理解。只需把握两个认识角度就可以了解其基本状况。第一个角度是半族间平代通婚规则的不可改变，第二个角度是半族间通婚在氏族层面的没有限制。依据半族间通婚规则，任何一个氏族同代男人都有统一的半族归属，他们只能在对方半族中择偶，至于在对方半族中哪个氏族中娶妻则无进一步限制。其结果是：他们的配偶来自对方半族的不同氏族，他们的子女随母系继嗣属对方半族的不同氏族。换言之，氏族层面选择配偶的随机性以半族间通婚规则的稳定性为前提。二者并行不悖。

作为三种制度（四类别规则＋母系继嗣＋婚后从夫居）的组合结果，澳洲部落社会组织这种复杂现象格外引人注意。许多学者都以不同方式论及这种现象，例如，涂尔干“内生”和“外生”的“交叉换位”，拉德克利夫-布朗的ABCD，列维-斯特劳斯的“居留与继嗣辩证关系”等。甘奈普（Van Gennep）认为这种制度“可以用来加强不同氏族与一般社会之间的凝聚力，而不是氏族成员之间的凝聚力。此外，该制度也确立了代际之间的婚姻交换……在这种交换和交替的混合过程中，外婚制确保了其中的常规性和周期性的循环”（列维-斯特劳斯，2002）。列维-斯特劳斯的“解释”与甘奈普相近（列维-斯特劳斯，2002）。

这种现象还与母系制和父系制哪个在先的问题有关。例如，涂尔干为解决其起源理论合理性问题，反复强调“母系氏族是先于父系氏族”的判断，并在他的见解与巴霍芬和摩尔根的见解之间作出区分（涂尔干，2003）。涂尔干的判断依据并不充分，但他提到一个重要问题：从社会学角度看，母系制过渡为父系制比较“容易理解”，相反方向的演进则“无法解释”（涂尔干，2003）。

甘奈普也指出一个关键问题，即上述三种制度组合结果“可以用来加强不同氏族与一般社会之间的凝聚力，而不是氏族成员之间的凝聚力”。这一见解还可以用一种更加鲜明的方式提出：这种将氏族“撒播”在各地方群体之中的制度，实际上可以大大削弱“氏族成员之间的凝聚力”，同时可以十分有效地“加强不同氏族与一般社会之间的凝聚力”。

我国学者一般认为：人类早期存在一个“母系制时代”，而父系制的出现在此之后。这个见解可以追溯到巴霍芬、麦克伦南、摩尔根和恩格斯。这项研究关系到原始社会史的分期，也是百年以来人类学中持续争论的重要问题。由本章研究可以了解一个基本事实：母系和父系继嗣的首要性质是同一种群间通婚制度的族系标记和识别依据。在这个层面上，母系抑或父系首先是可供制度创立者选择的两种继嗣方案。

二者在逻辑上平行存在。至于制度创立者具体选择哪个方案，有必要从方案实施的社会效果进行考察。在甘奈普、涂尔干和列维-斯特劳斯等人的上述见解之间，存在一个潜在的认识空间：从制度功能反推方案选择动机，也就是从制度推行效果去考察制度创立意图。至于强行断定哪个方案必然在先，似乎只是一个在没有搞清“是什么”情况下的假命题。关于母系制和父系制哪个在先的问题，本书将在第六章第四节的注释中作简要讨论。

第七节　八分体系的构成

八分体系包含八个婚姻类别。这是一种更加复杂的制度："这种制度（八分体系）在从阿兰达到卡奔塔利亚湾的中央澳大利亚和北澳大利亚的各部落中占了统治地位。很可能，八个婚姻级（类别）的制度是在某处北方部落中产生的，而向南和东南方向传布，由一个部落传到另一个部落，一直传到阿兰达部落；北方的阿兰达人采取了这种八级制度，但南方的阿兰达人还是四个级的。"（托卡列夫和托尔斯托夫，1980）

南方阿兰达人四分体系的类别名称是：帕侬加（AA）、布尔塔拉（AB）、普鲁拉（BA）、库马拉（BB）。北方阿兰达人八分体系的类别名称是：帕侬加、普鲁拉、布尔塔拉、库马拉、阿崩格尔塔、乌克纳里亚、乌比查纳、翁加拉。前者四个类别的名称与后者中的四个类别名称相同，二者都采用父系继嗣，故后者是在前者基础上产生的。前者是制度的早期形态，后者是保留一部分早期形态的新制度。

下面是北方阿兰达人父系继嗣八分体系的具体构成情况（托卡列夫和托尔斯托夫，1980）。

（1）半族区分：半族 A——帕侬加，乌克纳里亚，阿崩格尔塔，布尔塔拉；半族 B——普鲁拉，翁加拉，库马拉，乌比查纳。

（2）代别区分：A 代——帕侬加，普鲁拉，乌克纳里亚，翁加拉；B 代——布尔塔拉，库马拉，阿崩格尔塔，乌比查纳。

（3）通婚与继嗣规则：帕侬加＝普鲁拉→阿崩格尔塔，乌克纳里亚＝翁加拉→布尔塔拉，布尔塔拉＝库马拉→乌克纳里亚，阿崩格尔塔＝乌比查纳→帕侬加，普鲁拉＝帕侬加→库马拉，翁加拉＝乌克纳里亚→乌比查纳，库马拉＝布尔塔拉→普鲁拉，乌比查纳＝阿崩格尔塔→翁加拉。

与四分体系相比较，八分体系的基本结构还是两个半族，只是在每个半族内又有一个二元结构；于是在一代内多出两个类别，在两代多出四个类别。四分体系在一代内只是（A、B）两个外婚单元之间的通婚，八分体系在一代内则是四个外婚单元间发生通婚关系。四分体系类别属性是：AA、AB、BA、BB。由于八分体系在每个半族内又自成一个二元结构，故可在四分体系基础上再加一个区分层次。例如，AA 的二元区分可以表述为“A（A）A”和“A（B）A”。

下面是采用这种方法的区分结果：半族 A——帕侬加 A（A）A，乌克纳里亚 A（B）A，阿崩格尔塔 A（A）B，布尔塔拉 A（B）B；半族 B——翁加拉 B（B）A，普鲁拉 B（A）A，乌比查纳 B（B）B，库马拉 B（A）B。下面是采用同一种方法表述的八分体系通婚与继嗣规则的八个“关系公式”。

【1】A（A）A＝B（A）A→A（A）B

【2】A（B）A＝B（B）A→A（B）B

【3】A（B）B＝B（A）B→A（B）A

【4】A（A）B＝B（B）B→A（A）A

【5】B（A）A＝A（A）A→B（A）B

【6】B（B）A＝A（B）A→B（B）B

【7】B（A）B＝A（B）B→B（A）A

【8】B（B）B＝A（A）B→B（B）A

对于深入、准确地认识八分体系类别规则的基本情况，图 2-3 可以直接解决大部分主要问题。从盲人摸象到一览无遗。这是一种更加复杂的二元通婚规则。虽然每一半族内各有一个二元结构，但二元结构内的两个外婚单元之间，即 A（A）与 A（B）之间以及 B（A）与 B（B）之间，则没有通婚关系。通婚关系只发生于两个半族之间。按该图仅列出父系继嗣图式，母系继嗣图式（略）只要将继嗣关系改由母方传递即可得到。

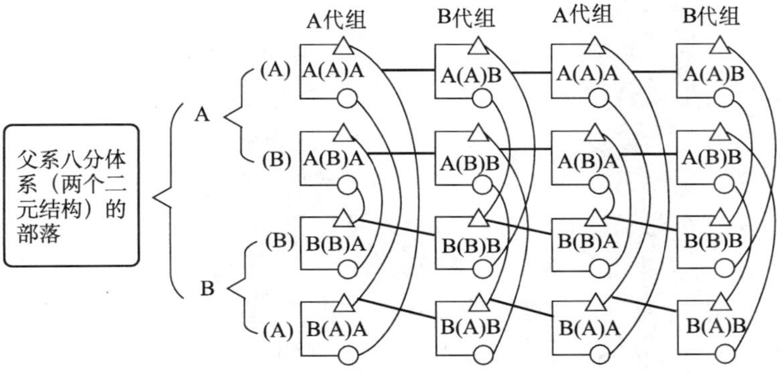

图 2-3　八分体系类别规则（父系）

在四分体系通婚规则中，两个半族间通婚关系稳定不变，每代都是二者的“直接交换”。在八分体系通婚规则中，A代有两个“直接交换”的“对偶体”，即“A（A）A=B（A）A”和“A（B）A=B（B）A”；两个“对偶体”的组合在B代发生改变，即“A（A）B=B（B）B”和“A（B）B=B（A）B”。这种“对偶体”的组合变化以两代为周期，如此周而复始。正是这种逐代发生的组合变化，为半族内二元结构的分而不合提供了存在条件。早已有学者指出：八分体系与四分体系的另一个不同之处是可以实现更大限度的远血缘婚配。

第八节　八分体系的形成

与四分体系情况相同，八分体系也是一个轮廓清晰的“A→B→A”结构：规范两代人的通婚关系，连接三代人的继嗣关系。换言之，八分体系也是一个人为构造出来的群间婚姻控制模式。其中包含八个通婚与继嗣的关系公式，由此实现这种规则所能达到的最大限度的简约。

《澳大利亚和大洋洲各族人民》一书将二分体系和四分体系的通婚规则称为“类型Ⅰ”或“阿拉巴纳类型”：“在这种婚姻形式下，舅父同时也就是岳父，姑母也就是婆婆，甥儿也就是女婿，而内侄女是自己的儿媳。”（托卡列夫和托尔斯托夫，1980）

该书将另一种更加严格的制度称为“类型Ⅱ”或“狄耶里类型”，这种制度只允许一个男子在亲属关系是“外祖母的兄弟的外孙女”范围内择偶。该书还提到，“类型Ⅱ”的分布范围大于“类型Ⅰ”：“它在中央、西部、昆士兰、新南威尔士、维多利亚的大多数部落中占了统治地位。”（托卡列夫和托尔斯托夫，1980）参照八分体系图式可知，这个择偶范围（外祖母的兄弟的外孙女）与八分体系通婚规则相合。该书认为，“类型Ⅱ”是八分体系的产生基础。

这里又出现一个先有鸡还是先有蛋的问题。

搞清这个问题首先要核实二者间是否存在鸡和蛋的关系。例如，八分体系中男子择偶范围还有一个更直接的称谓关系——“祖父的姐妹的孙女”，可以由此进一步检验二者异同。还有必要了解“类型Ⅱ”具体实行于何种族系结构的基础上。这是最重要的判别依据，需要对全部相关民族志材料作一次通盘考察。如果托卡列夫等人的概括属实，则这种类型的亲属称谓制度要比二分体系更加复杂，其归纳和分类的难度也更高。

对八分体系通婚规则“A→B→A”结构的创造者来说，他实现最大限度简约的前提是必须完成一个更大跨度的绵密周详的推演和构造过程。只有在此基础上才有条件删繁就简。在这一推演和构造过程中，至少图 2-3 六代跨度之内全部类别属性以及类别间通婚与继嗣关系的安排都在他的思想运筹之中。因此，读者有必要细细品味这个图式中的全部内涵，由此感知当初发生在这位石器时代数学家头脑之中的深思熟虑，领略这一创造性思考过程的繁复精密，及其删繁就简的刚健优雅。

图 2-4 和图 2-5 体现了所谓“联合对血统”的两种判断。

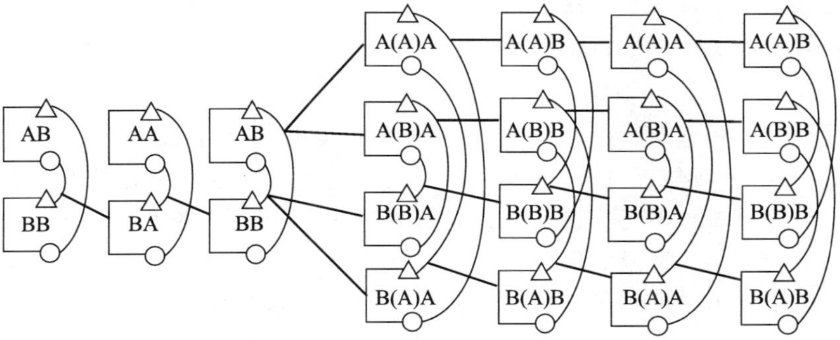

图 2-4　分化图式

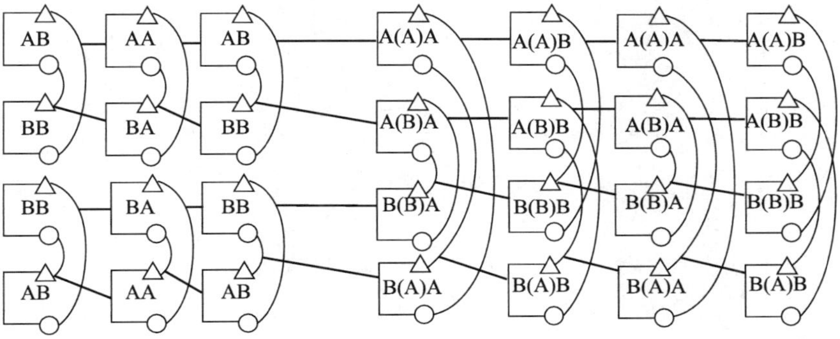

图 2-5　整合图式

从逻辑上说，“分化图式”所描述的过程是另一种形式的画蛇添足。第一，这是一个毫无意义的社会组织繁琐化过程；完成这一过程的成本很高，其结果却没有给任何人带来利益，反而平添许多麻烦。我们已经看到，八分体系通婚规则的创造者拥有高度的智慧。那么，他是否有可能为一个愚蠢动机（甚至没有动机）而完成一个高超的创造？第二，澳大利亚中部和北部几十上百个部落又凭什么一定要接受这样一种制造麻烦的“逻辑游戏”？

以往一些学者认为，由四分体系到八分体系的动机是“乱伦禁忌”。这是一个同样站不住脚的判断。如果我们对澳大利亚民族志有相对客观准确的了解，就很容易认定一个基本事实：澳洲部落乱伦禁忌的性关系阻隔对象不是单项的（如父母与子女或岳母与女婿），而是法定通婚类别之外的全方位禁忌。因此，更准确地说，澳洲部落乱伦禁忌的基本功能是对既有通婚规则的全面维护，其主要性质是“制度禁忌”。这样的乱伦禁忌不可能构成破坏制度的相反动机。

与“分化图式”情况相反，“整合图式”所描述的过程则顺理成章。整合之前两个四分体系是彼此独立的二元婚姻联盟，整合之后两个二元结构融为一体。由上图可以比较直观地看出，这是一个非常精妙的“2+2”方案。这个方案结束了以往两个两合组织的内婚状态，使之成为彼此通婚的外婚单元，组合为一个更大规模的婚姻联盟。通过两代一个周期的“对偶体”组合变换，成功实现四个单系继嗣群也就是A（A）、A（B）、B（A）、B（B）的平行存在。我们可以由此直接看到两个独立社会的“2+2”整合过程。

两个独立族群结为联盟的重要方法是彼此通婚。这个方法非常有效：世世姻亲的两个族群不会轻易发生严重冲突，一旦出现外来势力的威胁，二者倾向于相互支持。通婚时间越久，结盟关系越牢固，二者的文化也就越趋于融合。从最初形成的二元结构，到四分体系乃至八分体系，都是同一种性质的社会进程。

泰勒认为这种社会整合动机是：“外婚制凭借氏族间的不断结合，促使一个成长扩展的部落保持自身的巩固，使它能够胜过任何孤立无援的小型内婚群体。”（基辛，1988）“联盟”一旦形成，群体规模成倍增大，这样的“大群”对未结盟的“小群”构成优势。“大群”获得更多的生存机会，“小群”则更容易被淘汰。这就是社会整合的巨大利益所在。有能力推动联盟形成的人虽然非常稀少，但在超过万年的时间里，毕竟有一些这样的人完成了他们的使命。久而久之，“大群”逐渐增加，“小群”逐渐消失。

从这一意义上来看，四分体系和八分体系都是远古圣哲创造出来的小型社会结盟方案。选择结盟是政治目的，确立盟员间通婚制度则是组建联盟的主要途径之一。不是婚姻导致联合，而是为了联合而互通婚姻。

第九节　结语：结盟构想

当两个或更多独立社会毗邻而居时，以何种方式处理彼此的关系，是人类已无数次面对的古老问题。在国际政治乃至国家出现之前，在小型部落社会阶段，这种局面早已出现。邻居总要交往，交往总会引起（领土和资源等方面的）争端，争端会引发武力冲突。冲突的结果，或是一方将另一方“灭绝净尽”，或是弱势一方被迫远走他乡。强势一方因此扩大了领土，但在领土边缘又会遇到新的邻居，同一个问题再次出现。如果冲突双方势均力敌，便会出现旷日持久的对立、仇杀。这样的群间交往，成本很高，收益甚微。

于是，避免冲突的群间交往“技术”应运而生，如避免扩大冲突规模的技术、谈判的技术、化干戈为玉帛的技术、修好的技术等。这些技术一旦得到双方或多方认可，便转化为独立社会间的交往惯例，或者说是规则。不要认为“原始人”没有这样的智慧。实际情况是，在澳洲已经形成一整套维系部落间关系的比较成熟的群间交往技术（托卡列夫和托尔斯托夫，1980）。即便如此，这些技术并不能永久性避免冲突的发生。

两个独立族群，两种内聚而排他的文化，敏感的领土占有意识，“以眼还眼、以牙还牙”的血亲复仇意识，两个紧张对峙的“我”，冲突仍然随时可能发生，每一次冲突都可能由于技术失效而愈演愈烈，最终导致双方都不愿接受（至少在头脑清醒情况下不愿接受）的恶性结果。怎么办？在小型社会阶段，独立群体间冲突是当时社会生活中时常发生的恶性事件。怎样解决这个问题，是当时族群长老或首领们无法回避的智慧挑战。他们将很大一部分智慧用于创造和发展群间交往技术。

澳洲民族志中记录过这种优秀的首领。例如，狄耶里部落的一位首领（詹利纳·皮拉穆兰纳），他控制全局但决不专制，他勇敢无畏，善于言辞，行事得体；其为人慷慨，慎重，谦让。“谁也不讲他不好，相反，大家都是带着尊敬和荣耀的心情称呼他的名字。”（托卡列夫和托尔斯托夫，1980）他的政治影响已超出其所在部落。在处理群间关系方面，“他通常总是竭力防止冲突和战争，并往往冒着危险到敌对的双方之间去调解”（托卡列夫和托尔斯托夫，1980）。这样的“原始人”，已经具备创造和发展群间交往技术的个人素质，其道德智慧堪为当代政治家的楷模。

还有一些数量更加稀少、拥有更高智慧的人，他们在一个更高境界思考问题，从博弈双方的角色局限中超脱出来，不去考虑怎样与对手周旋，怎样击败对手，而是考虑怎样在二者之间结束博弈，怎样将两个对手合二为一，怎样将两个族群结为联盟。两种思路之间已经发生质变。从最初形成的二元结构，到四分体系乃至八分体系，都是第二种思路的直接结果。

这里出现一个具有首要意义的社会学问题。是否可以这样说，以远古时代“原始群”为起点，社会规模的扩大是人类文明早期进程的重要步骤。在“原始群”水平上，单纯采用暴力手段无法完成任何有效和稳定的社会整合。两合组织全民通婚的婚姻联盟是解决这个问题的唯一有效途径。

作为事实，澳大利亚部落已经成功解决了这个问题。这里的绝大多数部落都是稳定存在的婚姻联盟。部落内囊括几个到几十个地方群体（或氏族），由此构成一个二元统一的独立社会。从这个意义上看，澳洲部落的婚姻联盟很可能不是一种无关紧要的孤立现象，而是人类文明早期进程的“独木桥”。

以此为基础，随着农业的出现和社会整合规模的进一步扩大（包括部落联盟以及酋邦等“部落联合体”的形成），人类文明开始了一个逐渐“加速度”的进程。最终，在独立小型和中型部落社会基础上经过整合形成更大规模、更高质量的社会共同体（古代文明或早期国家）。

从计算成本和收益的角度来说，社会文化共同体规模的扩大（大群）可以为其加盟成员（小群）带来巨大利益，由此减少小群间持续不断的血腥冲突，提高小群乃至个体间的合作质量，可以最大限度地节约“知识搜寻成本”，减少任何高难度智力创造的重复，并推进此类创造成果的积累。

以非暴力途径形成的澳大利亚类型的婚姻联盟，很可能是人类文明史中不可缺少的奠基步骤，是人类“群”与“群”之间和平与合作的第一个平台。从最初的两合组织，到四分体系乃至八分体系的“A→B→A”，似乎正是远古人类文明进程的步伐和节律。

是否可以这样说，以和平与合作为目标的群间交往技术的提高，采用非暴力途径实现社会文化共同体规模的扩大，这些都是人类文明的最初进程，也是至今为止人类繁荣的重要基础。从逻辑上说，这一进程尚未结束。“我”的规模越大，“我”与“我”之间暴力冲突的毁灭性也就越高。这是人类社会文明进程中已经付出的代价和正在面对的风险。我们今天仍然面对数万年前文明伊始的同一个选择：让社会分立导致战争还是用社会整合确立和平。

本章关于“结盟”的构想，只是在“是什么”基础上的初步判断。问题最终解决，有待于对澳洲部落全部主要文化和制度作归纳法意义上的通盘考察，还有待于在更广阔的时空背景中对这一结论作出分析检验。澳大利亚外婚制是十分复杂精密的系统，也是人类学最艰深的课题。由此入手的好处在于，它可以提供一个足够坚实的研究基础。在这个基础上，有条件对以往人类学方法的有效性作出更准确的评估。对类别规则的了解，足以迫使我们反思一个多世纪以来作为人类学家的“文明人”对“原始人”的肤浅的傲慢，以及由此导致的愚蠢和偏见。

换一个起点，以十分敬重、审慎的态度和更加严密的方法重新认识澳大利亚“古代社会”。

第三章
社会组织与亲属制度研究

第一节 人类学亲属制度研究

第二章正面讨论了澳大利亚原住民的两种婚姻制度（四分体系和八分体系），本章研究以此为基础。[①] 在社会人类学四个基础性研究领域中，亲属制度是社会组织结构研究的核心。另外三个领域（政治、经济和宗教）的研究均须以此为基础展开。亲属制度是“近百年来令人类学家为之如痴如醉的题目”（基辛，1989）。由于认识对象比较复杂，还有一些重要问题尚未解决。

基辛在《当代文化人类学》中指出：“经过将近一个世纪的深入研究之后，我们还不清楚部落社会的亲属称谓是怎样的一个性质，是根据亲属与自我（ego，归类的人自己）间在系谱关系上的种类来将亲属加以分类，或是将一个人的社会关系分成各种类别——不是根据系统关联，而是根据法人团体、地域团体或‘可与之结婚的女人’这种范畴的成员身份。”（基辛，1989）

社会人类学亲属制度研究始于摩尔根。通过大范围问卷调查[②]和田野考察，摩尔根在《人类家族的血亲和姻亲制度》基础上撰写《古代社会》，将亲属制度、婚姻制度和家庭形态纳入一个层次分明的进化序列：①血婚制家族；②伙婚制家族；③偶婚制家族；④父权制家族；⑤专偶制家族。

他认为③和④属过渡形态，①、②、⑤最重要，并由此形成与之对应的三种亲属制度：血婚制家族已绝迹，但马来亚式（夏威夷式）亲属制中包含其曾存在的证据；土兰尼亚式（易洛魁式）对应于从伙婚制（普那路亚）家族过渡到偶婚制家族；雅利安式对应于专偶（一夫一妻）制家族。他指出：

① 本章对两合组织二元通婚模式中亲属关系及其类别属性的说明，均以第二章相关图式和说明为推演工具。后文不赘述。

② 摩尔根亲属制度问卷调查的初衷，是试图从这个角度证明美洲印第安人来自亚洲。

"这三种亲属制度，一一衔接，体现了家族从血婚制到专偶制的全部发展过程。"（摩尔根，1995）

他将亲属制度分为两类。类别式（包括马来亚式和土兰尼亚式）："对亲属从不加以说明，而是把他们区分为若干范畴，不论其与'自身'的亲疏如何；凡属同一范畴的人即以同一亲属称谓统称之。例如，我的亲兄弟，与我父亲的兄弟之子，均称为我的兄弟；我的亲姐妹，与我母亲的姐妹之女，均称为我的姐妹。"说明式（雅利安式）："对于亲属，或用基本亲属称谓来说明，或将这些基本称谓结合起来加以说明，由此使每一个人与自身的亲属关系都各各不同。例如，其称谓有兄弟之子、父之兄弟、父之兄弟之子等。"（摩尔根，1995）

他认为："这两种亲属制度之所以存在着根本的区别是由于在一种情形下（指类别式）实行集体的多偶婚姻，而在另一种情形下（指说明式）实行一夫一妻的单偶婚姻。雅利安人、闪族人和乌拉尔人的家族中所采用的说明式亲属制是相同的，但类别式亲属制却又分为两种不同的形式。第一种是马来亚式，在时间上最早；第二种是土兰尼亚式和加诺万尼亚式，二者基本相似，都是将先前的马来亚式加以改革而形成的。"（摩尔根，1995）

罗维在《初民社会》一书中对摩尔根学说提出全面批评。他将摩尔根的见解认定为氏族的出现要早于"家族"（家庭），并用很大篇幅专门反驳。同时提出其相反命题："家族"的出现早于氏族（罗维，1987）。由于摩尔根概念中所谓血婚制家族和伙婚制家族都不能构成严格意义上的"家族"（家庭），因此罗维在这一点上似乎并未曲解摩尔根的见解。至于其相反命题是否成立，则是另外一个问题。

在摩尔根之后，由于民族志记录的增加和案头研究的深入，一些学者对其演化序列提出批评和修正。第一，摩尔根之后的民族志材料证实，马来亚式亲属制（摩尔根据此证明曾存在血婚制家族）实际上是一种更加晚近的亲属称谓系统，是由土兰尼亚式在晚期瓦解过程中发生简化的结果。故这种亲属制度不能构成存在血婚制家族"阶段"的有效证据。第二，更加详细的民族志材料表明，在欧洲殖民者到来之前，夏威夷群岛原住民的社会发展水平已处于新石器时代晚期，已出现稳定的社会分层和集权制度。因此，这样的材料不足以证明一个普那路亚家族（伙婚制家族）"阶段"的普遍存在。夏威夷原住民的实际家庭形态是正在向一夫一妻制转变的对偶婚家庭。

上述见解由英国学者里弗斯首先提出（里弗斯，1924），苏联学者在此基础上做了许多工作（别尔什茨，1981），我国学者蔡俊生先生也在这方面进行了深入研究（蔡俊生，1988）。总之，由于经验依据过于薄弱，摩尔根划分家庭形态演化序列的①和②无法成立。再有，他将土兰尼亚式和马来亚式两种亲属制度的先后关系搞颠倒了，后者属较晚期蜕变类型，因而不具有追溯早期制度的认识价值。

导致摩尔根失误的主要原因，一是当时民族志材料积累问题，二是他的研究方法本身存在问题。他过于“机械”地追求为人类社会发展过程划分明细“阶段”，但在划分过程中对民族志材料的分析研究不够深入细致。他对澳大利亚婚姻类别制度的研究失误是与此相关的典型例证（参阅本书第二章）。

摩尔根提出的关于社会组织的三个演化阶段是“最初以性为基础、随之以血缘为基础、而最后以地域为基础的社会组织”（摩尔根，1995）。他将澳大利亚社会排列在社会组织三个演化级次的第一级次（以性为基础的社会组织）。笔者在本书第二章已对此作过分析，结论是澳大利亚婚姻类别制度社会并非“以性为基础的社会组织”。换言之，在摩尔根三个社会组织演化级次中，第一级次无法成立，第二级次和第三级次平行存在，其间并不构成纵向演化关系。

在家庭形态演化序列中，摩尔根将澳大利亚社会排列在伙婚制阶段：“伙婚群存在于澳大利亚人的男女婚级中。”他注意到澳大利亚原住民社会发展水平的低下：“澳大利亚人落后于波利尼西亚人，更远远落后于美洲土著。他们的水平在非洲黑人之下而接近于发展阶梯的底层。因此，他们的社会制度接近于原始形态的程度必不亚于现存的任何民族。”（摩尔根，1995）

他因此无法确定夏威夷和澳大利亚两种“伙婚群”的先后关系：“是否能认为夏威夷式的伙婚群与澳大利亚人的婚级（婚姻类别）同样古老，这是可疑的，因为后者较我们所知的任何社会结构都更为原始。但是，这两种类型的伙婚群必须存在其一才能产生氏族，正如必须存在氏族才能产生土兰尼亚式亲属制一样。”（摩尔根，1995）

实际情况是：婚姻类别制度与氏族组织平行存在于澳大利亚部落。这种平行关系中并不包含哪一方必以另一方为产生条件的逻辑线索。再有，澳大利亚部落普遍存在基本稳定的偶婚制家族（家庭）。于是，在摩尔根“伙婚制”与“偶婚制”两个概念间发生矛盾。

一夫一妻家庭占澳大利亚偶婚制家庭中绝大多数，同时存在少量一夫二妻和更少量一夫多妻家庭。在偶婚制中排除少量一夫二妻和一夫多妻家庭就是整齐划一的专偶制。在这个意义上，从偶婚制到专偶制并未发生实质性“阶段”改变。

综上所述，摩尔根社会演化序列中存在许多问题。他将一些平行存在的现象十分勉强地排列为历时性纵向关系。因此有必要对摩尔根序列作出修正。排除其中不合理和证据不足的成分，而非彻底放弃考察问题的历时性维度。里弗斯的修正保留了摩尔根序列的合理内核，并使其更加明确和令人信服。

通过对大量民族志事实的比较研究，里弗斯对摩尔根亲属制度分类（类别式和说明式）给予充分肯定。他的结论是：类别式亲属制度直接产生于族外婚群体（氏族或胞族），说明式亲属制度则直接对应于一夫一妻制家庭。他说："如果你不满意'级别'一词作为在美洲、非洲、印度、澳大利亚以及大洋洲发现的亲属关系制度的名称，你完全可以称之为'氏族'制度，并且可以推想古代存在以族外婚氏族为基础的社会结构，即使这种社会结构已不复存在。"（瑟维斯，1997）

关于"以族外婚氏族为基础的社会结构"，里弗斯在《社会的组织》一书中着重讨论了两合组织通婚与类别式亲属制的对应关系（里弗斯，1924）。苏联学者谢苗诺夫将这种制度称为"两合亲属制"，认为这是部落社会早期亲属制度的典型形态，两合组织二元通婚模式决定着两合亲属制的一切特征（林耀华，1997）。这是一个证据充分的重要见解。泰勒和里弗斯等早期学者的工作为这项研究奠定了基础。

涂尔干指出，"澳大利亚的文明是最落后的"（涂尔干，1999a），澳洲部落是"建立在氏族基础上的社会组织"（涂尔干，1999a），在美洲部落与前者之间存在具体而明确的衔接关系（涂尔干，1999a）。这是早期人类学家的基本共识之一（前面提到摩尔根的见解与此相同）。因此，本书有足够理由将澳大利亚原住民部落（两合组织二元通婚）亲属系统作为类别式亲属制度早期阶段的典型形态展开研究，并考察其后的流变情况。我们还可以在这个基础上考察以往相关研究中的理论和逻辑弱点并总结其得失。这是本章研究的基本内容。

第二节　澳洲四分体系亲属称谓系统

本书第二章提到，卡米拉罗依部落实际只有四个婚姻类别，摩尔根误作为八个。四个婚姻类别规则共有两项区分：半族（一分为二）和代序（二分为四）。性别区分是在此基础上的第三层区分，于是四分为八（下面8组类别代码中的最后一个字母均表示性别，A代表男性，B代表女性）：AAA、AAB、ABA、ABB、BAA、BAB、BBA、BBB。我国一些学者或将这一层区分称为“性级”。

摩尔根“误四为八”导致他提出一个假命题（以性为基础的社会组织），但其“副产品”却为后人提供了一个十分重要的认识角度。四分体系8个“性级”是一种更加方便、准确的表述工具，可使一个较复杂的逻辑结构得到更加直观和准确的叙述。

亲属称谓表述系统的核心是“我”。“我”又可以进一步分为男“我”和女“我”。在四分体系的8个“性级”中，一个男“性级”便是一个男子“我”，一个女“性级”是一个女子“我”。一个男“性级”对其他“性级”的群间称呼，构成一个“男子呼”的亲属称谓系统；一个女“性级”对其他“性级”的群间称呼，构成一个“女子呼”的亲属称谓系统。例如，一个卡米拉罗依部落的慕里男“我”（AAA）在8个“性级”的两个代组内共有8种亲属关系，包括他与另外7个“性级”的关系以及慕里男“性级”内部的个体间关系（互称兄弟）。具体如下：慕里（AAA）称慕里（AAA）是兄弟，称马达（AAB）是姐妹，称布达（BAB）是母亲兄弟的女儿是妻子，称孔博（BAA）是母亲兄弟的儿子是姐妹的丈夫，称库比（ABA）是姐妹的儿子是女婿，称卡波达（ABB）是姐妹的女儿是儿媳，称伊摆（BBA）是儿子，称依把达（BBB）是女儿。

依此类推，8个“性级”包含8个（性级)“我”，4个“男子呼”的“我”和4个“女子呼”的“我”。每一个（性级）“我”（在两个代组内）各有8种亲属关系，8个“我”（在两个代组内）共有64种亲属关系。其中，每一种亲属关系都可以用两个“类别代码”来表示。例如，慕里（AAA）与卡波达（ABB）的关系可以表述为“AAA·ABB”。

可以通过三层区分确定两个类别（性级）之间的属性异同情况。例如，慕里（AAA）与卡波达（ABB）的关系是“AAA·ABB”，是“同半族、异代别、异性别”关系，可以缩写为“同异异”关系。表3-1是四分体系中4个“男子呼”（性级）“我”的4个亲属称谓系统，用黑体字表示4个男“我”的位置。表3-2是四分体系中4个“女子呼”（性级）“我”的4个亲属称谓系统，用黑体字表示4个女“我”的位置。

表 3-1　4 个“男子呼”（性级）“我”的 4 个亲属称谓系统

类别属性异同	具体类别关系			具体类别关系			类别间亲属称谓
	代组	AAA“我”	BAA“我”	代组	ABA“我”	BBA“我”	
同同异	A	AAA・AAB	BAA・BAB	B	ABA・ABB	BBA・BBB	外祖母
异同同		AAA・BAA	BAA・AAA		ABA・BBA	BBA・ABA	外祖父
异同异		AAA・BAB	BAA・AAB		ABA・BBB	BBA・ABB	祖母
同同同		AAA・AAA	BAA・BAA		ABA・ABA	BBA・BBA	祖父
同异异	B	AAA・ABB	BAA・BBB	A	ABA・AAB	BBA・BAB	父系：父亲的姐妹；母系：母亲
异异同		AAA・BBA	BAA・ABA		ABA・BAA	BBA・AAA	父系：母亲的兄弟；母系：父亲
异异异		AAA・BBB	BAA・ABB		ABA・BAB	BBA・AAB	父系：母亲；母系：父亲的姐妹
同异同		AAA・ABA	BAA・BBA		ABA・AAA	BBA・BAA	父系：父亲；母系：母亲的兄弟
同同同	A	**AAA・AAA**	**BAA・BAA**	B	**ABA・ABA**	**BBA・BBA**	**兄弟 ←4 个男“我”的位置**
异同异		AAA・BAB	BAA・AAB		ABA・BBB	BBA・ABB	母亲兄弟的女儿：妻子
异同同		AAA・BAA	BAA・AAA		ABA・BBA	BBA・ABA	母亲兄弟的儿子：姐妹的丈夫
同同异		AAA・AAB	BAA・BAB		ABA・ABB	BBA・BBB	姐妹
同异同	B	AAA・ABA	BAA・BBA	A	ABA・AAA	BBA・BAA	父系：儿子；母系：姐妹的儿子，女婿
同异异		AAA・ABB	BAA・BBB		ABA・AAB	BBA・BAB	父系：女儿；母系：姐妹的女儿，儿媳
异异同		AAA・BBA	BAA・ABA		ABA・BAA	BBA・AAA	父系：姐妹的儿子，女婿；母系：儿子
异异异		AAA・BBB	BAA・ABB		ABA・BAB	BBA・AAB	父系：姐妹的女儿，儿媳；母系：女儿
同同同	A	AAA・AAA	BAA・BAA	B	ABA・ABA	BBA・BBA	孙儿
同同异		AAA・AAB	BAA・BAB		ABA・ABB	BBA・BBB	孙女
异同同		AAA・BAA	BAA・AAA		ABA・BBA	BBA・ABA	外孙：孙女婿
异同异		AAA・BAB	BAA・AAB		ABA・BBB	BBA・ABB	外孙女：孙媳妇

表 3-1 和表 3-2 完整列出四分体系 2 单元平代通婚规则中 4 男、4 女 8 个（性级）“我”在五代内的亲属称谓系统。由此可以明显看出，确如泰勒所说，婚姻类别规则和亲属称谓制度“实际上是同一制度的两个侧面”（Tylor，1889）。

蔡俊生先生将这种情况称为“镶嵌”关系（蔡俊生，1988），也不失为一种比较准确的说法。这是因为，在此后制度变迁中，“同一制度的两个侧面”最终将结束“镶嵌”关系——婚姻类别制度消亡，类别式亲属称谓制度残存。4 单元平代通婚规则（指八分体系）的亲属称谓系统也可以使用这种类型的表格进行描述，只是其内容更加复杂一些。

表 3-2　4 个“女子呼”（性级）“我”的 4 个亲属称谓系统

类别属性异同	具体类别关系			具体类别关系			类别间亲属称谓
	代组	AAB“我”	BAB“我”	代组	ABB“我”	BBB“我”	
同同同	A	AAB · AAB	BAB · BAB	B	ABB · ABB	BBB · BBB	外祖母
异同异		AAB · BAA	BAB · AAA		ABB · BBA	BBB · ABA	外祖父
异同同		AAB · BAB	BAB · AAB		ABB · BBB	BBB · ABB	祖母
同同异		AAB · AAA	BAB · BAA		ABB · ABA	BBB · BBA	祖父
同异同	B	AAB · ABB	BAB · BBB	A	ABB · AAB	BBB · BAB	父系：父亲的姐妹；母系：母亲
异异异		AAB · BBA	BAB · ABA		ABB · BAA	BBB · AAA	父系：母亲的兄弟；母系：父亲
异异同		AAB · BBB	BAB · ABB		ABB · BAB	BBB · AAB	父系：母亲；母系：父亲的姐妹
同异异		AAB · ABA	BAB · BBA		ABB · AAA	BBB · BAA	父系：父亲；母系：母亲的兄弟
同同同	A	**AAB · AAB**	**BAB · BAB**	B	**ABB · ABB**	**BBB · BBB**	**姐妹 ← 4 个女“我”的位置**
异同异		AAB · BAA	BAB · AAA		ABB · BBA	BBB · ABA	父亲姐妹的儿子：丈夫
异同同		AAB · BAB	BAB · AAB		ABB · BBB	BBB · ABB	母亲兄弟的女儿：兄弟的妻子
同同异		AAB · AAA	BAB · BAA		ABB · ABA	BBB · BBA	兄弟
异异异	B	AAB · BBA	BAB · ABA	A	ABB · BAA	BBB · AAA	父系：儿子；母系：兄弟的儿子，女婿
异异同		AAB · BBB	BAB · ABB		ABB · BAB	BBB · AAB	父系：女儿；母系：兄弟的女儿，儿媳
同异异		AAB · ABA	BAB · BBA		ABB · AAA	BBB · BAA	父系：兄弟的儿子，女婿；母系：儿子
同异同		AAB · ABB	BAB · BBB		ABB · AAB	BBB · BAB	父系：兄弟的女儿，儿媳；母系：女儿
异同异	A	AAB · ABA	BAB · BBA	B	ABB · BBA	BBB · ABA	孙儿
异同同		AAB · ABB	BAB · BBB		ABB · BBB	BBB · ABB	孙女
同同异		AAB · BBA	BAB · ABA		ABB · ABA	BBB · BBA	外孙子：孙女婿
同同同		AAB · BBB	BAB · ABB		ABB · ABB	BBB · BBB	孙女：孙媳

根据表 3-1 和表 3-2 第一栏“类别属性异同”情况，可以对类别关系进行分类。例如，“异同同”关系在两代内共有 8 对。在类别（性级）关系的分类与亲属关系的分布之间具有规律性，从这个角度可以归纳出一些类别（性级）间亲属关系的识别“公式”。例如，在所有“女我”与上一代具有“异异同”关系的类别（性级）之间，查表可知对方是“我”的“父亲的姐妹”；又

如，在所有“男我”与下二代具有“异同同”关系的类别（性级）之间，查表可知对方是“我”的“外孙”和“孙女婿”。民族志记录表明，澳洲原住民一般都可以熟练地推算婚姻类别间的亲属关系。

由表 3-1 和表 3-2“类别间亲属称谓”一栏内容，可以了解到“类别式”亲属称谓制度的基本特征，即这种制度中明确规定了法定通婚关系的亲属范围。例如，一个“男我”选择“妻子”的范围是“母亲兄弟的女儿”，选择“儿媳”范围是“姐妹的女儿”，选择“女婿”范围是“姐妹的儿子”。这些选择范围具有强制性，破坏规则的当事者会受到极严厉的惩罚，一般是处死。

澳大利亚一些“大部落”包含 100 多个氏族，领土面积达到两三万平方公里。在这个范围将部落内所有氏族“编组”为 2～4 个外婚单元（单系继嗣群），用类别规则协调和限定氏族间的外婚关系，用亲属称谓系统来弥补类别规则在代序识别方面的弱点。亲属称谓系统还可以在部落内任何两个个体之间，提供类别内和类别间亲属关系的识别依据。

第三节　社会组织与亲属制度

前面提到，摩尔根将亲属制度分为类别式和说明式。泰勒在 100 多年前的一篇经典论文中曾具体比较了 22 个部落社会，他的结论是：“两种制度（指外婚制和类别命名制）实际上是同一制度的两个侧面。”（Tylor，1889）澳大利亚原住民的亲属制度（包括四分体系和八分体系），是类别式亲属制度中最完整和最典型的早期类型。在这个意义上，澳大利亚亲属制度具有十分重要的认识价值。

摩尔根以来的人类学田野考察证实，类别式亲属制度较普遍存在于部落社会，说明式亲属制度较普遍存在于非部落社会。严格地说，前者的性质接近于“制度”，后者的性质则接近于“习俗”；前者是在不同程度上体现群间关系的亲属称谓系统，后者是个体间称谓；前者的内容包含一系列群间亲属关系中可以或不可以通婚的强制性约束（所谓“规定婚”），后者则不存在这种情况。

列维-斯特劳斯认为亲属制度的基本结构导源于社会集团之间的彼此嫁女，即所谓互惠性的“交换女人”。这些集团的社会组织形式主要为半族（胞族）和氏族，其成员的群体归属由单一性别传承，或为母系，或为父系，即所谓“单系继嗣群”。依据社会集团之间彼此嫁女的“交换”形式，列维-斯特劳斯将其区分为“基本制度”和“复杂制度”。

“基本制度”有“直接交换”和“间接交换”。澳洲外婚制（四分体系和八分体系）属“直接交换”。“间接交换”是3个或更多社会集团间单向嫁女。例如，3个社会集团间的通婚关系为A嫁女给B，B嫁女给C，C嫁女给A，由此构成一个环形平代通婚结构。“间接交换”主要存在于东南亚地区的近代原始民族中。

由若干单系继嗣群构成婚姻联盟，通婚关系只能发生于这些（内部禁婚的）群体之间。此即所谓“复杂制度”。例如，在一个拥有10个氏族的部落内部，任何一个氏族的娶女和嫁女范围是另外9个氏族。在近代原始民族中，复杂制度的分布范围远比基本制度更加广阔。社会人类学（民族学）的田野调查表明，在我国一些社会发展水平比较低的少数民族中，上述部落社会外婚制直到近代仍有不同程度的“残留”（黄淑娉，1987；赵卫邦，1984）。

将澳洲部落与美洲部落相比较，后者规模远大于前者，各方面的社会文明发展水平也远高于前者。前者处于中石器时代（也有学者认为是新石器时代初期），后者处于新石器时代中晚期。但不难发现，二者的社会组织基本结构是一样的，都由3个组织层级构成，即氏族、半族（胞族）和部落。此外，二者间还有许多相同或相近的文化和制度成分，如作为部落文化主体的“宇宙论结构”，以动物命名的氏族组织以及与此相关的祭祀仪式和图腾观念等。

在澳洲部落，通婚关系被严格限定在两个半族间。在美洲部落，仍有一部分部落延续半族间通婚，另一部分部落的半族组织已不具有规范群体禁婚和通婚范围的功能（禁婚范围缩小到氏族）。后者多为部落内氏族间通婚的“复杂制度”，其半族已成为失去早期功能的“盲肠”。此外，还有一部分美洲部落已经没有半族组织。可据此得出一个判断：澳洲部落和美洲部落间存在彼此衔接的演化关系。

举个例子，我们看到一棵苹果树（A）上结满苹果，又看到另一棵苹果树（B）枝条上挂着几个苹果，其下方地面上却有许多。于是我们不难得出一个比较有把握的判断：B 树也曾结满果实，其大部分枝条上的苹果现已落到地上。该判断指明事物的演化方向：先在事件（苹果长在树上）→继发事件（掉到地上）。

作为判断依据，我们知道地心引力的作用，还知道在此基础上许多原因的介入都可导致同一结果（苹果落地），如风雨等外部原因、果实成熟等内部原因。因此，这是一个合理的演化方向。这里还可以提出一个相反命题：先在事件是苹果长在地上，继发事件是其飞起来挂到树上。由于缺少依据，该反命题属于不合理的演化方向。

从一事物的完整形态（A），到残存一部分早期特征的变异形态（B），只要两点间的改变还没有到达无法辨别的程度，我们就可以比较有把握地得出二者间存在历时性演化关系的判断（包括对先在事件 A 和继发事件 B 的区分以及合理演化方向的确认）。上文提到澳洲部落与美洲部落间的演化关系，即属此种判断。这种在分析和归纳基础上的比较研究方法，以及由此提出上述判断的合理性，符合现有科学实证方法中的基本条件。

这里存在两类历史过程。一是一整套高度复杂、严格的社会制度的确立；二是这一套制度在确立之后的蜕变。前一过程的实现难度非常高，后一过程则很容易发生。前者是设计和制造一个复杂精致的“器具”，后者则是这一“器具”的使用和损毁过程。本书第二章已充分证实，澳洲婚姻类别制度的设计和推行是一个难度非常大的理性过程，此即上述两类历史过程中的第一类。

在部落社会的组织和制度形态方面，澳洲部落处在两类历史过程之间：制度创建已经完成，其形态保留尚比较完整。涂尔干指出：“这些社会[①]完全是同质的，尽管我们也有可能从中区别出不同的变种，但它们都属于共同的类型。”（涂尔干，1999a）因此，对澳洲部落的社会组织和制度形态的正面研究具有两个方向的认识价值，向前追溯其起源，向后考察其流变。

至少在欧洲人开始大规模殖民扩张的初期（16 世纪），部落社会的分布还极为广泛。因此，部落社会的组织和制度形态应是社会人类学的首要研究对象。以澳洲部落为“原型”考察其流变，是一个十分广阔的比较研究空间。

在部落社会基础上可发生两种社会变迁：一是形成更大规模的社会，如部落联盟、酋邦乃至大型古代文明（早期国家），二是没有发生更大规模社会整合情况下的组织和制度形态蜕变。这两种变迁都可导致部落社会组织和制度形态的改变，并最终质变为非部落社会。单系继嗣群的消失是部落社会质

① 指澳洲诸部落。

变为非部落社会的重要标志，同时也是亲属制度从类别式到说明式的过渡环节。

亲属称谓制度的描述背景，是自人类物种出现以来两性繁殖的生物学意义上的繁衍系谱。这个系谱由一而来，绵延数百万年，一直在发生着纷纭繁复的分化与融合。迄今为止，全球任何一对夫妻或非婚男女的生育子女，都是对同一系谱的延续。

自部落社会形成以来，主要有两个“本位”决定亲属称谓制度的划分原则，一是单系继嗣群的亲属划分本位，二是核心家庭的亲属划分本位。在部落社会的存在期内，至少在大多数情况下，第一本位居于主导地位，第二本位居于从属地位。这是类别式亲属制度的存在基础。其基本特征是“合并”，也就是将父母兄弟姐妹夫妻等亲属称谓的所指范围扩大到核心家庭之外（群间称谓）。

在部落社会质变为非部落社会的过程中，第一本位随着单系继嗣群的消失而不复存在，核心家庭逐渐成为决定亲属划分的唯一本位。这是说明式亲属制度的形成过程。其基本特征是“区分”，也就是以核心家庭为本位的个体间称谓。在这两个“端点”之间，存在一些过渡形态。

第四节　亲属制度的两个本位

拉德克利夫-布朗认为“亲属制度的结构单位”是“基本家庭”（默多克的核心家庭），其成员包括一对夫妻及其子女。其内部存在三种关系：夫妻关系、父母与子女关系以及同一对夫妻所生子女间的兄弟姐妹关系（拉德克利夫-布朗，1999）。以此为基础，拉德克利夫-布朗等许多学者的亲属制度研究均以“生物学家庭”也就是核心家庭为逻辑坐标分析问题。

如果将考察对象限定为非部落社会的说明式亲属制度，以核心家庭为坐标的分析角度完全正确。如果考察对象包括部落社会的类别式亲属制度，这个分析角度就很容易导致逻辑混淆。例如，克罗伯归纳的亲属称谓制度八个区分原则[①]中的“直系与旁系区分”只适用于核心家庭坐标。在拉德克利夫-布朗的亲属制度研究中，主要考察对象是部落社会的类别式亲属制度（拉德克利夫-布朗，1999）。这导致他的研究中产生一些问题。后文将具体讨论。

除“直系与旁系”区分，上述逻辑混淆主要指两类亲属制度（类别式和说明式）在一些具体称谓概念上的歧义。这种混淆发生于前面提到的“区分”与“合并”之间。为搞清此问题，有必要先对澳洲亲属制度作一些简要讨论。本章第二节给出的澳洲四分体系亲属称谓系统（表3-1和表3-2），是在对类别（性级）属性及其通婚规则深入研究基础上完成的逻辑归纳。其特点是：第一，它是严格意义上的类别式亲属称谓系统，统一采用单系继嗣群（半族）的亲属划分本位，其全部亲属称谓由两种成分构成，即群间称谓和群内互称。第二，它可以完整、准确地概括澳洲部落四分体系中的20种最基本的类别式亲属关系。因此，可以称其为澳洲四分体系亲属称谓系统的逻辑原型。对于比较研究澳洲四分体系诸部落的亲属系统，它可以提供一个更加完整和严密的分析模型。

澳洲民族志事实中的亲属系统与本书给出的逻辑原型基本一致，即也是采用以单系继嗣群为本位的合并原则，包括群间称谓和群内互称。虽然诸部落亲属称谓有细微差异，但总的结构基本一致。下面是一个具体例证。阿拉巴纳人部落分为A和B两个半族，加上代别区分构成四分体系：AA、AB、BA、BB。以性级“我”（ABA）为中心，其亲属称谓系统（母系继嗣）如下（托卡列夫和托尔斯托夫，1980）。

上2代：

（1）Kadnin——祖父们，外祖母们（AB）。

（2）Nowillie——祖母们（BBB）。

（3）Thuuthie——外祖父们（BBA）。

上1代：

（1）Kawkuka——母亲们的兄弟们，岳父们（AAA）。

（2）Luka——母亲们，Namumu——母亲们的妹妹们（AAB）。

（3）Nia——父亲们（BAA）。

（4）Nowillie——姑母们，岳母们（BAB）。

① 克罗伯在《类分式亲属制度》中提出划分亲属关系的八项原则：辈分；血缘或婚姻；直系或旁系；亲属性别；联姻亲属性别；说话者（自我）的性别；一辈人中的年龄；联姻亲属的状况（瑟维斯，1997）。

平代：

（1）男“我”（ABA）。

（2）Nithie——哥哥们，Kakua——姐姐们，Kapuka——弟妹们（AB）。

（3）Wittewa——父亲们的姐姐们的儿子们，姐妹的丈夫们（BBA）。

（4）Nupa——父亲们的姐姐们的女儿们，妻们；Apillia——父亲们的妹妹们的女儿们（BBB）。

下1代：

（1）Thidnurra——甥儿们（AA）。

（2）Biaka——儿女们（BA）。

下2代：

（1）Kadnini——孙儿女们（AB）。

（2）Thuuthie——外孙儿女们（BB）。

在阿拉巴纳人亲属称谓系统中，有5个无性别区分的类别级称谓（上2代AB、下1代AA、BA，下2代AB、BB），7个性级称谓（上2代BBB、BBA，上1代AAA、BAA、BAB，平代ABA、BBA）。此外，上1代AAB内包含2个称谓（Luka——母亲们，Namumu——母亲们的妹妹们），平代AB内包含3个称谓（Nithie——哥哥们，Kakua——姐姐们，Kapuka——弟妹们），平代BBB内包含2个称谓（Nupa——父亲们的姐姐们的女儿们，妻们；Apillia——父亲们的妹妹们的女儿们）。这是平辈人年龄差别在亲属称谓上的体现。

这里存在两个合并层级：类别级和性别级。还有一个在此基础上的平辈人年龄差别区分，这种区分被沿袭到第二代对前一代人的称谓中。细加分析，上述民族志材料的意译中还存在一些问题。例如，“父亲们的姐姐们的女儿们”和“父亲们的妹妹们的女儿们”都是BBB，都应该是ABA“我”的“妻们”。又如，既然有“父亲们的姐姐们的儿子们”，那就还应该有“父亲们的妹妹们的儿子们”，二者同属BBA，同为ABA“我”的“姐妹的丈夫们”。

从逻辑上说，四分体系“基本合并”是类别层级的合并：AA、AB、BA、BB。“基本合并”的族系范围是半族，其代序范围是一代人内部，因此类别级合并可以被称为“族内代内合并”。本书给出的亲属称谓逻辑原型统一采用性级合并，即在“基本合并”基础上再加上一层性别区分，可称为“族内代内性别合并”。上述体现平辈人年龄差别的区分（如“哥哥们”、“姐姐们”和“弟妹们”等），是在类别级或性级合并基础上的进一步区分。所有这些合并和区分的本位都是作为半族的单系继嗣群（第一本位），或者说都是类别式亲属制度层面上的合并和区分。

与之相比较，以“基本家庭”为亲属划分本位（第二本位）的说明式亲属制，其特征是区分到个体，如“哥哥”、“姐姐”、“弟弟”、“妹妹”都是指核心家庭内部的关系，即同一对夫妻的子女间关系（包括因收养建立的拟制血亲关系）。我们可将这一层区分称为“基本区分”。在说明式亲属制度中也存在合并，如英语中的 cousin（包括父母双方兄弟姐妹的所有子女）和 uncle（包括父亲的兄弟和母亲的兄弟）。

类别式亲属制度中的区分，是在第一本位合并基础上的区分。说明式亲属制度中的合并，则是在第二本位区分基础上的合并。二者是在不同层面上的区分和合并，其不同之处有条件（也有必要）被严格界定。克罗伯曾在《类分式亲属制度》（1909 年）一文中对摩尔根的亲属制度分类（类别式和说明式）提出质疑。其主要质疑理由是：作为说明式亲属制度，英语的亲属名称中也具有类别式亲属制度的划分特征，如 cousin 包括 32 种不同的血统关系（瑟维斯，1997）。这是混淆了两个不同层面上的合并与区分。如果已经完成对其不同之处的严格界定，克罗伯大概不会提出这种无法成立的质疑理由。

摩尔根提到，“类别式亲属制的特征之一”是：“无论上下辈，各旁系都被归纳入直系之中；这样，我的从兄弟姐妹的祖先和后裔自然也就成了我的祖先和后裔。”（摩尔根，1995）摩尔根这一界定尺度（直系和旁系的区分与合并）来自核心家庭的亲属划分本位（第二本位），也存在表述方面的准确程度问题。后文将具体讨论。

第五节　举例分析：拉德克利夫-布朗的亲属制度研究

《亲属制度研究》是拉德克利夫-布朗在 1941 年英国皇家人类学会所作会长演说，后收入《原始社会的结构与功能》一书，为其第三章（拉德克利夫-布朗，1999）。该文是亲属制度研究中具有长久影响的重要文献，也是他“社会学分析方法”的主要范本。他认为：“社会人类学是一门有关人类社会的理论性自然科学，它研究社会现象，所用的方法与物理和生物科学所用的方法基本上相同。”（拉德克利夫-布朗，1999）由于该文的论证失误在同类研究中具有代表性，故有必要采用类似自然科学的严密程度分析其失误。

先简要介绍该文的基本内容。其主要研究对象是类别式亲属制度中的乔克托（Choctaw）式称谓系统（克劳式）、奥马哈（Omaha）式称谓系统和雅拉尔德（Yaralde）式称谓系统。拉德克利夫-布朗在该文中比较了两种研究方法，一是他自己的“社会学分析方法”，二是另外一些学者的“历史推测方法”。

乔克托式称谓和奥马哈式称谓的共同特点是：一些亲属称谓存在跨代合并现象。其中乔克托式称谓实施于母系制部落，故以母系继嗣群的群体范围为其合并依据；奥马哈式称谓实施于父系制部落，故以父系继嗣群的群体范围为其合并依据。具体如下（为便于理解，下文对拉德克利夫-布朗的原著内容进行了使之更有条理的整理）。

乔克托式（克劳式）称谓中的跨代合并现象（拉德克利夫-布朗，1999）：①自我（ego）对父亲所属单系（母系）继嗣群的多代男性亲属（包括父亲及其兄弟、父亲姐妹的儿子、父亲姐妹的女儿的儿子等）采用同一称谓（F）；②自我对父亲所属母系继嗣群的多代女性亲属（包括父亲的姐妹及其女儿、外孙女等）采用同一称谓（Fs）；③自我（男子呼）对母亲的兄弟亦即舅父的儿女和我的儿女采用相同称谓（d，S）。按男子呼“我”及其舅父具有相同的族系归属：他们是同一个母系继嗣群中相邻两代男性成员。

奥马哈式称谓中的跨代合并现象（拉德克利夫-布朗，1999）：①自我对母亲所属单系（父系）继嗣群的多代男性亲属（包括我母亲的兄弟及其儿子、孙子等）采用同一称谓（mB）；②自我对母亲所属父系继嗣群的多代女性亲属（包括我的母亲及其姐妹、母亲的兄弟亦即舅父的女儿、舅父的儿子的女儿等）采用同一称谓（m）；③自我（男子呼）对父亲姐妹的儿女和“我”姐妹的儿女采用相同称谓（sd，sS），自我（女子呼）对父亲姐妹的儿女、“我”的儿女以及“我”姐妹的儿女，采用相同称谓（sd，sS）。sd 和 sS 的共有特征是：他们是同一个父系继嗣群中相邻两代女性成员的后代。

该文介绍了科勒、里弗斯、吉福斯（Gifford）、塞丽格曼等学者采用“历史推测方法”对上述合并现象的“解释”。他们认为，乔克托式称谓中的跨代合并“是人们能与母亲兄弟的妻子结婚的结果”，奥马哈式称谓中的跨代合并则是“由人们可与妻弟的女儿结婚这一习俗造成”（拉德克利夫–布朗，1999[①]）。上述结论的依据来自两个方面：一是两种称谓中一些具体合并项目，二是在采用这两种称谓的原始民族中“偶然”发生的上述两种婚姻事实。

拉德克利夫–布朗在该文中并没有否定里弗斯等人的具体推论：“这种情况的发生至少是可以想象的。”他只是强调这种“历史推测”是“先验的”，其“根本缺点就在于它的假设无法加以检验”。他指出：“为什么整个称谓形式都要因适应一种仅仅偶然发生的特别婚姻形式而被调整，这是上述假设没有解释、而我们正在探寻的原因。”

作为展开论证的基础，他提出“同胞群团结原则”（“同胞群”是指一核心家庭内所有兄弟姐妹）：“无论在哪里，这种把兄弟姐妹结成一个社会群体的纽带都会被重视。”其“次生原则”是“同胞群一致原则”：“它不是指该群体内各成员间的相互行为所表现出来的内部统一，而是指那种与此群体外部的人相关的统一，这个人往往是因与此群体内部某一成员有特殊关系而与此群体发生关联。”例如，一个人将他父亲的所有兄弟都称为“父亲”。

他据此指出：“类分式称谓[②]是建立大范围亲属组织的一种方法。建立这种组织的途径是采用同胞群一致原则。”拉德克利夫–布朗在后文从另一角度阐述了同一个见解：“演变成氏族或半偶族的组织也是构建在同胞群团结或一致原则……基础上的。”

他还提到类别式称谓中更高层位的合并：代间合并。依据本章前面对“族内代内合并”的定义方法，可以具体称其为“族内代间合并”。具体包括隔代合并和跨代合并。前者指代序系列内间隔一代的 1 与 3 或 2 与 4 的合并，后者指代序系列中相邻两代或更多代的合并。前者在澳洲亲属制度中最为普遍，后者则是乔克托式称谓和奥马哈式称谓的共有特征。针对跨代合并现象的产生原因，他认为是人们“积极采用”了“另一个原则”也就是“世系群一致原则”的结果。

在对“世系群”作定义后，他具体分析了北美福克斯人（Foxes，奥马哈式称谓）、霍皮人（Hopi，乔克托式称谓）和澳洲雅拉尔德人等部落社会亲属制度中的代间合并现象。其中，跨代合并以单系继嗣群的群体范围为合并外延。他的结论是：类别式亲属制度及其代间合并现象是人们采用两个结构原则（“同胞群一致原则”和“世系群一致原则”）在人与人之间“建立类型关系”的结果。

下面简要分析该文（《亲属制度研究》）的论证失误。

---

① 本节所引布朗的见解凡出自《亲属制度研究》一文者不再注明出处。
② 即类别式称谓。

问题一：父系与母系的区分错误。澳洲雅拉尔德部落亲属制度是该文主要研究对象之一。拉德克利夫–布朗认为雅拉尔德制度（存在隔代合并现象）与乔克托和奥马哈式属同一类型，他试图以此“论证”其“社会学分析方法”的有效性，同时说明“历史推测方法”的不合理。他用一个世系图表描述该制度。下面是其说明：“图 13 显示了雅拉尔德人用来称母系氏族亲属的称谓。”他在前面还提到：“雅拉尔德人被分成一些地方性父系图腾氏族。”细读该图可以了解到，雅拉尔德人确定族系归属实际上采用父系继嗣。换言之，该部落并不存在“母系氏族”。

笔者在本书第二章提到，拉德克利夫–布朗对澳洲四分体系构成情况有一错误判断（原文是“它们是按一对父系半偶族和一对母系半偶族来划分的”）。这两个错误判断之间具有连带关系。下面是他在该文中对同一个问题的争辩：“以前一直流行，现在恐怕仍在流行的怪论之一是，如果一个社会确实承认世系，它只能是要么承认父方世系，要么承认母方世系。”看来，他一直没有完全搞清楚父系与母系的区分以及单系继嗣与双系继嗣的不同。

问题二：雅拉尔德人的“氏族”。该文提到“雅拉尔德人同许多其他澳大利亚部落，如阿兰达人一样，有 4 个称呼祖父母的称谓，每一个称谓都既可用来称呼男性，又可用来称呼女性”。这 4 个称谓（男子呼）分别是：①“maiya”——祖父及其兄弟姐妹；②“ŋaitja”——外祖父及其兄弟姐妹；③“mutsa”——祖母及其兄弟姐妹；④“baka”——外祖母及其兄弟姐妹。其中，“mutsa”所属“氏族”也被称为自我的“mutsaurui”，“baka”所属“氏族”也被称为自我的“bakaurui”。

阿兰达人采用父系继嗣（详见本书第二章）。其中，南方阿兰达人是四分体系，北方阿兰达人是八分体系。在四分体系中，设男“我”为 ABA，则祖父（ABA）与外祖母（ABB）是兄弟姐妹关系，外祖父（BBA）与祖母（BBB）是兄弟姐妹关系。也就是说，四分体系在祖父母辈只有两群兄弟姐妹。

只有在八分体系中，任何一个自我的祖父母辈才有彼此不相重合的四群兄弟姐妹。设自我为 B（A）A，则“我”的祖父及其兄弟姐妹是“隔代重复”的 B（A）A，我的外祖父及其兄弟姐妹是 A（B）A，我的祖母及其兄弟姐妹是 A（A）A，我的外祖母及其兄弟姐妹是 B（B）A。

因此，只有八分体系的北方阿兰达人（在祖父母辈）才有严格意义上的四群兄弟姐妹。由此反推：雅拉尔德人（在祖父母辈）如果也有严格意义上的四群兄弟姐妹，则它必是一个八分体系或潜在的八分体系，即本书第二章提到的“类型Ⅱ”，亦称“狄耶里类型”。这四群兄弟姐妹是八分体系两个半族各自一分为二形成的 4 个外婚单元，可以被称为“亚半族”。

在此基础上可以进而准确认定“bakaurui”和“mutsaurui”的具体含义：首

先，“bakaurui”是与自我B（A）A所在亚半族B（A）同属一个半族(B半族)的另一个亚半族B（B)，任何一个代别的自我都不能与被其称为“bakaurui”的亚半族中的人通婚或发生性关系。换言之，“bakaurui”的含义指由于与“我”同属一个半族因而不可与之通婚的亚半族。其次，“mutsaurui”是属于（相对于自我所在半族的）另一个半族（A半族）中的两个亚半族【A（A）和A（B)】之一，是其在这一代（A代）必须与之通婚的那个亚半族A（A）A。因此，“mutsaurui”的含义指自我在这一代必须与之通婚的亚半族。

由此可知，拉德克利夫-布朗所说雅拉尔德人的“母系氏族”，既非“母系”，亦非“氏族”，实际上是采用父系继嗣的亚半族。上述讨论的另一个重要的收获是：我们可以由此了解到，在没有八分体系类别规则的情况下，“类型Ⅱ”也就是“狄耶里类型”通婚规则的具体实施情况。对于“bakaurui”和“mutsaurui”两个亚半族属性的界定，在这一通婚规则的运作机制中发挥着十分重要的禁婚与通婚的规范功能。

问题三：对合并称谓的误解和误用。前面已经提到，类别式称谓有时用一个称谓合称多种亲属成分。例如，乔克托式（克劳式）称谓中自我对父亲所属母系继嗣群的多代男性亲属采用同一称谓，具体包括A父亲及其兄弟、B父亲姐妹的儿子、C父亲姐妹的女儿的儿子等。这个称谓的准确含义非A非B非C，而是“A+B+C”。换言之，单称与合称不可混淆。如果我们说，一个乔克托人将其父亲姐妹的儿子称为“父亲”，就是对单称与合称的混淆。

该文提到乔克托式称谓中“一个男人又用‘儿子’这个称谓来称呼她母亲兄弟的儿子”。这是对单称与合称的混淆。科勒和里弗斯等人正是在此基础上提出其理论：乔克托式称谓的产生“是人们能与母亲兄弟的妻子结婚的结果”。这是一个双料错误，其基础是单称与合称的混淆，其理论在“解释”一个因混淆而被曲解的“事实”。吉福斯和塞丽格曼夫人关于奥马哈式称谓“是由人们可与妻弟的女儿结婚这一习俗造成”的理论，也是一个完全相同的双料错误。在该文通篇，拉德克利夫-布朗的具体分析中大量出现上述混淆。

问题四：“世系群”概念的误用。他认为“‘世系群’一词的运用常常不严格”，为此他对这一概念作出具体定义：一个父系世系群“是由一个男人和他所有依男性计算的若干代子孙构成”，一个母系世系群“是由一个女人和她所有依女性计算的若干代子孙构成”。他指出“氏族在某些方面与世系群相似”，但氏族“实际上不是或不能被证明是一个世系群。氏族通常包括好几个事实上的世系群”。换言之，氏族不等于世系群，不能将氏族称为世系群，反之亦然。

该文所涉及的民族志例证，至少绝大多数都存在氏族组织，有时是更高层位的半族（胞族）组织。[①] 他只在少数几处将氏族称为氏族，而在大多数场合不作任何解释，直接将氏族或半族称为世系群。这些例证中的氏族组织（有时是更高层位的半族组织）是内部禁止通婚的外婚单元，也是类别式亲属称谓的合并范围。在这种情况下，如果将氏族称为世系群就意味着错误地缩小了外婚单元的群体规模和亲属称谓的合并范围。因此，这不是一个简单的概念误用，而是在科学研究中必须排除掉的实质性错误。

问题五：基本论证步骤的逻辑错位。由“同胞群团结原则”派生“同胞群一致原则”，再派生“世系群一致原则”，这个推论至少在逻辑上可以接受。用“世系群一致原则”去“解释”世系群范围的称谓合并，也没有问题。但如果用“世系群一致原则”去“解释”氏族乃至半族范围的称谓合并，这就出现了问题：世系群不等于氏族，也不等于半族。

他关于团结一致原则的派生基础是核心家庭。此推论不能走得太远。当几个高度团结的世系群共存，其内部团结更容易导致彼此之间的冲突。而一个氏族恰恰“通常包括好几个事实上的世系群”。这在共时性分析中是不可调和的矛盾。他似乎意识到其论证步骤的逻辑错位，所以在尽可能多的场合不惜违背自己的定义直接将氏族称为世系群。此为其论证中的捉襟见肘之处。

问题六：不可回避的“历史推测”。如果从历时性角度考察问题，他首先要证明一个演化序列的存在：核心家庭和世系群→氏族乃至半族。他提到其存在，也就是从核心家庭和世系群“演变成氏族或半偶族”的过程。但只是一笔带过而未作任何证明。这一演化序列的存在是该文基本命题（用同胞群和世系群的团结一致原则去“解释”氏族乃至半族范围的亲属合并）的论证前提，所以他必须提到。对其存在的证明则是一个严格意义上的“历史推测”，所以他只能一笔带过。此为其更深层次的捉襟见肘。

拉德克利夫-布朗是古典人类学“历史推测方法”的重要批评者，该文的主要撰写意图之一是否定这种方法，并用他自己的“社会学分析方法”取而代之。于是他给自己设下一个悖论圈套：如果否定“历史推测”，其分析将失去赖以成立的前提条件；如果认可这一前提，也就否定了该文主要

① 例如，奥马哈部落包含12个父系外婚氏族（氏族内禁婚），实行氏族间通婚的“复杂制度”（摩尔根，1995）。福克斯人包含14个父系外婚氏族，实行氏族间通婚（摩尔根，1995）。温内巴格人（Winnebago）和米沃克人（Miwok）的部落组织都是分为2个父系外婚半族（胞族），实行半族间通婚（罗维，1987）。切罗基人（Cherokee）有8个母系外婚氏族（摩尔根，1995），克劳人（Crow）有13个（摩尔根，1995），霍皮人也是由若干个母系外婚氏族构成（罗维，1987），它们都实行氏族间通婚。乔克托人的部落组织分为2个母系半族（胞族），每个半族各有4个氏族，实行半族内禁婚、半族间通婚的制度（摩尔根，1995）。除氏族数量不同，特林吉特人（Tlingit）和海达人（Haida）与乔克托人的情况相同，也实行半族间通婚（罗维，1987）。

撰写意向。一方面他没有对上述演化序列的存在提供证明，另一方面他认为这种证明属于“假设”，其根本缺点在于“无法加以检验”。将一个尚待证明的结论包含在判断前提之中，即逻辑学所谓“丐辞”。今人阅读拉德克利夫-布朗此文，除需要注意其中一些具体论证失误外，还需注意两个关键词：悖论和丐辞。

第六节　学术史中的区分与合并

前已述及，在摩尔根定义的两种亲属制度中，类别式亲属制度以单系继嗣群为表述本位，说明式亲属制度以核心家庭为表述本位。二者间存在区分与合并方面的表述歧义。这是一个技术层面的问题，即采用图表、语言对亲属制度（是什么）进行描述的准确程度。但恰恰是这样一个技术问题，成为欧美人类学一直挥之不去的认知障碍。它是亲属制度研究领域的核心问题，并以不同形式出现于 100 多年来一系列重要作者的论证和争论之中。其开端可以直接追溯到摩尔根在世之时。

摩尔根认为，亲属制度可以准确体现其使用者的血缘关系。麦克伦南指出其“荒谬之处”在于“十分随便地把这种制度假定为血缘制”。摩尔根在回应中坚持己见：“在后者（说明式亲属制）中，每一种亲属关系都具体化了；在前者（类别式亲属制）中，则按范畴类别之；但不论是在前者还是后者中，最后的基础是相同的，即实际上的血亲和姻亲。在前者中，是集体相互通婚，在后者中，婚姻在一男一女之间进行，从而导致了它们之间的差别。”（摩尔根，1995）

这里的关键问题是，类别式亲属制度是否可以准确体现“实际上的血亲和姻亲”。例如，类别式称谓将一群人称为“父亲”，虽然其中包括“我”的生父，但毕竟一群“父亲”不是自我“实际上的血亲”。这涉及类别式称谓中“父亲”的含义，并直接体现两个本位的表述歧义。在资料收集阶段，摩尔根向世界各地发出的调查问卷即采用以核心家庭为本位的说明式亲属关系术语（英语）。其“问卷是根据这种假定，即这些称谓事实上是试图指称实际的血统家系和姻亲的‘自然’关系”（瑟维斯，1997）。由此播下 100 多年来“区分与合并”问题的种子。

对其反对者来说，摩尔根的“血缘制”是一个明显错误。对于另外一些学者来说，类别式亲属制度本身毕竟是一种存在范围非常广阔的民族志事实。达尔文在《人类血统》第二版中提出与麦克伦南相同的见解。科勒在《史前时期的婚姻》一书中对奥马哈式和克劳式亲属制度作了比较深入的研究，并据此为摩尔根的研究进行辩护。科勒认为，整群男子被称为父亲以及整群女子被称为母亲，这种合并称谓与外婚制有关（瑟维斯，1997）。

在对科勒的书所作的评论中，涂尔干指出科勒尚未回答达尔文向摩尔根提出的问题：子女怎能相信自己是不止一个母亲所生？涂尔干的结论是：亲属关系“主要由社会加于某些个人的法定的和道德的义务所构成的”，并“随家庭组织方式的不同而变化”，这种组织“首先取决于社会需要，因而与血统这种完全是自然的事实只有松散的关系”（瑟维斯，1997）。韦斯特马克等人在对摩尔根的批评中提出，类别式亲属名称与社会的亲属关系相符而与自然的亲属关系相反。涂尔干对此提出反驳，其结论是：“亲属关系或者是一种社会联系，或者什么也不是。”（瑟维斯，1997）

作为人类学主要研究对象，类别式亲属制度由两方面的事实构成：一是与社会组织、继嗣制度和婚姻形态等社会现象相关联的一套称谓系统；二是它以何种方式决定不同亲属之间的社会关系（责任和义务）或彼此交往的行为规范。前者的研究目标是对各种亲属制度“是什么”的准确认知和描述。不难看出，上述争论在这两个方面之间多少有些纠缠不清。

接下来是里弗斯与克罗伯的争论。在《类分式亲属制度》（1909 年）一文中，克罗伯认为摩尔根的类别式亲属制度本身就是“误称”，其理由已见前述。该文考察了 12 种美洲印第安人的（类别式）亲属制度，通过与英语亲属名称（说明式）相比较，归纳出 8 种亲属划分依据，他据此分析二者差异：“所谓叙述式（说明式）完整地表述少数几种亲属关系，误称的级别式（类别式）则无规律地表述多种亲属关系。”他认为：“亲属关系名称反映了心理状态，而不是社会状况。”在《亲属制与社会组织》（1914 年）一文中，里弗斯对克罗伯的见解提出反驳，他坚持认为可以用社会组织来解释类别制的一般特征和细节（瑟维斯，1997）。

在本书至此的认识基础上可知：类别式亲属制度对“多种亲属”的合并称谓，绝非“无规律地表述”。其主要合并范围是实行外婚制的单系继嗣群（氏族或半族）。故上述争论正确一方是里弗斯。克罗伯的“心理决定论”则有些不得要领。拉德克利夫-布朗直接参与了这场争论。本章分析的《亲属制度研究》一文与此有关。他是里弗斯在剑桥大学时的学生，但他对后者的“历史推测方法”持否定态度。

马林诺夫斯基和拉德克利夫-布朗被学界并列为英国功能主义学派的共同创始人。其理论多有分歧。在亲属制度方面，拉德克利夫-布朗提出著名的“世系群一致原则”，马林诺夫斯基提出同样著名的“延伸论”。在《西北美拉尼西亚野蛮人的性生活》（1929 年）一书中，他注意到美拉尼西亚语中“称呼父亲的词（tama）反常地延伸到父亲的姐妹的儿子”，也是基于核心家庭认识本位，他认为“tama”的本义是亲生父亲，以其指称“父亲的姐妹的儿子”，这是原有语义比喻性延伸的结果（瑟维斯，1997）。

这是一个比较典型的单称与合称的混淆，马林诺夫斯基的“延伸论”正是以此为基础的。其批评者梅耶·福特斯（Meyer Forters）指出：“这并不是笔误，因为讨论特罗布里恩人亲属称谓的其余部分（都）是遵循这种思路的。”（瑟维斯，1997）于是我们了解到，英国功能主义学派两位创始人都没有搞清楚两个本位的表述歧义。他们都是“历史推测方法”的强硬批评者。细加分析可知，马林诺夫斯基“延伸论”同样需要一个“历史推测”的支撑：核心家庭的出现早于氏族。否则其语义“延伸”无从说起。

换言之，他们的“世系群一致原则”和“延伸论”面对同一个悖论，其相关论证属同一类“丐辞”。这种现象提示我们，任何共时性分析实际上都无法回避事物演化的历时性视角。进一步说，一些片面采用共时性分析的理论，在历时性分析中存在致命弱点。有必要换一个角度思考问题：社会人类学对历时性演化视角的放弃，其原因中，除早期学者的理论弱点之外，是否还包括其批评者自身的理论弱点？

昂温（J. D. Unwin）是“延伸论”早期批评者，他提出使用英语有关血统世系术语描述类别式亲属范畴的合理性问题。霍卡特（A. M. Hocart）则强调对“土著”亲属名称（意译）的准确认识。例如，通过对“tama”一词各种用法的了解，可知其含义指“父亲一方前一辈的男性”（瑟维斯，1997）。在《特罗布里恩宗族与亲属范畴“塔布”》一文中，利奇（Edmund leach）通过对马林诺夫斯基有关特罗布里恩岛原住民社会组织资料的研究，认为“亲属范畴表示地域和年龄状况的差异，而并不表示什么血统关系”（瑟维斯，1997）。

如果不是中文译者的翻译问题，上文“父亲一方前一辈的男性”并未包含被“反常”纳入“tama”所指范围的“父亲的姐妹的儿子”。因此，霍卡特对“tama”的意译仍然不够准确。[①] 昂温的质疑直指摩尔根当年调查问卷中的英语称谓。利奇对“血统关系”的否定，是在涂尔干相关评论（“松散的关系”）的谬误基础上又向前走了一步。

在摩尔根二分法（类别式和说明式）之后，学者们又提出一些新的亲属制度分类方法，如罗维的四分法和默多克（G. P. Murdock）的六分法（夏威夷式、爱斯基摩式、苏丹式、易洛魁式、克劳式和奥马哈式）等。其中，默多克的六分法影响最大，为目前多数研究者和大学教材所采用。

在《社会结构》（1949 年）一书中，默多克通过对世界范围多种文化的比较研究，归纳出上述六种亲属制度。他认为亲属制度是多种因素共同作用的结果，包括血统世系原则、婚姻原则、居住原则和社会组织形态等。他接受马林诺夫斯基关于类别式称谓是（核心家庭）基本称谓语义延伸的见解，并始终认为亲属称谓基本上是血统世系的体现（瑟维斯，1997）。故其六分法统一采用以核心家庭为本位的描述方式。

此后，默多克的学生古迪纳夫（Ward H. Goodenough）在《成分分析与意义研究》一文中继续讨论亲属称谓的语言学问题，如将“tama”一词的基本意义与同义词、同音异义词区别开来（瑟维斯，1997）。本书前面提到，像“tama”这样的合并称谓，其准确含义非 A 非 B 非 C，而是“A + B + C”。古迪纳夫将 ABC 等成分孤立出来，然后考察它们之间的语义延伸关系。这样的研究不失为解决问题的一种尝试。但由于他没有认识到合并称谓的准确含义（不可以拆分的 ABC），故其尝试并不成功。

一年后（1957 年），盖尔纳（Emest Gellner）提出另一种解决问题的办法：为亲属制度（他认为其性质是“血统世系制度”）专门设计一套理想用语，其中每一个词汇都无多义、无歧义。盖尔纳在这项研究中断言，英国的社会人类学很少注意“生物世系”，由此引发了又一场争论（瑟维斯，1997）。

20 世纪 70 年代以来，一些学者开始对整个亲属制度研究的合理性本身提出质疑（高怡萍，2000）。其主要质疑理由仍集中在亲属名称具体含义（意译）的准确程度上，即高怡萍所说的“土著观点与研究者观点的拉锯”。其极端者如施奈德（David Schneider）的《亲属制度研究批评》，其偏颇之处亦比较明显（张亚辉，2006）。

① “塔马”（tama）称谓至少包括三类对象：父亲、父亲的兄弟；父亲姐妹的儿子；父亲的母系氏族中与“我”同辈或辈分较低的人（基辛，1989）。

第七节 对两个本位表述误差的分析

摩尔根以外婚制单系继嗣群为认识本位（第一本位），其批评者以核心家庭为本位（第二本位）。争论焦点彼此错位。如果表述对象是第二本位的个体间关系，将整群的人称为“父亲”或“母亲”显然不是说明式称谓意义上的血统关系。如果表述对象是第一本位的群间关系，则类别式亲属制度的合并称谓（族内代内合并）毕竟也是“实际上的血亲和姻亲”。有必要对此作简要说明。下面将类别式称谓的民族志对象暂时限定在澳大利亚、美拉尼西亚以及南北美洲实行半族间通婚的部落（两合组织）范围内，并暂时不考虑由收养建立的拟制血亲关系。

说明式称谓的“我”指个体，其最大合并范围是一个核心家庭内部的兄弟姐妹，“我”的“母亲”指生母。类别式称谓的“我”指群体，其一般合并范围是外婚制单系继嗣群内的一代人，这是本书界定过的“基本合并”（族内代内合并）。类别式称谓中“我”的“母亲”也指群体，是本书界定过“族内代内性别合并”意义上的一群女人。换言之，这里“我”与“母亲”的关系实际上是“我们”与“母亲们”的关系。“我们”中任何一个人的生母都在“母亲们”之中，“母亲们”中任何一个人的亲生子女都在“我们”之中。摩尔根正是在这个意义上将这种关系称为“实际上的血亲”。

摩尔根的调查问卷是社会人类学亲属制度研究的奠基性文本。采用英语有关血统世系术语，此为其设计问卷时无可非议的唯一选择。由此出现“名”与“实”两方面的问题。在“实”的方面，存在两类亲属制度（类别式和说明式），它们分别被使用于两种不同的社会组织结构（外婚制单系继嗣群的有或无）

之中。在“名”的方面，两种亲属制度之间存在区分与合并的表述歧义。

从第二本位看问题，麦克伦南、达尔文和涂尔干等人对摩尔根的批评切中要害；从第一本位看问题，这样的批评不得要领。摩尔根的重要贡献在于他对两种亲属制度的划分。但他对“它们之间的差别”的把握也是存在问题的，因此出现 1/2500 与 100%之间的判断误差（参阅本书第二章）。涂尔干所说“松散关系”并没有解决摩尔根的“差别”问题，利奇对“血统关系”的否定则有悖事实。

里弗斯等人正确地支持了摩尔根的二分法，但其“历史推测”却以单称与合称的混淆为基础。拉德克利夫-布朗对“历史推测”的否定并不成功，其论证中因袭了他的老师里弗斯的混淆。马林诺夫斯基在同一个水平上讨论问题。他们的“世系群一致原则”和“延伸论”具有共同的理论弱点。在“区分与合并”方面，默多克的描述方式仍未解决歧义问题。同一个问题在默多克之后继续被争论，两个本位的表述歧义彼此纠缠，“土著观点与研究者观点的拉锯”从未平息。有必要继续追问：摩尔根的“差别”以及涂尔干的“松散关系”是否可以被准确描述？

前面提到，默多克在《社会结构》一书中的六分法为当代许多国家（包括我国）的大学人类学入门教材所采用。下面以哈维兰（W. A. Haviland）《当代人类学》的相关内容为例，用澳洲原住民“类型Ⅰ”（四分体系或潜在的四分体系）来检验默多克对易洛魁式亲属制的表述是否准确。六分法中包括三种比较典型的类别式亲属制度，即易洛魁式、奥马哈式和克劳式。澳大利亚亲属制属易洛魁式（摩尔根，1995）。这在摩尔根以来并无争议（摩尔根称易洛魁式为土兰尼亚式，罗维等人称其为达科他式）。

下面是《当代人类学》的相关内容[①]：“在易洛魁式亲属称谓制中，一个人的父亲和父亲的兄弟（1）共用一个称呼，一个人的母亲和母亲的姐妹（2）共用一个称谓；但是，一个人的父亲的姐妹（3）和一个人的母亲的兄弟（4）有各别的称谓。在一个人的同辈中，兄弟（5）、姐妹（6）和平表共用一个同样的称谓，这在逻辑上必然如此，因为他们是那些被划分到与自我的实际父母同一范畴中的人的后代。交表（7 交表兄弟）（8 交表姐妹）各自有别的称谓，这一种区分法称为分岔合并制（图 3-1）。奥马哈式亲属制和克劳式亲属制也是分岔合并称谓制的范例。易洛魁式亲属称谓制分布很广，通常与单系继嗣群一同被发现，尤其是在组织较散漫的母系社会组织制度中更易见到。”（哈维兰，1987）

① 为方便阅读，将下文 8 个称谓分别编号。

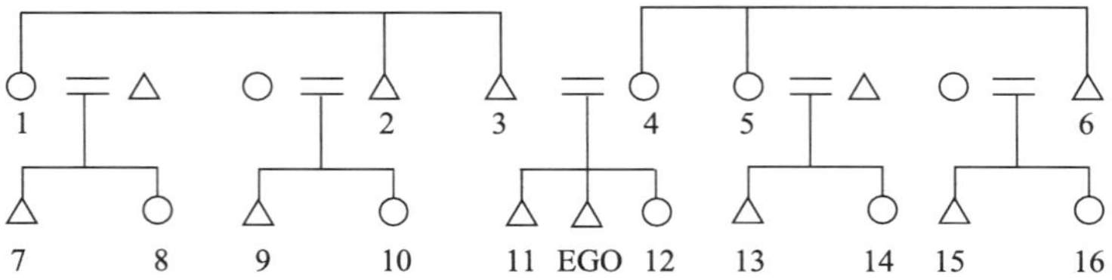

图 3-1　分岔合并制（易洛魁式、奥马哈式和克劳式）

图 3-1 是当代一些教科书的通用图式（哈维兰，1987），它以核心家庭为本位（第二本位），是个体间称谓。其文字说明如下："根据易洛魁式亲属称谓制，父亲的兄弟和父亲的称谓是一样的，母亲的姐妹和母亲的称谓是一样的，但编号 1 和 6 的人各自有个别的称呼，编号 9～14 的人都被视为同胞兄弟姐妹，但编号 7、8、15、16 的人则被视为堂亲。"（哈维兰，1987）

在阅读下文时，如有必要，读者可以参照本书第二章的图 2-1 和图 2-2。这两个图表述澳洲四分体系（类型Ⅰ）的通婚与继嗣关系，它们以单系继嗣群（半族）为本位（第一本位），与之相对应的群间称谓系统见表 3-1 和表 3-2。

下面是易洛魁式亲属制度的 8 个称谓，后面括号中是每个称谓在两合组织二元通婚模式中的族系和代序范畴。设自我为 AB，族系归属为母系传递。其第一本位表述对应于图 2-2。

（1）父亲和父亲的兄弟【B 半族上 1 代男——BAA】；

（2）母亲和母亲的姐妹【A 半族上 1 代女——AAB】；

（3）父亲的姐妹【B 半族上 1 代女——BAB】；

（4）母亲的兄弟【A 半族上 1 代男——AAA】；

（5）兄弟及平表兄弟，即父亲兄弟的儿子 + 母亲姐妹的儿子【A 半族同代男——ABA，男我在其中】；

（6）姐妹及平表姐妹，即父亲兄弟的女儿 + 母亲姐妹的女儿【A 半族同代女——ABB，女我在其中】；

（7）交表兄弟，即父亲姐妹的儿子 + 母亲兄弟的儿子【B 半族同代男——BBA，通婚关系】；

（8）交表姐妹，即父亲姐妹的女儿 + 母亲兄弟的女儿【B 半族同代女——BBB，通婚关系】。

所谓"分岔合并"，也被称为"二分合并"，是将一个人的亲属分为（父方和母方以及平表与交表）两个范畴（二分），同时将范畴内亲属总括在一起采用统一称谓（合并）。自我被合并在平表范畴内。上文提到，易洛魁式、奥马哈式和克劳式都属于分岔（二分）合并称谓制。它们的不同之处是：易洛魁式采用族内代内合并，奥马哈式和克劳式的一部分称谓采用单系族内代间

（跨代）合并。

这里对上面的素材展开分析。其民族志对象主要包括澳大利亚、美拉尼西亚以及南北美洲实行半族间通婚的部落（两合组织）。作为典型的类别式亲属制度，易洛魁式是两合组织二元通婚模式中的群间称谓系统（包括群内互称）。如果采用第一本位表述该制度，可以直接体现亲属称谓合并范围的外延。第二本位表述的适用对象是个体间称谓系统（说明式），故其只能体现群间称谓（类别式）在核心家庭视角中的“折射”结果，而不能直接体现亲属称谓合并范围的外延。

以称谓（1）“父亲和父亲的兄弟”为例。

在图式方面，“父亲的兄弟”在图3-1中只体现为核心家庭视角中的同父母兄弟。而在近代原始民族实行半族间通婚的部落中，这一范畴的外延往往囊括上百人甚至上千人。换言之，如果我们需要了解称谓（1）范畴的实际外延，图3-1拒绝回答。它只告诉我们该范畴在核心家庭视角中的具体体现（前面说过的“折射”结果）。在这个视角中无法还原范畴的本体及其外延。

在语义方面，如果“父亲的兄弟”局限于图3-1所指的范围，其表述缺陷与图3-1相同。摩尔根认为类别式称谓的合并范围包括直系与旁系，这一界定仍然存在问题。上文提到拉德克利夫-布朗的见解，他认为氏族“实际上不是或不能被证明是一个世系群”[①]。这一见解影响很大，如哈维兰《当代人类学》也有同样的论述（哈维兰，1987）。依据同一个判断思路，包括几个乃至十几个氏族的半族组织更无法被证明拥有共同祖先。因此，严格意义上的“旁系”合并范围只能到达世系群的外延，无法进入氏族层面，更无法告诉我们半族层面上的范畴本体及其外延。

进一步说，在核心家庭（第二本位）视角中，易洛魁式亲属制的8个称谓都存在同样问题。称谓（1）、（2）、（3）、（4）的“兄弟”和“姐妹”，称谓（5）、（6）的平表“兄弟”和“姐妹”，称谓（7）、（8）的交表“兄弟”和“姐妹”，其严格意义上的语义合并范围都只能到达世系群层面。哈维兰图式（图3-1）所指范围更加狭窄，只能表述亲属范畴实际外延（半族）在核心家庭视角中的“折射”。上文讲过，这是一个无法还原到实际亲属范畴的信息。

在图式方面，还存在由于重复性表述而产生歧义的问题。

对照图2-2可知，图3-1编号为9、10、11、12、13、14的人（包括自我），在第一本位的群间称谓视角中，这6种成分实际上是对同一个族内代内合并（本章前面已经界定过的“基本合并”）范畴（AB）的重复性表述，如果采用族内代内性别合并，则ABA包括编号9、11、13，ABB包括编号10、

① 指拥有共同祖先的世系群。

12、14。这6种成分实际上都是AAA与BAB的子女（AB）。

再有，图3-1编号为7、8、15、16的人也是对同一个族内代内合并称谓（BB）的重复性表述，采用族内代内性别合并，则BBA包括编号为7、15的人，BBB包括编号为8、16的人。由于（群间称谓）母亲的兄弟与父亲的姐妹是半族间通婚关系，故母亲兄弟的子女就是父亲姐妹的子女。

图3-1将（族内代内性别合并的）两种成分区分为4种成分（编号7、8、15、16）乃至6种成分（编号9、10、11、12、13、14），这样的区分在第二本位（核心家庭）视角中看不出任何问题。但在第一本位的群间称谓视角中，可以明确看到这种图式（图3-1）由于重复性表述而导致不必要的繁琐和歧义。这是在表述技术层面上不该区分的区分。

这里简要讨论代间合并问题。在易洛魁式（族内代内合并）的基础上，奥马哈式和克劳式的一部分称谓又加上一层“垂直的”跨代合并。其中，奥马哈式是父系代间合并，因而只适用于外婚制的父系继嗣群；克劳式是母系代间合并，因而只适用于外婚制的母系继嗣群。在两合组织的二元通婚模式中，这两种亲属制度的代间合并对象都是与自我所在半族（己半族）相对应的另一半族（他半族）。

下面是哈维兰在《当代人类学》中对奥马哈式有关图式（对照图3-1）的文字说明：“在奥马哈制中，编号2的人与父亲3同一称谓，编号5的人与母亲4同一称谓；但编号1和编号6分别称呼。在自我的一代里，编号9～14都被视为是同胞兄弟姐妹，但编号7和编号8与自我的儿女这一代称呼相同，编号15和编号16与自我的父母一代称呼相同。”（哈维兰，1987）

有必要提到，里弗斯开创了人类学田野考察的系谱法，这是默多克收集资料的一贯方法（瑟维斯，1997）。里弗斯的图式采用第二本位，哈维兰介绍默多克六分法的图式（图3-1）以此为基础。在图式表述质量方面并无实质性改进。相对来说，拉德克利夫-布朗的图式虽然也采用第二本位，但在代间合并方面的表述质量要好于里弗斯的图式。

拉德克利夫-布朗图式的具体改进如下：①包括三个以上代序；②可以明确体现族系归属的单系继嗣线索。在此基础上，参照本书给出的第一本位图式（图2-1和图2-2）以及澳洲亲属称谓系统的逻辑原型（表3-1和表3-2），研究者有条件搞清楚代间合并对象的族系属性。这对准确认识代间合并现象具有重要意义。哈维兰的图式（图3-1）只有两个代序，无法明确体现单系继嗣线索，因而不提供代间合并外延的认识条件。

哈维兰图式（图3-1）的文字说明也存在表述歧义问题，如下述内容（奥马哈式）：“编号7和编号8与自我的儿女这一代称呼相同。”图3-1中编号7和编号8是自我的父方交表（父亲姐妹的儿女）。参照拉德克利夫-布朗介绍奥马哈式的图式和文字说明（拉德克利夫-布朗，1999），也可以参照本章前面对拉德克利夫-布朗文字说明整理后的叙述，可知与父亲姐妹的儿女相关的合并称谓，随自我性别不同而有所不同。男子呼父亲姐妹的儿子和自我姐妹的儿子采用同一称谓，女子呼父亲姐妹的儿子、自我的儿子以及自我姐妹的儿子采用同一称谓。

这里有一个非常重要的区别：在男子呼情况下，自我的儿子与父亲姐妹的儿子间不存在合并称谓关系。哈维兰的文字说明（编号 7 和编号 8 与自我的儿女这一代称呼相同）没有对此作出区别，其图式（图 3-1）中自我的性别符号为男性（△）。参照本书第一本位图式（图 2-1）和澳洲四分体系逻辑原型（表 3-1），可知在两合组织二元通婚模式中，上述合并的具体范畴是他半族的男性成员（不分代）。如果将男子呼自我的儿子纳入其中，则上述重要区别便会发生混淆。这是在表述技术层面上不该合并的合并。

我国的相关教材也存在类似问题。例如，林耀华先生主编的《民族学通论》（修订本），对默多克的六分法作了具体介绍（陈克进先生是这一章内容的具体编写者）。该书的表述歧义出现在对克劳式（母系）亲属制度的介绍文字中。相关内容如下："舅表兄弟、姐妹则和己之子、女同称。"（林耀华，1997）该书没有图式，其文字介绍也未区分自我（己）的性别。

参照拉德克利夫-布朗介绍乔克托式（克劳式）的图式和文字说明（拉德克利夫-布朗，1999）以及本书图 2-2，可知这里（克劳式亲属制）也有一个重要区别：在女子呼情况下，自我的女儿与母亲兄弟的女儿（舅表姐妹）之间不存在合并称谓关系。陈克进先生说明文字的表述歧义，就是对这两种成分（女子呼自我的女儿与母亲兄弟的女儿）未加区分。换言之，它们被错误地合并在一起。这也属于不该合并的合并。

前面提到，奥马哈式亲属制和克劳式亲属制的共有特征是存在亲属称谓的代间（跨代）合并。其不同之处在于二者互为镜像。奥马哈式亲属制采用父系半族的族内代间合并，克劳式亲属制则采用母系半族的族内代间合并。二者的代间合并对象都是他半族，而在己半族内以及两半族间则不存在代间合并。若将（奥马哈式）男子呼自我的儿子与父亲姐妹的儿子（姑表兄弟）相合并，是在两个父系半族间不应有的代间合并。若将（克劳式）女子呼自我的女儿与母亲兄弟的女儿（舅表姐妹）相合并，则是在两个母系半族间不应有的代间合并。

哈维兰与陈克进先生对两种制度所作说明的表述误差也互为镜像。哈维兰介绍奥马哈式亲属称谓的混淆成分：男子呼自我的儿子与父亲姐妹的儿子；陈克进先生介绍克劳式亲属称谓的混淆成分：女子呼自我的女儿与母亲兄弟的女儿。出现不该合并的合并，导致这两种制度因此失去各自特征。两本教材的表述误差不止于此，指出上述两点足以说明问题。

上述讨论的民族志对象局限于两合组织二元通婚模式。若将考察对象扩大到与此相关的蜕变类型，问题随之更加复杂。在一些实行这三种制度（易洛魁式、奥马哈式和克劳式）的部落中，有些已没有半族组织，还有些虽然存在半族组织但已不具有规范禁婚和通婚范围的功能。这些部落的禁婚范围缩小到氏族，实行氏族间通婚的“复杂制度”。

随着半族组织早期功能以及半族组织本身的消失，亲属制度与社会组织的嵌合关系开始脱节。在这种情况下，每一个此类民族志案例中的每一个亲属称谓的具体合并外延都具有十分重要的认识价值，研究者可据此考察制度变迁的方向和具体历程，此其一。其二，“基本制度”中的“间接交换”在亲属制度方面有其具体特征。其三，“直接交换”和“间接交换”都有其明确规定的通婚和禁婚范围。此类单系继嗣群之间“规定婚”的具体规则也具有非常重要的认识价值。这些都是第二本位表述无法负载的信息。

第八节　结语：表述质量与认知水平

前面提到，在社会人类学四个基础性研究领域中，亲属制度是社会组织结构研究的核心，政治、经济和宗教研究均以此为基础展开。那么，亲属制度研究是否可以实现人类学家由此途径试图完成的认识目标？第二本位表述在什么程度上阻碍了目标的实现？还有，目前世界范围内许多大学入门教材所采用的第二本位表述（图式和文字说明）正在教与学之间传递什么质量的知识？

在部落社会的两合组织二元通婚模式中，对偶婚家庭与氏族和半族并存，后者是更高层级和更加重要的社会组织。在这种情况下，亲属制度与半族组织是彼此对应的嵌合关系，半族组织的群内和群间关系在很大程度上决定着亲属之间的禁婚与通婚关系以及社会关系（彼此应有的责任、义务和礼仪规范）。因此，在这个场合的亲属制度研究中，准确了解每一个类别式亲属名称的族系背景（合并范畴）是不可或缺的认知环节。

但是，人类学一直在使用的第二本位表述（图式和文字说明）拒绝回答这个问题。在上文易洛魁式亲属制度8个称谓列表中，包含两部分内容，一是类别式亲属名称，二是后面括号中对亲属名称（在两合组织二元通婚模式中的）合并范畴的族系和代序标注。这部分内容指明亲属名称与社会组织的对应关系。第二本位表述不体现这部分内容，而且在这个视角中也不提供还原亲属合并范畴的认识条件。因此，这不是一个单纯的和无足轻重的表述缺陷，它直接影响事实陈述的准确程度。

我们需要知道类别式亲属制的完整事实，第二本位表述只能告诉我们一部分事实（类别式群间称谓在核心家庭视角中的“折射”结果），而对另一部分更加重要的事实则不提供相对充分和准确的信息。换言之，这是一个十分蹩脚的表述途径。它能告诉我们的事情太少，不能告诉我们的事情太多。在表述质量不足以准确陈述事实（是什么）的情况下，无法展开任何高质量的基础研究。由于这个原因，在100多年来人类学亲属制度的研究和争论中，自始至终贯穿着区分与合并的纠缠不清，并直接导致这项研究长期停滞在低水平状态。

在大学入门教材中，采用第二本位表述（图式和文字说明）介绍类别式亲属制度（包括易洛魁式、奥马哈式和克劳式）。这样的知识传授如同向学习者讲述一个谜语，由于谜面本身不完整，学习者无从得知谜底的情况。这样的学习内容根本就不是相对成熟的知识。不仅如此，在陈克进先生和哈维兰对默多克六分法的具体介绍中，出现不该合并的合并，导致这两本入门教材传递了错误的知识。

也就是说，这样的表述内容不仅不是相对成熟的知识，同时还存在十分严重的实质性表述错误。论文或专著的错误影响要小一些。教材写错了，后果很严重。无论对于研究者、教育者，还是对于学习者，这都是一个令人无法接受的难堪局面。故有必要彻底解决这个问题。

由于这是技术层面的表述问题，所以解决难度并不很大。本书已在这方面做了一些工作，包括给出澳洲四分体系（类型Ⅰ）亲属称谓系统的逻辑原型，对相关民族志实例（澳洲阿拉巴纳部落）亲属合并范畴的分析，对两个本位在“区分与合并”方面表述歧义的说明，通过第一本位图式对类别式称谓（在两合组织二元通婚模式中）族系背景的复原等。在此基础上，已经有条件编制一套相对严格、准确的表述图式和语言。

在表述问题被解决之后，可以实质性地提高这个研究领域的认知水平。在以往人类学亲属制度研究中，一些长期争论的重要理论问题一直无法解决，随着表述质量的提高，这种局面将会出现转机。例如，采用第一本位表述可以直接体现亲属制度与半族组织是彼此对应的嵌合关系。研究者有条件在此基础上准确认定类别式亲属制度的演化方向，以及从早期类型到蜕变类型的演化历程。

早期类型（两合组织二元通婚模式）的民族志案例普遍存在于澳大利亚和美拉尼西亚的部落社会中，也存在于南北美洲的部落社会中，如温内巴格人、米沃克人、乔克托人、特林吉特人、海达人等（罗维，1987）。这些早期类型的基本特征是亲属制度与半族组织的彼此嵌合。进一步的蜕变方向是从两合组织二元通婚演化为两合组织多元通婚以及没有两合组织的多元通婚，此时两合组织或已消失，或虽然存在但失去早期功能（规范禁婚和通婚范围），禁婚范围缩小到氏族，实行氏族间通婚的“复杂制度”（多元通婚）。这种情况直接导致亲属制度与半族组织的嵌合关系发生脱节。

作为易洛魁式亲属制的早期案例，澳大利亚和美拉尼西亚的部落社会多为两合组织二元通婚。易洛魁联盟诸部落均有半族组织，实行两合组织多元通婚。摩尔根指出，易洛魁人曾经实行过半族间二元通婚，其后外婚范围缩小到氏族（摩尔根，1995）。戈登卫塞也提到过这一蜕变过程（罗维，1987）。这是比较典型的过渡类型。罗维指出，在达科他式（易洛魁式）亲属制中，一些亲属称谓（如舅父与姑父的同称、平表与交表的二分）只适合于两合组织二元通婚（罗维，1987）。罗维上述分析是对泰勒等人关于部落社会群间姑舅表婚研究的复述。

作为奥马哈式亲属制的相关民族志案例，温内巴格人和米沃克人的部落组织都分为两个父系外婚半族，实行半族间通婚，即两合组织二元通婚（罗维，1987）。另外一些采用奥马哈式亲属制的部落（如奥马哈部落、福克斯部落等）则实行没有两合组织的多元通婚。前者（两合组织二元通婚）是早期形态，后者（没有两合组织的多元通婚）是早期形态的蜕变类型。

作为克劳式亲属制的相关民族志案例，乔克托人的部落组织分为两个母系外婚半族，实行两合组织二元通婚（摩尔根，1995）。特林吉特人和海达人也是两合组织二元通婚（罗维，1987）。另外一些采用克劳式亲属制的部落（如切罗基人、克劳人、霍皮人等部落）则实行没有两合组织的多元通婚（摩尔根，1995；罗维，1987）。与奥马哈式亲属制的两类民族志案例相同，两合组织二元通婚是早期形态，没有两合组织的多元通婚是蜕变类型。

有必要提到，虽然罗维认可一些类别式亲属称谓只适合于两合组织二元通婚。但他并不认可从两合组织二元通婚到多元通婚之间的演化方向。他争辩说，不能排除与之相反的演化方向（罗维，1987）。罗维的争辩针对摩尔根、泰勒、涂尔干、里弗斯等学者的如下见解：先有两个彼此通婚的氏族，然后二者各自分化出若干氏族，由此形成两个彼此通婚的半族。

在现有民族志记录中，两个氏族的二元通婚部落十分罕见。故摩尔根等人关于最初只有两个氏族的判断缺少经验依据。罗维正确地指出了这一判断的弱点。但并不能据此否定从两合组织二元通婚到没有两合组织的多元通婚之间的演化方向。既然认可一些类别式亲属称谓只适合于两合组织二元通婚，也就没有道理否定由此得出的直接结论。

可以换一个角度思考问题。现有民族志记录足以证明两合组织二元通婚部落（氏族数量多少不等）在澳大利亚和美拉尼西亚的普遍存在，以及在南北美洲的部分存在。依据前面提到的两类美洲民族志案例（完整形态和残缺形态），我们有条件提出其演化方向的判断：从两合组织二元通婚到没有两合组织的多元通婚。

本书前面已经重点讨论过怎样分辨部落社会的组织、制度形态的演化方向。依据澳洲和美洲原住民文明发展程度的先后关系以及事物发生的难易程度，足以确认这是一个合理的演化方向：从亲属制度与半族组织的嵌合，到二者间发生脱节。如果有人提出相反方向的判断，首先要面对解决文明发展程度的先后关系以及事物发生的难易程度等问题的举证和证明责任。

从欧洲殖民进程开始以来，由于各种直接和间接的原因（如征服、杀戮和传染病等），部落民族的整体遭遇是人口锐减、社会组织和制度迅速瓦解。在这个过程中，一些人类学家在北美洲“田野”中观察到类别式亲属制度的进一步变迁，其基本趋势是外婚制的破坏、亲属范畴与族系划分的进一步脱节以及类别式向世辈型的过渡（瑟维斯，1997）。时至今日，严格意义上的部落组织已灭绝殆尽，类别式亲属制度不复存在。全人类正在进入统一采用说明式亲属制度的时代。

本章结语的标题是“表述质量与认知水平”。这里已完成对此命题的说明。既然第二本位表述严重影响亲属制度研究的认知水平，为什么长期以来许多欧美人类学家一直固守这一狭窄的观察和描述视角？看来不是研究者的智慧问题，而是对弱小的“他者”的轻慢。这是另一个意义上的“以我为中心”。欧美人类学家对此的“反思”早已开始。但“反思”并不直接解决问题。更加积极的选择似乎是回到安乐椅上。人类学家案头堆积了大量未经充分处理的民族志记录，还有一些传统人类学没有解决的传统问题。

第四章

结盟事件Ⅰ：原始分类体系与图腾增殖仪式

第一节　人类学的原始分类研究

澳洲诸部落的社会组织和制度形态大同小异，由一组相对稳定的社会事实构成，原始分类体系与图腾增殖仪式都是其中的主要内容。100 多年前，涂尔干和莫斯撰写长篇论文《原始分类》（涂尔干和莫斯，2000）。在弗雷泽等学者的研究基础上，他们注意到原始分类体系在澳洲、美洲原住民社会的普遍存在。他们还考察了澳洲和美洲部落在社会发展水平上的衔接关系，并指出在更高发展阶段的古代文明（如古代中国、古代印度、古代希腊、古代罗马等）中也存在同类现象。在《宗教生活的基本形式》一书中，涂尔干对这个问题的研究有所深化。

他们的主要论证内容如下（涂尔干和莫斯，2000；涂尔干，1999a）。①澳洲部落处在人类文明早期阶段，因而作为集体表征的澳洲分类体系是人类知识形成中的早期标本。②澳洲原始分类体系并非个人所有，而是全部落的公共知识；它为每个社会成员提供统一思维范式，从而消除成员间思维交流时分类方面的歧义。③对事物的分类、确定类间种属关系是人类思维得以进行的逻辑基础，也是人类知识形成的决定性步骤。④原始分类接近但有别于现代知识中的科学分类，前者是后者产生的基础。⑤依据澳洲分类体系与社会组织对应关系（详见后文），他们提出其核心命题：导致原始分类形成的决定因素来自社会，部落社会组织形式及其隶属关系为原始分类体系提供了类项和种属划分的逻辑原型，完成这一过程的“支配角色”是社会（集体）情感。换言之，从逻辑史角度考察原始分类，他们认为人类个体不具有分类能力，这些分类观念具有逻辑之外的社会起源，其形成动力是集体情感。⑥随着个体反思取代社会情感，理性思考开始推动科学分类（在原始分类基础上）的逐渐形成。

在《宗教生活的基本形式》中，涂尔干将澳洲图腾制确认为具有重要认识价值的人类早期宗教，对其作完整考察，并将《原始分类》的核心命题作进一步扩展：社会在早期宗教的形成中发挥决定性作用。这是涂尔干社会学基本思路的典型体现，所谓社会决定论。作为社会学和社会人类学经典文献，涂尔干《宗教生活的基本形式》的相关论证是迄今为止最重要的宗教起源理论之一。

涂尔干和莫斯的上述研究在学术史上有深远影响（渠敬东，1999；张海洋，2000；储英华和何建平，2007）。这项研究为知识社会学的形成奠定经验素材和理论范式的重要基础，并推动结构主义人类学和象征人类学的形成[①]（涂尔干和莫斯，2000）。许多重要学者在此基础上展开研究，包括列维-斯特劳斯的《野性的思维》。时至今日，与此相关的民族志材料早已为人类学界所熟知。

涂尔干的原始社会研究有两个主要特征：第一，继承早期人类学的进化论取向，这是他在澳洲、美洲乃至古代中国的原始分类体系间进行比较研究的时序依据，也是他将澳洲图腾制作为早期宗教的论证前提。第二，他十分注重展开研究的经验依据，如他对世界范围内许多原始分类案例的准确归纳，又如他在《宗教生活的基本形式》中对澳洲部落社会事实进行举证翔实的整体性研究。在他广泛征引的大量民族志材料中，在他对这些材料的深入分析中，我们可以充分了解澳洲部落组织和制度形态的高度复杂性。

在本书第二章提到涂尔干的一个重要理论预设："任何社会制度，尤其是原始的制度，都不可能起源于深思熟虑的人为造作。把社会制度解释成这种从预先已经意识到的目的出发建立的约定俗成的安排，完全和我们所知道的情况背道而驰。"（涂尔干，2003）他认为原始社会制度的形成是非理性过程。此判断依据极不充分，其结果是将一个开放的双向研究（社会←→个体，理性←→非理性）导入一个封闭的单向论证。他选择"社会"作为"解释"原始社会制度产生原因的核心概念。

涂尔干的社会决定论表述有一个递进过程。例如，在《原始分类》中，"社会"还主要是一个客体性概念，它通过集体情感发挥作用；在《宗教生活的基本形式》中，它逐渐成为一个能动的主体性概念。"社会"是由社会事实构成的"作用力的体系"。"社会"存在于个体之中，又超越个体的存在，是凌驾于个体之上并强制性控制个体思考和行动的"超个体实在"。在涂尔干的典型论证中，"社会"可以思考，可以采取有目的的行动，它直接参与许多社会事实的创造。换言之，"社会"参与了自身的创造。涂尔干在该书论证了一

① 参阅尼达姆（Rodney Needham）的《原始分类》英译本导言。

个“社会在创造或再创造自身的过程”（涂尔干，1999a）。于是理论思辨终于压垮了事实。

涂尔干的原始社会研究是一个矛盾体：一方面他十分注重经验依据，另一方面他的方法和理论弱点导致其论证背离事实。他是一位真诚和富于才华的探索者。问题在于那个依据极不充分的理论预设（社会制度的形成是非理性过程）。他被自己的预设困在一个认识死角。他雕琢了一个失真的“社会”，断然排除人类个体在社会事实形成中的思考和能动作用，将思考能力赋予没有思考器官的“社会”，将“社会”能力扩大到可以创造自身的程度。这样的因果分析本末倒置。

本书第二章充分证实：澳洲婚姻类别制度的设计和推行是难度极高的理性过程。这项研究足以推翻涂尔干的预设。社会学和社会人类学的研究对象是人类社会，涂尔干界定的社会事实指人类社会的事实。在人类物种出现后，其群体性质发生过一次实质性转变：从动物性群体到人类社会。人类社会的社会事实出现于这一进程开始之后。因此，原始社会阶段任何社会事实（包括本章将要正面讨论的原始分类体系和图腾增殖仪式）都有一个形成过程（从无到有），此后又会发生各种类型的变迁。

这些社会事实与人类社会同步形成。人类社会在形成前没有行动能力，在形成后没有思考能力。因此，我们有必要重新开启被涂尔干理论预设所否定的另一个认识方向：考察人类智慧在原始文明进程中的运作机制。在一个历时性维度中考察各种社会事实的形成和变迁。社会事实的变迁可以潜移默化，其从无到有则必经一个具体发生的客观事件。例如，外婚制（四分体系和八分体系）是澳洲部落最重要的社会事实之一，也是人类在小型社会阶段实现社会整合不可缺少的基础性制度。其从无到有必经如下步骤：①一整套高度复杂的通婚规则的设计完成；②此套规则在部落社会现实生活中的具体推行，包括给每一个部落成员首次确定类别身份，让人们从此按同一个原则划分类别、选择配偶；③由于此套规则“易坏而难成”，故须在推行同时确立一套保护制度的制度。具体说，外婚制的从无到有发生于两个独立族群结为联盟的结盟事件之中。

上述第一步骤是结盟方案的制订，第二步骤是联盟的创建（结盟方案的实施），第二步骤和第三步骤同时发生，其不同之处在于二者推行两种制度：前者是实现结盟的制度，如在两个独立群体间确立通婚规则是实现二者联合最有效的途径之一；后者是维系制度的制度，如乱伦禁忌以及对通婚规则破坏者的惩罚制度可以有效保证通婚规则的稳定延续。通婚规则的设计者就是结盟过程的推动者，是结盟事件的核心角色。有必要指出，并非每个结盟推动者都是类别规则（四分体系和八分体系）的原创者。

本书第二章提到，澳洲主要有两种通婚制度：类型Ⅰ（阿拉巴纳类型）对应于四分体系，类型Ⅱ（狄耶里类型）对应于八分体系。在澳洲部落中，存在一些未采用四类别规则的类型Ⅰ和未采用八类别规则的类型Ⅱ。也就是说，在没有类别规则（四分体系和八分体系）的情况下，这两种制度已经可以依据亲属制度通婚与禁婚的规范而有效实施。

本书第二章还提到，澳洲有三套四分体系类别名称，一套八分体系类别名称。由此判断，在澳洲原住民历史中，四类别规则的原创大约有三次左右，八类别规则的原创只有一次。这表明外婚制有一个从雏形到相对完善的过程。虽然澳洲 500 多个部落的结盟都采用了外婚制，但绝大多数不是原创，而是对已有制度的采用。因此，上述第一步骤（结盟方案的制订）可分为三种情况：一是制度原创，二是对已有制度的改良，三是对已有制度的采用。

有必要作一补充说明。动物性群体指人类学概念中的原始群。此阶段人类以狩猎采集获取食物。食物资源决定原始群规模，其人数在三四十人左右。其内部结构没有直接证据，大约是一种内婚和相对稳定的小群体。[①] 动物性群体是单一群体，是由个体构成的群体。最初的人类社会是复合群体，是由群体构成的群体。澳洲部落仍处在狩猎采集阶段，其地方群体规模并未发生改变（三四十人左右）。在一年中的大部分时间里，人们以地方群体为单位在各自领土内过着狩猎采集生活。这一点与原始群阶段的人类生活并无二致。但作为复合群体，一个澳洲部落一般包含几个乃至几十个地方群体（一般不超过 30 个，也存在包含 100 多个地方群体的大部落）。

在人类早期小型社会阶段，社会整合起点是原始群。原始群的首次结盟形成最初的部落，即人类学概念中的两合氏族。在此基础上的进一步结盟，我们称为继发结盟。澳洲部落已处在小型社会阶段晚期，至少经历过两次到三次结盟。这里既存在雏形期的外婚制，也出现高度精致化的类别规则（四分体系和八分体系）。这表明澳洲部落处在一个动态社会进程中，正形成一整套渐趋成熟的结盟方案。

在澳洲，原始分类体系和图腾增殖仪式的存在与外婚制同样普遍。它们几乎总是同时存在于同一部落，这是引人关注的伴生关系。只要稍加留意即可发现，这两种平行存在的社会事实间存在明显的内在关联。为搞清澳洲原始分类体系和图腾增殖仪式的性质，包括它们与外婚制乃至结盟事件的关系，有必要从“是什么”的起点展开认识。

---

① 原始群是史前史和人类学研究中的重要课题。我国学者蔡俊生先生在这方面的研究比较深入（蔡俊生，1988）。

第二节 澳洲原始分类体系的构成

涂尔干在《宗教生活的基本形式》中以一章的篇幅（涂尔干，1999a）简要复述《原始分类》的内容。此章标题是“图腾的宇宙论体系与类的观念”。原始分类体系也被涂尔干称为宇宙论体系。关于社会组织与原始分类的关系，涂尔干、莫斯与弗雷泽的见解相反。下面是《原始分类》的相关内容：“弗雷泽说，人们之所以划分为氏族，依据的是先已存在的事物分类；然而，恰恰相反，人们之所以将事物这样分类，正是因为他们是依据氏族进行划分的。”[①]（涂尔干和莫斯，2000）

前面提到，澳洲许多部落都有其宇宙论体系。人们将天地之间所有事物囊括在一个无所不包的分类体系中。下面是《原始分类》中一些具体案例。本章将在这些事实基础上展开研究，归纳其特征，考察其性质，同时，还可以在涂尔干、莫斯与弗雷泽的相反见解间作出分析、评判。搞清此问题的关键在于：在分类体系与社会组织之间具体存在什么性质的对应关系。在下面的引文中，以下画线标出表述二者关系的词语。

例证 1 在塔塔蒂人那里，“宇宙中的所有事物都被划分到了部落的不同成员之中”。……“有些部落成员说树木属于他们，有些则说平原属于他们，另一些人则拥有天空、星辰、风、雨等。”（涂尔干和莫斯，2000）

例证 2 贝林格河流域的每一个部落都分为两个胞族……全部自然都被划分到两个胞族的名下，并且有了男女之别。日月星辰被说成是男人或女人，而且它们也像这些黑人一样，分别属于各个胞族（涂尔干和莫斯，2000）。

---

① 此处为涂尔干和莫斯的见解。

例证 3 昆士兰麦凯港附近一个部落分为两个胞族，一个叫作 Yungaroo，另一个叫作 wootaroo。……科尔（Edward M. Curr）指出："所有事物，不管是生物还是非生物，都被这些部落划归到两个胞族，名之以'Yungaroo'或'wootaroo'。"……布里奇曼指出："他们把每种事物都划入一个胞族。他们会告诉你，鳄鱼是 Yungaroo 而袋鼠是 wootaroo，太阳是 Yungaroo 而月亮是 wootaroo；星座、树木以及植物也都一样。"而菲松则提到："自然中的每样事物，都被他们在两个胞族中加以划分。风属于其中一个，雨则属于另一个。……如果你指出一颗星，他们就会告诉你它是属于哪一个分支（胞族）的。"（涂尔干和莫斯，2000）

首先，这种分类体系的包容范围是"宇宙中的所有事物"，是"全部自然"，是"自然中的每样事物"（下面几个例证都是这种情况）。其次，这些"事物"（包括生物和非生物）都已经过分类，如袋鼠不是指某一只孤立的动物，而是指一类动物。最后，这种分类体系与澳洲部落的社会组织存在明显的对应关系。下面两个案例更加具体翔实一些。

例证 4 昆士兰中北部的瓦克尔布拉人……分为两个胞族，即 Mallera 和 Wutaru；而每个胞族又进一步分为两个姻族（婚姻类别）。Mallera 胞族的两个姻族分别名为 Kurgila 和 Banbey；Wutaru 胞族的两个姻族分别名为 Wongu和 Obù。这些胞族和姻族就"把整个宇宙划分成了不同的群体"。霍维特（A. W. Howitt）写道："……所有事物都要么属于这个胞族，要么属于那个胞族。"同样，科尔也指出，Kurgila 和 Banbey 这两个姻族所吃的食物称为 Mallera，而 Wongu 和 Obù 这两个姻族所吃的食物则称为 Wutaru。但除此之外，我们还发现了依据姻族的分配。"特定的姻族只允许吃特定种类的食物。例如，Banbey 姻族只能食用负鼠、袋鼠、狗、小蜜蜂的蜂蜜等。指定给 Wongu 姻族的有鸸鹋、袋狸、黑鸭、黑蛇、棕蛇等。Obù 姻族可以享用花斑蟒蛇、蜇人蜂的蜂蜜等。而 Kurgila 姻族则以豪猪、平原火鸡之类的东西为生；并且，似乎水、雨、火、雷也属于他们……而还有数不胜数的各种食物、鱼、肉、禽等，缪尔黑德先生尚未将其列入分配的清单之中。……这种分类的重要性，在于它已经拓展到了一切生活事实当中。在所有主要的仪式上，都可以见到它的印记。例如，属于 Mallera 胞族的巫师在施展其法术时只能使用同样属于 Mallera 胞族的事物。在葬礼上，陈放尸体的支架（如果是 Mallera 人所用的支架的话）必须用属于 Mallera 胞族的某种树的木头制成。用来覆盖尸体的树枝也一样，如果死者是 Banbey 姻族的人，那么一定要用一种阔叶黄杨的树枝，因为这种树属于 Banbey 姻族。而且举行这一仪式的人也得是该胞族的成员。"（涂尔干和莫斯，2000）

例证 5 甘比尔山部落……分为两个胞族，一个叫作 Kumite，另一个叫作 Kroki——这两个名字在整个南澳洲都很通行，而且意义也都相同；每个胞族本身又分为 5 个母系的图腾氏族。事物就是在这些氏族中进行划分的。任何氏族都不能吃划归该氏族的所有可以食用的东西。“一个人不能把与他同属一个次级分支的动物杀掉，也不能以之为食”。但是，除了这些禁食的动物甚至还有禁食的植物以外，每个胞族还都分有各种各样的不计其数的事物。“……在每个次胞族（图腾氏族）的名目下都分列有一些事物，他们将这些事物称之为……肉，或……朋友。自然中的所有事物都属于这 10 个次胞族（氏族）中的一个。”虽然科尔只是举出了几个例子，但由此可以看出，某些事物就是以这种方式进行分类的。在 Kumite 胞族诸图腾中，第一个图腾是……鱼鹰；属于这一图腾的……有烟、忍冬、树木等。第二个图腾是……鹈鹕；属于该图腾的有一种木质呈黑色的树、狗、火、冰等。第三个图腾是……乌鸦，归入其下的有雨、雷、闪电、雹、云等。第四个图腾是……黑色凤头鹦鹉；与之相关的是月亮、星星等。最后一个图腾是……无毒蛇；属于它的有鱼、纤维内皮桉树、鲑鱼、海豹等。对于 Kroki 胞族的那些图腾，我们了解得较少。我们仅仅知道其中 3 个氏族的情况。与“Werio”（茶树灌木）图腾联系起来的有鸭子、沙袋鼠、母鸡、淡水螯虾等；与“Murna”（一种可食的树根）图腾归到一处的是小飞虫、dolvich（一种小袋鼠）、鹌鹑等；划入“Karaal”（白色无冠鹦鹉）图腾的有袋鼠、一种类似栎树的植物、夏天、太阳、秋天（阴性）和风（阴性）（涂尔干和莫斯，2000）。

由上述例证可以了解到，分类体系与社会组织的对应是普遍现象。其对应关系基本一致，即在二者间存在归属关系。但具体对应方式则存在一些不同（详见后文）。

例证 6 该部落（位于新南威尔士的沃乔巴卢克部落）分为 Krokitch 和 Gamutch 两个胞族，霍维特说，实际上似乎所有自然事物都是在这两个胞族之间进行划分的。正如土著人所言，“它们属于它们（胞族）”。不仅如此，每个胞族又分为几个氏族。通过举例的方式，霍维特提到了 Gamutch 胞族中的热风氏族、白色无冠鹦鹉氏族和属于太阳之物的氏族；以及 Krokitch 胞族中的聋蛇氏族、黑色凤头鹦鹉氏族和鹈鹕氏族。不过，这还仅仅是些例子，他说：“我仅以每个胞族中的 3 个图腾为例，但实际上还有很多；Krokitch 胞族有 8 个图腾，Gamutch 胞族至少有 4 个。”而在每个胞族中，事物的分类则是在组成该胞族的所有氏族中进行的……于是，每个图腾（氏族图腾）都占有一些自然事物，这些事物并不全都是动物，还包括星辰、火、风等。对于这样划分到各个图腾的事物，霍维特称之为“次图腾”（sub-totem）或“伪图腾”（pseudo-totem）。例如，白色凤头鹦鹉图腾包括 15 个次图腾，而热风图腾包括 5 个次图腾。最后，分类甚至达到了这样的复杂程度：有时候还能发现有第三级的图腾从属于第二级的图腾（涂尔干和莫斯，2000）。

例证 7 在马布亚哥岛，我们发现了一个有很多氏族组织的部落也分作两个胞族，小 augŭd（图腾）胞族和大 augŭd 胞族。它们一个是陆胞族，一个是海胞族；一个在下风向宿营，一个在上风向宿营；一个朝向东南，一个朝向西北。海胞族的图腾是儒艮和一种哈登称之为犁头鳐的动物；而陆胞族的图腾是鳄鱼、蛇和鹤鸵，其中除了鳄鱼是两栖动物以外，全都是陆生动物。……哈登还明确提到了“次级的或者明确地说是附属的图腾”，锤头鲨、鲨鱼、龟和黄貂鱼等诸如此类的东西属于海胞族，而狗则属于陆胞族。另外，还有两种次图腾也属于陆胞族，它们都是由玳瑁壳制成的月牙形的装饰品（涂尔干和莫斯，2000）。

下面是罗维在《初民社会》中提到的一个澳洲案例。

例证 8 西部澳洲的卡利厄刺族（部落）分为两个半部族（胞族），再分为 20 多个父系氏族，氏族无特殊名字，但每个氏族各有一块不能割让的土地。另外，每个氏族与数个动物、植物及自然现象相联系。例如，有一个氏族是和虹、白鹦鹉、三月蝇、两种鱼类、一种海螺有关系的。这些物件在那些氏族的领土里各有一块圣地，氏族中的人来这里举行仪式以求此物件之繁殖。这些物件之中大多数是可以吃的。他们对于本氏族人杀氏族动物或吃氏族动植物无丝毫限制，这也是可以注意的（罗维，1987）。

例证 9 另一个（澳洲）土著集团（部落）把某些自然物种划分为火类与水类。负鼠、蜂和沙蜥蜴据说“属火”，钻石蛇、灌丛火鸡、蜥蜴、豪猪则“属水”。据说很久以前这个集团（半族）的祖先有火，而住在灌木丛中的人（另一半族）有水。他们合在一起就同时享有水和火（列维-斯特劳斯，1987）。

由上面的引文可以了解到，西方学者对澳洲部落的民族志记录的质量（完整和准确）不是很好。下一节将从三个方面对上述案例展开分析：①在澳洲部落原始分类体系中，所谓“宇宙中的所有事物”具体包含哪些成分；②主图腾（principal-totem）和次图腾的性质异同；③在分类体系与社会组织之间具体存在什么性质的对应关系，二者的出现哪个在先，是否存在一方是另一方产生的决定性因素的情况。

第三节　澳洲原始分类体系的性质

第一个问题："宇宙中的所有事物"具体包含哪些成分。澳洲部落原始分类体系以天、地、时为载体，其主要内容是物。天包括抽象的天空，作为天象的日月星辰，作为气象的风、云、闪电、雷、雨、雪、雹等。地包括抽象的大地或陆地海洋以及作为地形地貌的平原山川等；还有一个非常重要的内容——领土，两个胞族及其下属每一氏族"各有一块不能割让的土地"。时包括夏天秋天等一年之间寒暑周期类内容。此外，还有与天地相关的方位（如上文"朝向东南"和"朝向西北"）。物包括天地之间各种生物（动植物）、非生物（水冰火等）。

第二个问题：主图腾和次图腾的性质异同。涂尔干、莫斯指出："如果我们能知道澳洲人自己是怎么来看待这种分类的，他们对经过这样分类的各组事物之间的关系有着什么样的观念，那将是很有意义的事情。这样我们会进一步认识到原始人的逻辑观念到底是怎么一回事，以及这些逻辑观念究竟是怎样形成的。"（涂尔干和莫斯，2000）下面是他们依据一些民族志材料对这个问题的讨论。

> 在单纯按照胞族进行分类，而没有进一步进行次级划分的情况下，每个人都把自己看作是划归到他所属的那个胞族的事物的亲戚……它们全都是他的骨肉、他的朋友；然而，对于另一胞族的事物，他却有着另外一种完全不同的感受。而在这种基本的划分又被加上了姻族或氏族以后，这种亲属关系也便发生了分化。例如，甘比尔山部落的Kumite胞族的人，觉得Kumite的所有东西都是他的，其中属

于他的图腾的那些东西更亲近些，它们与他的亲属关系也更密切。霍维特说："胞族名字是一般性的，而图腾名字在一定意义上则是个体的，因为与个体所属的胞族共同体的名字相比，图腾名字当然要与他更近一些。"于是……围绕着他，那些事物渐渐形成了差别。所以就食品而言，只有离他最近的那些才是被禁止食用的。在其他情况下，这种关系被认为是所有者与所有物之间的关系。据霍维特说，图腾与次图腾之间的区别如下："两者都称为'mir'，不过，我考察过一个 Krokitch 人，他的名字'Ngaui'取自太阳（确切意义上的图腾），他拥有 Bunjil（一个次图腾），即某颗恒星……真图腾拥有他，而他则拥有伪图腾。"与之类似，一个 Wartwut（热风）氏族的成员"特别强调"5 个次图腾中有一个图腾，即 Moiwuk（花斑蟒蛇）"是'属于'他的"。准确地说，次图腾并不为这个个体本身所据有，而与附属于主图腾的个体一样都属于主图腾。就此而论，个体只是一个中介。只是因为他体内含有这一图腾（该氏族的所有成员均系如此），所以他对于划归该图腾的事物才有了一种所有权。

上文提到，由于分类体系与社会组织间存在不同的对应方式（对应于两胞族、婚姻类别或氏族等），部落个体成员因此对被分配物具有不同的"所有权"以及远近亲疏的不同"感觉"，或"亲属关系"。类别式亲属称谓制度普遍存在于澳洲部落（详见本书第三章），因此上文"亲属关系"只是一个比喻性用语。

关于主图腾和次图腾的性质和二者间关系。澳洲部落的群体图腾主要分布在氏族层级。简单地说，作为群体姓氏和徽号的图腾就是该群体的主图腾，如袋鼠氏族的主图腾就是袋鼠。主图腾是氏族宗教的核心，有一套所谓图腾崇拜的宗教观念和图腾仪式。从这个角度看，主图腾和次图腾之间主次分明，不难区分。

上文提到图腾氏族成员和次图腾"都属于主图腾"。这是一个有必要澄清的重要问题。主图腾可以进一步区分为图腾祖先和图腾物。准确地说，"都属于主图腾"一语中的主图腾具体指图腾祖先（涂尔干，1999a）。实际上，在澳洲部落较普遍存在的图腾观念中，人们认为图腾氏族的族人是其主图腾（某种动植物或非生物）的"主人"（详见后文）。失之毫厘，谬以千里。

从另一个角度来看，族人对待次图腾的态度又不同程度地接近主图腾。澳洲部落主要有两种图腾仪式：一是促使图腾动植物（也包括一些非生物）增殖的仪式（Intichiuma），二是表演图腾神话内容的纪念仪式。人们对主图腾照例都要举行定期的增殖仪式，有时对次图腾也要举行增殖仪式。在这种情况下，二者性质有重合和相似之处。涂尔干依据民族志中一些迹象指出，当一个氏族分裂派生新氏族时，可能会在原有氏族的次图腾中拿来一个作为新氏族主图腾（涂尔干，1999a）。因此，主图腾和次图腾间既有不同处，也有相同处，并存在次图腾转化为主图腾的情况。

第三个问题：分类体系与社会组织间存在什么性质的对应关系。在上面的引文中，凡表述二者关系的词语都用下划线加以突出。这些词语至少大部分是对作为田野调查对象的原住民语言的转述。这些内容表明，在澳洲部落社会组织与该部落分类体系间，并非一般意义上的逻辑对应，而是前者对后者的“占有”、“拥有”，是“所有者与所有物之间的关系”。分类体系的性质在很大程度上是部落财富的“分配清单”。分类目的是为在部落社会组织间进行“分配”，也就是“所有权”关系的“划分”。分配的结果是后者“属于”前者，是前者对后者的“占有”。

只有在一种情况下才能出现上述结果。在两个独立族群结为联盟时，两块领土合为一块，领土以及领土上的所有资源需要在联盟内的盟员之间重新分配。资源分为两种：一种是“实际资源”，包括具体的领土划分以及各种可以被人们直接利用（用为工具、食物等）的生物和非生物；另一种是“抽象资源”，包括日月星辰、寒暑四时、风云雷雨、平原山川等。这两种资源构成澳洲部落原始分类体系的基本内容。

这里有一个十分重要的证据，可直接证明上述分配过程（结盟事件）的存在。作为事实，澳洲部落各自的原始分类体系囊括“宇宙中的所有事物”，其“事物”数量相当庞大（如例证 5 中“各种各样的不计其数的事物”），一般要有上百甚至数百个具体类项。但所有这些“事物”在社会组织之间的归属泾渭分明。换言之，不存在两个社会组织单元双重占有同一“事物”的现象。

涂尔干撰写《宗教生活的基本形式》时已注意到此现象的存在：“实际上，我们已经看到，一种图腾一般不会在同一部落中出现两次。整个宇宙是在图腾之间进行划分的，这种构成方式使同一对象不会见于两个氏族。而如果没有全部落共同参与的协议、默契①或规划，就不可能作出这样有条理的划分。”（涂尔干，1999a）该书是涂尔干最后一部著作，站在这项研究的前沿，他虽未继续向前跨越，但却明确指出导致这种结果的原因——“全部落共同参与的协议和规划”。

这一论证思路清晰，逻辑严密，体现涂尔干此项研究的最高水平。那么，

① 单纯的“默契”无法实现“有条理的划分”，故此二字可删。

人们为什么一定要实现这种"有条理的划分"？原因只有一个：这是一次十分敏感的产权分配结果。人们在"全部落共同参与的协议和规划"中，会尽最大努力避免因双重占有而导致的产权争议。涂尔干上述论证实际上是给自己提出一个悖论：如果"全部落共同参与的协议和规划"是理性过程，其基本结论（原始分类是以集体情感为动力的非理性过程）将被推翻。

下述论证同样重要："正是因为人们组织起来了，他们才能去组织事物……如果这些不同类别的事物不仅仅逐个排列着，而且还依据一个统一的计划进行了安排，那是因为他们借以融合的社会群体是统一的，并且通过他们的联合，形成了一个有机的整体——部落。"（涂尔干，1999a）这段话包含同一个悖论："依据一个统一的计划进行安排"是目的明确的理性过程（对照前面提到涂尔干的理论预设）。这种自相矛盾体现了涂尔干著述中理论与事实之间的张力。

至此，有条件对涂尔干（和莫斯）与弗雷泽的见解作出评判。他们的结论虽相反，但其判断却依据同一前提：他们都注意到澳洲部落的社会组织与原始分类体系间存在对应关系，都认为这是单纯逻辑对应。在此基础上，弗雷泽认为原始分类的出现先于社会组织（氏族或胞族），人们对社会组织的设置以原始分类为模型。涂尔干则认为社会组织的出现先于原始分类，后者类的划分以前者为模型。他们都没有注意到，一方是所有者，一方是所有物。对应双方是所有权关系，而非单纯的逻辑对应。由于他们的判断前提（单纯逻辑对应）不能成立，其结论因此失去依据。

第四节　结盟过程中的资源分配

由上文所引民族志例证可知，一方面原始分类体系普遍存在于澳洲部落；

另一方面这些分类体系间存在多样化的各种差异。没有完全相同的两个例证。下面是分类体系与社会组织对应的不同：①将“宇宙中的所有事物”在两半族（胞族）间进行对半和对等的分配（例证 2、3、7）；②在半族分配基础上再（将各种“事物”）分配到每个氏族（例证 5、6、8）；③在半族分配基础上再分配到每个姻族[①]（例证 4）。

还有一些差异值得注意：

（1）虽然每个部落的分配对象都是“宇宙中的所有事物”，但其具体的类项数量和划分方式则存在不同。例如，“风”在澳洲分类体系中比较多见，但“热风”（例证 6）这一层划分则不多。

（2）在大部分情况下主图腾和次图腾之间主次分明，但也有少量没有主图腾或主次不分明的情况，如例证 8（假定其民族志记录质量不存在问题）。

（3）在澳洲部落宗教观念中，一般都有针对分类体系中动植物的杀食和使用方面的禁忌，如例证 5 中“肉”和“朋友”的划分，又如例证 4“这种分类的重要性，在于它已经拓展到了一切生活事实当中”，从日常生活中的食物限制，到“所有主要的仪式上”的各种用具。但也有例外，如例证 8“他们对于本氏族人的杀氏族动物或吃氏族动植物无丝毫限制”。

（4）澳洲分类体系中已出现方位划分（例证 7），但不是每部落必有。

（5）澳洲分类体系在基本分类之上存在更高层级的种属划分。例如，例证 7 提到，在两半族（胞族）间，一个分得陆地以及陆地动物（陆胞族），另一个分得海洋以及海中动物（海胞族）。又如例证 9 中水和火的划分。这种二元结构比较多见。

（6）澳洲主图腾多为动物，但存在少量植物类主图腾（例证 5）和非生物类主图腾（例证 6）。

本章开篇提到，澳洲部落的社会组织和制度形态大同小异，由一组相对稳定的社会事实构成，原始分类体系与图腾增殖仪式都是其中的主要内容。同类社会事实个案间的差异（如上文提到的各种差异）是研究者不可回避的重要现象。澳洲图腾增殖仪式和原始分类体系是同一组社会事实的两个侧面，其间存在不可割裂的内在关联。这里存在两个问题：一是同类社会事实个案间的差异，二是同一组社会事实间的内在关联。

有一个现象区分方面的困难，即前面提到澳洲民族志记录质量问题。这关系到哪些差异是事实，哪些则是记录失真结果。虽然殖民者进入澳洲时（1788 年）这里至少有 500 多个部落，但并未留下一个原始分类个案的完整

① 姻族具体指四分体系中的四个婚姻类别。

记录。涂尔干等较早期学者已注意到，一些民族志存在记录准确程度也就是可靠性问题。在现有资料基础上，我们只能通过个案间的比较研究去归纳事实，并对上述差异的可靠性作出初步判断：大部分记录相对可靠，但细致程度不同，漏记和误记事实的情况在所难免。对此类问题的具体判断必须十分谨慎。

对于试图“解释”澳洲图腾制起源的学者，原始分类体系个案间的差异是十分棘手的问题。由于存在许多相反现象（如氏族图腾的有无，杀食禁忌的有无等），如果研究者合理“解释”一种现象的起源，就无法面对其批评者依据相反现象的反驳。这是以偏概全者的捉襟见肘。此外，这项研究有必要高度重视一组并存社会事实之间的内在关联。否则必出现另一意义上的以偏概全。

以上两种以偏概全是以往几十种有关图腾起源理论（包括涂尔干的社会决定论）的常见问题。也可以反过来说，如果从这两个方面进行甄别，以往各种相关理论的合理性就会出现严重问题。例如，没有一种理论可以同时“解释”上述多种差异并存现象。在《图腾制度》一书中，列维-斯特劳斯对以往图腾制研究合理性提出全面质疑，其主要理由就是指出各种“不可再化约”的“异质”现象的存在（列维-斯特劳斯，2002）。虽然该书在这方面有明显的夸大成分，但我们毕竟可从中充分了解此项研究的重重困境。

从结盟角度展开认识，可提供一个解决问题的契机。有必要在具体结盟过程中考察澳洲部落原始分类体系的形成和构成情况，包括其间存在的各种差异。此外，还应有一部分差异出现于结盟完成后部落文化和制度的变迁过程中。前面提到，澳洲部落实际上都经过至少两次到三次结盟。为便于说明问题，我们先来讨论一次继发结盟的具体情况。

结盟发生于两个毗邻的独立部落之间。二者内部结构相同：两个半族和若干氏族。每次结盟都要有一个具体推动者，他来自两个独立群体之一。结盟起点始于其推动者的动机形成。首先，他要搞清楚本部落和周边部落彼此雷同的一整套社会组织以及制度形态的性质和由来。其次，他要在此基础上构建一套将具体推行的结盟方案。最后，他要完成一个说服动员工作，其结果是本群体和对方群体绝大多数成员最终接受其结盟动议。

我们已知结盟方案中包含两项基本内容，即通婚规则的实施和生存资源的分配。前者是结束以往两个独立部落的半族间通婚状态，将其转化为新部落的两个半族，在二者间确立永久性平代通婚规则[①]。后者是在新联盟的加

① 还有另外一种可能的合并方式：将甲部落的A半族与乙部落的A半族合并为新部落的A半族，将甲部落的B半族与乙部落的B半族合并为新部落的B半族。

盟群体间重新分配包括领土在内的生存资源。由于是两个独立群体的结盟，故其基本盟员是两个半族，它们是此次财产分配最重要的利益主体。还有两种在此基础上的次级分配：姻族（婚姻类别）层级的分配是将所有权进一步划分给半族内的两代人（A、B代别），氏族层级的分配是进一步划分给半族内各氏族。

最实际的分配是领土划分，然后是各种实际资源（可以作为食物和用具的动植物和非生物）和抽象资源（日月星辰风云雷雨等）的划分。主要分配过程在加盟群体共同参与的会议上完成，即涂尔干所说“全部落共同参与的协议和规划”。结盟过程的推动者就是分配议程的主持者，参与者是加盟群体的所有成员或其代表。加盟群体数量在半族层面是两个，在氏族层面是几个乃至十几个。这些氏族在结盟前（至少在大部分情况下）都有各自的主图腾，一些氏族成员有可能会坚持沿用其主图腾。倘若如此，则一部分氏族的主图腾便不在此轮分配清单中。此非必然之事。

有必要充分考虑到结盟进程中可能发生的随机性变通。对于加盟群体所有成员或其代表来说，此次分配结果关系到他们排他性占有生存资源的质和量，进而关系到他们永久性利益的得与失。这是一个利害攸关、十分敏感的过程。他们会寸土必争、斤斤计较。对于结盟推动者来说，他所面对的最大困境是因加盟群体间无休止的利益争执导致结盟进程流产。二者立场并非相反，但完全不同。这是结盟过程推动者与被推动者之间一场智慧的博弈，也是各种随机性变通的发生场合。

为在尽可能短的时间内解决问题，结盟推动者倾向于采用尽量简单的方案。例如，若领土分配没有争议而且加盟群体成员更乐于听从其安排，他会指定尽量少的动植物进行分配。每个氏族只分得一种动植物，是他希望得到的简单结果。如果在此环节发生争议，他会再指定一些动植物或非生物作为平衡争端的筹码。例证8就是这样一个相对简单的分配结果。若能实现只在半族层面进行分配，也是他希望得到的简单结果。

分配过程随时可能发生争议，争端的激化直接意味着结盟进程陷入僵局。为解决问题，结盟推动者会提出多种变通方案。例如，若在领土分配环节发生争端，他会借助实际资源的类项分配作为平衡争端的利益筹码；若问题仍然未解决，他会借助抽象资源的类项分配作为新的平衡筹码。因此，分配过程一度陷入僵局的情况越是严重，就会导致宇宙论体系中出现更多和更细的类项分配。

还有一种很容易发生的情况：如果拟议中资源类项的数量已相当庞大，斤斤计较地逐项分配十分繁琐，这会直接导致分配过程的旷日持久甚至无法完成。针对这种情况，他会提出一些更高层级的二元分类框架，将全部资源类项一分为二装进这种二元框架，然后直接分给两个半族。这种一揽子解决方案可以最大限度地简化程序。在澳洲部落的宇宙论体系中，这种二元结构的案例并不少见。如例证 7 将陆地动物分给陆胞族，将海洋动物分给海胞族。又如例证 9“把某些自然物种划分为火类与水类”。从这个意义上说，在涂尔干社会结构决定原始分类的学说中，还是存在一些合理成分的。

在澳洲民族志中，我们既可看到相对简单的分类体系，也可看到类项数量比较多乃至非常多的宇宙论体系。在一些较极端的案例中，会出现第三级的图腾划分（例证 6），甚至天上每一颗星都有明确的归属。这从一个侧面表明，这些部落结盟事件中的分配过程十分艰难。这是人类早期文明史中最具戏剧性的场面之一：均分天下。一方面是加盟群体之间斤斤计较的利益争执，另一方面是分配议程主持者千方百计地寻求平衡、化解争端。

每一个澳洲部落的宇宙论体系都是一次分配过程的结果。由于在同一个分配过程中会出现各种各样的方案变通，在澳洲部落宇宙论体系个案之间存在着大同小异的变通结果（不排除一些差异是制度变迁的结果）。这些宇宙论体系的繁简程度不同，其性质则完全相同：这是人类第一份产权分配的契约，其中规定了加盟群体间均分天下的所有权关系。这些宇宙论体系都是有限空间：其“地”的范围是每个部落的实际领土，其“天”的范围是各部落视野所及的宇宙空间。

在澳洲部落起源神话中，这是一个文化英雄开天辟地创始万物的时期。

第五节　资源分配后的合作制度

在结盟发生前，两个独立部落各有一个专属于自己的“世界”（宇宙论体系）。在结盟进程中，两个“世界”合而为一。通过加盟群体的产权分配，一个新的宇宙论体系由此诞生（1+1=1）。这是一个通过分配途径实现社会整合的结盟方案：分的结果是合在一起。加盟者之间的关系因此发生实质性改变：他们彼此认可对方在同一个世界中的存在，包括对方在同一份契约中的财产（领土和各种资源）所有权。他们尊重对方的所有权就是对我方所有权的维护——这是对同一份契约立法效力的维护。

由澳洲部落民族志记录可知，主图腾或次图腾的所有者（半族或氏族）对其所有物的主要控制权之一，是拥有促使其增殖的巫术能力，所有者群体必须每年定期举行专门的增殖仪式，以保证其所有物的增殖。如果所有者不举行这种仪式，其所有物便会因此灭绝。这是澳洲部落普遍存在的重要观念（详见后文）。当然，更加重要的所有权体现在所有者对所有物具有高度排他性的独占、独享。在这种情况下，由加盟者共同订立的产权契约一旦生效，立刻出现任何一方都无法回避的严重问题。

为便于说明，我们先来讨论比较简单的例证 8。这里没有主次图腾的区分，人们与氏族动植物间是一种比较单纯的占有关系。该部落“分为 20 多个父系氏族”。从食物资源角度来说，作为该部落资源分配客体的几十种或上百种动植物囊括人们日常食谱基本内容。在资源分配完成后，每个半族乃至氏族成员都会立刻注意到一个严重问题：作为分配结果，其所失大于所得。一方面他们获得对若干种食物资源独占、独享的权力，另一方面他们的食物种类因此大大减少。在半族层面减少一半，在氏族层面只剩下不足 1/20。

人们在分配完成后立刻面对食物资源的匮乏。匮乏程度令其无法生存。他们的唯一选择是作出让步、进行合作。这是一个水到渠成的戏剧性转折。仍然是由结盟推动者提出解决方案，方案内容至少包含两个“条款”。第一，诸加盟群体有义务每年定期举行促使其所有物增殖的仪式，以确保这些食物资源的充足供应。第二，每个加盟群体可以并应当授予其他加盟群体对本群体所有物的分享权。这里应包括两种类型的授权，一是诸加盟群体彼此在结盟过程中完成的永久性授权，二是每年一度的彼此授权。

这两个条款对应于澳洲部落两种仪式：图腾增殖仪式的存在非常普遍，授权仪式的记录相对少些（可能因为存在永久性授权）。两种仪式有时分开举行，有时是同一仪式的两个组成部分。涂尔干在《宗教生活的基本形式》中列举大量案例专门分析澳洲部落图腾增殖仪式（涂尔干，1999a）。民族志记录表明，几乎每个澳洲部落的每个氏族都要定期举行各自的图腾增殖仪式。阿兰达人称这种仪式为“因提丘玛”（Intichiuma），这个名称已成为社会人类学指称澳洲图腾增殖仪式的通用术语。

从制度繁简程度上看，例证 8 的简单之处是没有主次图腾的区分和杀食禁忌，其繁琐之处是每个氏族每年都要举行多个增殖仪式。在大部分情况下，澳洲部落都有特征分明的图腾，有次图腾时一般都可明确区分其主次。人们认为主图腾可以支配次图腾，只要保证主图腾的繁盛即可实现次图腾的繁盛。故只对主图腾举行增殖仪式。这是相对于例证 8 的制度简化。也有一些案例对主次图腾都举行仪式。这是上述两种现象之间的过渡类型。这些现象间并不存在不可化约的异质成分。

下面两个案例[①]是与第一条款中"义务"有关的合作制度。

案例 1 凯梯施人和翁马杰拉人……每一图腾团体都有义务为其他团体提供自己专门负责其"生产"的动植物（列维-斯特劳斯，1987）。

案例 2 在瓦拉蒙加族，每一图腾团体都对某一特定动植物种的其他团体负责储备和增加食物。"一个半族的成员……负责……另一半族的庆典，该半族必须确保增加自己的食物供应。"（列维-斯特劳斯，1987）

案例 1 是半族基础上的氏族间合作，案例 2 是半族间合作。

澳洲图腾增殖仪式大同小异，其主要性质是以巫术手段促使图腾物增殖。一般都有固定的仪式地点（所谓图腾中心）和相对固定的仪式时间。对举办者来说，每一个仪式细节都极其重要，他们的一举一动"都表现出了庄严肃穆的宗教感"。人们在仪式期间（一般为一天到两天）严格禁食，甚至包括不能饮水。在许多仪式中人们都要"割开血管"以大量鲜血助祭。这一点在阿兰达部落尤为突出。人们对仪式效果深信不疑。下面是两个相关例证。

案例 3 在阿兰达部落……袋鼠氏族的因提丘玛也采用了相同的步骤。举行仪式的地点是一个被尖形岩石覆盖着的水洞。这块岩石代表着阿尔彻灵迦时代的动物袋鼠，它被同一时代的人袋鼠杀死后，存放在水洞中。据说，有很多袋鼠的灵魂都栖居在那里。在许多圣石被按照我们说过的那种方式加以相互摩擦以后，几个助手便爬到了岩石上，割开血管让他们的血流淌下来。根据土著人的说法，这个仪典的目的就是要用袋鼠人流到岩石上的血，将袋鼠动物的灵魂驱赶到四面八方，这样，就可以增加这种动物的数量了（涂尔干，1999a）。

---

① 本章引用第一组民族志事实用"例证"二字后加序号表示。为便于区分，下面这组事实用"案例"二字后加序号表示。

案例 4 在乌拉本纳，有一块代表蜥蜴氏族祖先的岩石，土著人把从岩石上敲打下来的碎块扔向四面八方，目的是想保证蜥蜴大量繁殖（涂尔干，1999a）。

下面是与授权制度有关的仪式。

案例 5 在蛇繁殖时，瓦拉蒙加部落的一个胞族举行了毡蛇图腾的仪式后，这种动物开始繁殖，这时相对胞族的人们捉了一条蛇，拿去对图腾首领说："你想吃这个么?"他回答说："不，我做这事是为你们；如果我吃了它，它就会逃跑；你们都去吧，你们吃它吧。"（托卡列夫和托尔斯托夫，1980）

案例 6 瓦杜曼部落和穆德布拉部落（阿纳姆地）在举行图腾仪式之后，其他图腾的人们捉捕了该种动物，把它拿给图腾首领，并说："请让我吃吧！"这个人取少许自己吃了，而把其余的分给别人，并说："我吃过了"，此后，大家才能吃（托卡列夫和托尔斯托夫，1980）。

案例 7 在开蒂什部落和翁马切拉部落，这种所有权的思想表现得更为明显。斯宾塞和吉兰说道："例如，鸸鹋图腾的人走到草籽图腾集团的地区，采集了这种草籽后，把它拿到该集团的首领那里，并说：'我在你们的地方采集了草籽。'草籽图腾的人说：'好吧，拿去吃吧。'如果鸸鹋图腾的人没有取得允许就吃，他就会生大病，而且可能死掉。"（托卡列夫和托尔斯托夫，1980）

涂尔干提到："在某些案例中，因提丘玛刚刚结束以后，不属于这个图腾的人必须把这种动物或植物带到他们的营地，放在首领面前，问他是不是想吃它们。然后，他会表示拒绝，并回答说：'这是我为你们创造的，你们随便吃吧。'"（涂尔干，1999a）

案例 5、案例 6、案例 7 都属于第二条款中"每年一度的彼此授权"。其基本内容是：由其他群体捕捉或采集到图腾动植物之后，向拥有该图腾物的群体主动提出授权请求。拥有该图腾的群体首领则依惯例进行授权。有必要提示，这不是一种单边行动。在半族（胞族）层面是双边授权，在氏族层面是多边授权。对于任何一个授权者来说，其回报是换取对方的授权。

这是一种对等的交易，或者说是一种虚拟的经济合作制度，其实际效果是社会整合。在结盟（继发结盟）进程开始前，其推动者已有一个确立合作制度相对完整的计划，资源分配的开始是他按部就班实现目标的起点。从分配到合作的戏剧性转折，是这一计划中最精彩的构思。

第六节　结盟事件的存在证据

海通（A. E. Xantyh）在归纳图腾增殖仪式的一般特征时提到："在所有澳大利亚人的部落中，繁殖仪式与'阿尔彻灵迦'时代的神幻祖先有关。"（海通，2004）澳洲部落各有其起源神话，神话主角被人类学家称为文化英雄。"人们认为是他们创造了所有在部落文明中最受敬重的事物。"（涂尔干，1999a）人们将部落制度开创期追溯到一个万物创始的黄金时代，所谓"梦幻时代"（dreamtime）。

文化英雄在这个时代"订立某些仪俗或创建某些文化业绩，诸如取火、定婚姻典制、立成年仪式等。……所谓'神幻时期'，阿兰达人称之为'阿尔彻灵迦'，阿拉巴纳人称之为'温加拉'，温加林因人称之为'温古德'"（托卡列夫等，1985）。海通在上文中以阿兰达人的"阿尔彻灵迦时代"作为通用术语泛指澳洲部落的黄金时代。

这个时代与澳洲部落结盟事件有关。但起源神话叙述这个时代时又很少直接提到此事。有必要简单讨论出现这种情况的原因。文献中经常提到澳洲部落两个半族间彼此排斥的对立情绪。如果人们明确知道两个半族在结盟前曾是彼此独立的族群，其间一旦发生矛盾，这样的历史记忆必导致对立情绪的加重，最终导致两个半族结束外婚关系，回到结盟前状态。由于二者内部原有外婚制已被废除，故一旦发生分裂，其结果要更差。对结盟推动者来说，从最初对两个独立部落的说服动员，到确立二者间外婚制乃至分配领土等各种资源，他一直在化解二者的对立，一直在协调二者的各种争端，所以他对这样的历史记忆会导致什么结果有着深刻的了解。基于此，他会尽可能在起源神话中抹去有关结盟的历史记忆。

在澳洲部落，起源神话本身就是一种重要制度。其主要功能是为传统制度提供宗教依据。在起源神话中，这些传统制度来自黄金时代文化英雄的创制，因此具有不容违抗的神圣权威性。在这种情况下，虽然澳洲部落起源神话很少直接提到结盟事件，但我们仍可从中找到结盟事件的存在证据。澳洲部落起源神话常见内容之一是文化英雄对外婚制的创立或推行，这是最直接的结盟证据。此外，一些起源神话有时将结盟过程中一个新的宇宙论体系的形成表述为文化英雄开天辟地创造万物的过程。

下面讨论一个具体例证。阿兰达人的起源神话讲述其文化英雄（曼迦昆耶昆雅）在阿尔彻灵迦时代教给人们“划分亚族与次亚族的制度”的故事（列维-斯特劳斯，1987）。涂尔干指出，这是“婚姻制度及其所包含的社会组织的创立”（涂尔干，1999a），准确地说是八分体系的推行。曼迦昆耶昆雅“将世人分为胞族”（托卡列夫和托尔斯托夫，1993），于是“八个次亚族（八分体系）被分为两个主要集团”（列维-斯特劳斯，1987），一个是陆胞族，一个是水胞族。在八分体系层面是“四个陆集团和四个水集团”（列维-斯特劳斯，1987）。本章已经对此作过讨论：这种二元结构直接来自结盟事件中宇宙论体系的形成过程。

这位文化英雄还为人们“分配领土”：“给每一对次亚族分配一块地方。”（列维-斯特劳斯，1987）本书第二章已具体讨论过八分体系的构成情况，在此基础上可以确认，这四块领土的授予对象是八分体系的四个外婚单元：A（A）、A（B）、B（A）、B（B）。澳洲部落领土划分的最低社会层级是氏族，在母系继嗣加婚后从夫居的情况下是地方群体。阿兰达部落是父系氏族，所以在四个外婚单元内部还要进行一次氏族层级领土划分。

阿兰达神话的内容如下：“图腾祖先只靠自己特殊的食物为生。而今天的情况正相反；每一图腾集团都靠其他集团的图腾为生，而禁食自己的图腾。”（列维-斯特劳斯，1987）神话提到每个氏族只以其图腾为食的情况，如“古拉人祖先猎杀和食用袋狸，他的儿子们永远热衷于同样的事。卢卡拉的白蛴螬族人一年到头从洋槐根茎里挖蛴螬……古拉亚（野莓树）祖先靠野草莓为生，他不断地把野草莓采集到大木盆里”（列维-斯特劳斯，1987）。

从表面上看，上述神话很难理解。若真如神话所述，这些以单一种类食物为生的图腾氏族祖先根本无法维持生存。从本书的认识角度来看，这部分神话以夸张和变形的方式表述了阿尔彻灵迦时代一段真实的历史。其内容包含两个部分。第一部分表述阿兰达部落诸氏族在资源分配后对其所有物的独占、独享，“图腾祖先只靠自己特殊的食物为生”；第二部分表述诸氏族因资源匮乏而被迫作出合作选择，“每一图腾集团都靠其他集团的图腾为生，而禁食自己的图腾”。例证 9 也有性质相同的神话内容：“很久以前这个集团的祖先有火，而住在灌木丛中的人有水。他们合在一起就同时享有水和火。”

上述阿兰达起源神话包含四个重要内容：①社会结构的改组和八分体系婚姻类别制度的推行；②出现于宇宙论体系形成中的二元结构；③为改组后的社会单元分配领土；④结盟进程从资源分配到确立合作制度的转折环节。神话提到，至少前三件事情都由同一个文化英雄在同一个创制过程中具体完成。因此，这是一组足以证明存在结盟事件的确凿证据：阿兰达人的阿尔彻灵迦时代实际上就是结盟时代，这位文化英雄（曼迦昆耶昆雅）就是此次结盟的推动者。此次结盟应是阿兰达人大约两三次结盟中最晚近的一次。

案例 3 讲述阿兰达部落一个图腾增殖仪式，其中提到阿尔彻灵迦时代。这里包含一些非常重要的认识线索。这些线索提示我们，仅仅完成产权分配乃至两个合作条款的订立还远远不够，还需要有一系列配套制度才能保证部落内群体间合作制度的实现和长久。

首先，要有举行增殖仪式的固定地点。人类学家称其为图腾圣地或图腾中心。“澳大利亚图腾崇拜的一个很重要的、与那些复杂信仰有密切关系的特点，是具有独特（地形特征——本书作者）的地方图腾中心。每个居住在一定领域内的图腾集团（氏族）都有自己的神圣中心，它以某种地形特征（岩石、山洞、水池、峡谷等）作为标志。神圣的图腾传说是与这些地点联系着的。”（托卡列夫和托尔斯托夫，1980）在一般情况下，每个氏族或地方群体只有一个仪式地点。在一些少见的事例（例证 8）中则有多个。① 本书第五章第二节将专门讨论“图腾中心的用途和由来”。

其次，要有每年一次相对固定的仪式举行时间。如果没有对此的强制性规定，时间一长人们就会因逐渐懈怠而荒废其事。还有一个仪式时间的选择问题，这是为保证使仪式看起来真的有效。许多学者都曾讨论过这个问题。涂尔干提到：“举行因提丘玛的日期在很大程度上要根据季节而定。澳洲有两个截然分明的季节：一个是旱季，可以持续很长时间；另一个是雨季，它恰好相反，时间极短且没有规律。到了雨季，植物就好像被施了魔法一样，全都如雨后春笋般破土而出，动物也大量繁殖起来。有些地方刚才还是不毛之

① 海通依据民族志文献记载指出：“通常，一个群体（氏族）有一个图腾。据我们所知，例外的只有西北部的一些部落：卡里埃拉、恩加卢马、马杜杜内拉、卡拉杰里、伊亚诺尔和与它相邻的部落，以及约尔克半岛上的维克蒙坎部落，这些部落的每一个群体都有几个图腾。”（海通，2004）

地，转眼间就变得郁郁葱葱，动物成群。举行因提丘玛的日期，就是这种美好季节即将到来的时刻。”（涂尔干，1999a）

涂尔干还提到，由于雨季到来具体时间捉摸不定，故每年的仪式日期要由氏族首领具体确定。这需要经验和技术。即便如此，也很难避免仪式效果“穿帮”：“土著人从来没有怀疑过这些仪式的功效……如果在偶然的情况下，在他举行因提丘玛之前，植物就已经生长出来，或动物已经繁殖出来，他就会设想地下的祖先已经举行了一场因提丘玛，活着的人只要凭借这种地下仪典坐享其成就行了。”（涂尔干，1999a）

最后，要有严格固定的仪式程序。不难理解，如果仪式程序允许改变，那么一次改变的先例就会引发持续多次改变。最终导致制度创立者的预期目标（半族和氏族之间彼此依赖的虚拟合作制度）无法实现。对于结盟推动者来说，这是他绝对不希望发生的恶性结果。

案例 3 提到“袋鼠人”，这是澳洲部落普遍存在的一种图腾观念。一个氏族一旦确定主图腾，就会以其为本氏族的徽号。例如，袋鼠氏族以其主图腾袋鼠为氏族徽号。这种观念的进一步发展，导致袋鼠氏族成员认为自己与袋鼠间存在一种神秘的逻辑互渗关系：袋鼠与我如一，我就是人形的袋鼠。这是案例 3“袋鼠人”的含义。其实际意义是指袋鼠氏族的成员。

拉德克利夫-布朗将澳大利亚主要“图腾崇拜形式”归纳为彼此关联的“四要素”，即地方群体、各种主次图腾、图腾中心以及文化英雄“在创世纪时期创建了这些神圣的场所”的起源神话。他还提到：“不论这类图腾崇拜在什么地方被发现，它都伴随着一种为增加新的崇拜物而举行庆典（图腾增殖仪式）的制度。”（拉德克利夫-布朗，1999）在归纳澳洲增殖仪式的一般特征时，海通提到，“为使仪式更有效力，扮演祖先形象被认为是必需的”（海通，2004）。

与拉德克利夫-布朗和海通的归纳相呼应，案例 3 提到袋鼠氏族起源神话的部分内容：该氏族在阿尔彻灵迦时代首次举行这个仪式，还包括以地形特征对仪式地点的确立。澳洲部落各族人们遵从传统制度的重要理由之一是：我们的祖先就是这样做的。这体现了起源神话对传统制度的维护作用。因此，案例 3 中袋鼠氏族成员是在阿尔彻灵迦时代确定的仪式地点重复祖先在此首次举行的同一个仪式。在他们的观念中，唯其如此才能保证仪式的巫术效力。

有必要强调指出，所有这些都是制度。这些制度中任何一个细节的从无到有都必经从设计构思到具体推行的历史过程。如果没有阿尔彻灵迦时代的文化英雄对图腾中心的确立，就没有沿用到后世的仪式地点。如果没有当初对仪式程序的设计和确定，也就没有后人举行仪式的操作脚本。在这一切的背后，我们可以体察到结盟推动者在阿尔彻灵迦时代的缜密思考和制度安排。细加考察，我们会发现更多制度安排。例如，为保证图腾中心稳定存在，无关者严禁涉足其间。这是十分严格的禁制：“违此禁忌，甚至会有杀身之祸。”（托卡列夫，1985）

第七节　制度功能分析

本章例证 8 没有主图腾，也没有杀食禁忌，这是较少见的事例。在更多情况下，人们对本氏族主图腾都有程度不同的杀食禁忌。“研究人员们还不止一次地注意到一个有趣的情况：氏族的成员为用巫术繁衍自己的图腾而举行仪式，但他们不从这里取得直接的利益，因为按通常的禁忌是不能吃它的。他们认为，每个集团都是为其他集团举行这种仪式的。由此可见，这是原始公社制度所固有的集体主义原则：人人为我，我为人人……某些研究人员（如弗雷泽）称这种互相举行图腾仪式的制度为‘巫术合作制度’，甚至认为理解图腾崇拜问题的钥匙就在于此。”（托卡列夫和托尔斯托夫，1980）这是弗雷泽的重要卓识。

由于澳洲部落的巫术合作制度是一种特征突出的普遍现象，所以许多比较早期的社会人类学家对此给予高度关注。斯宾塞、吉兰和豪伊特都是最重要的澳洲民族志记录者，他们通过其田野考察得出相同结论：“图腾集团的主要作用”是利用巫术仪式“保证食物供应”（贾玉海和孙振玉，1995；海通，2004）。

下面是澳洲部落较普遍存在的图腾所有权观念和杀食图腾的禁忌："在一切周围的人们看来，这个图腾氏族和它的首领就是图腾的'主人'，即这种动物或植物的'主人'。他们好像有责任在自然界中使这种东西达到充分的丰富。这个集团的成员自己不吃它。这个禁忌的理由是很典型的，即认为，如果人们吃了自己图腾的肉，他们将丧失对它的权力而不能使它繁殖了。但在一年一度举行上述仪式的时候，不仅准许而且规定他们要吃少许图腾动物的肉。……如果人们完全不吃自己图腾的肉，那么，他们也会像在非规定的时候吃了它太多的肉一样丧失对它的权力。"（托卡列夫和托尔斯托夫，1980）

很明显，本氏族图腾的增殖仪式是每个氏族独享的"专利"，其他氏族无权也没有能力替代。这种支配权直接来自结盟过程中资源分配后的占有。这是一个非常重要的认识线索。我们先从相对简单的例证 8 来考察这种虚拟经济合作制度的实施效果。例证 8 的 20 多个父系氏族各自拥有对一部分食物资源的支配权，他们可以通过增殖仪式促使其数量增加，也可以通过不举行仪式使其灭绝。换言之，这 20 多个父系氏族各自拥有一座"食品库"的"钥匙"，20 多座"食品库"构成该部落日常食谱中的主要或全部内容。

这是结盟方案中非常有效的整合手段之一：大家彼此端着对方的"饭碗"，由此形成加盟者间谁也离不开谁、谁也惹不起谁的依存关系。在这样一种刻意安排出来的宇宙论体系中，一个加盟者维护自身利益与维护其他加盟者利益居然变成同一件事情。任何仇视、对立都不能影响联盟内族群间的彼此依赖和支持。这正是结盟推动者所要实现的制度目标。

在例证 8 的制度基础上，如果再加上杀食图腾的禁忌（禁忌也是制度），可以收到更好的合作效果：每个加盟群体除为其他群体作出奉献（增殖仪式）外，还要作出自我牺牲（自己不吃其图腾）。同时，每个加盟群体又都从其他群体所作的牺牲中获益。所谓人人为我，我为人人。每个加盟群体都有自我牺牲的直接经验，都可以切身感受其他群体所付出的牺牲。

如果再加上每年一度的彼此授权制度，差不多就可以实现这一组制度的最佳效果。人们怀着感恩的情怀提出请求并接受馈赠："请让我吃吧！"同时，人们又在作出授权时体验慷慨赠予的豪迈："这是我为你们创造的，你们随便吃吧！"虚拟合作的功利性动机在此得到升华。这是具有崇高感和牺牲精神的团结协作，由此强化了部落内诸群体之间的民族统一意识。

案例 7 提到一个重要现象："如果鸸鹋图腾的人没有取得允许就吃，他就会生大病，而且可能死掉。"这种禁忌属于保护制度的制度。其具体保护对象是每年一度的彼此授权。这个禁忌并非只针对鸸鹋氏族，其控制范围是同一部落内每一个氏族。在人们的观念中，未得到动植物拥有者（半族或氏族）授权之前，该种动植物作为食物是有“毒”的（会生大病，可能死掉）。人们到其“主人”面前提出授权请求，是要求对方以授权方式为这种食品“解毒”。

上述讨论有助于我们理解案例6中仪式内容的具体制度含义：图腾氏族首领先吃“少许”属于本氏族的图腾动植物，然后说“我吃过了”，这是另一形式的授权，或者说是“解毒”。下面简要分析这种禁忌的观念构成情况。

（1）部落社会的宇宙论体系是一个万物有灵的世界，人们认为杀食动植物是一种将会遭到其灵魂报复的罪过。

（2）人们真正畏惧的不是“犯罪”而是报复（会生大病，可能死掉）。

（3）人们每年一度向图腾动植物的“主人”提出授权请求，这是因为其“主人”的授权可以保证他们在本年度杀食该种动植物的安全。

（4）作为另一种形式的授权，图腾动植物“主人”的先吃“少许”，并不具有用以果腹的实际效果。对于请求授权者来说，先吃是一种具有重要意义的替罪行为。图腾动植物的“主人”以此承担了本年度内所有其他群体的杀食罪责。这里存在两种授权形式：口头授权和行为授权（先吃）。其制度效果相同。

许多澳洲部落对图腾动植物都有比较严格的杀食禁忌。澳洲部落的制度性禁忌一般由两个成分构成：一是行为准则的限定，二是违背准则将会导致某种灾难性后果的观念。例如，杀食禁忌的第一成分是：绝对不允许在日常情况下杀食本氏族图腾。第二成分是：如有违禁必导致灾难性后果，包括图腾灵魂对族人的报复（如生大病等），进而导致该氏族成员丧失对其图腾物的控制权（巫术增殖能力）。

在澳洲部落的许多增殖仪式中，都有杀食图腾动植物的仪式环节（杀植物指采集）。人们往往只在仪式中象征性地吃一点图腾动植物。这是创制者对授权制度加以简化的结果：作为动植物“主人”的图腾氏族以先杀和先吃的方式为本部落其他群体承担了杀食罪责，其他群体因此不必前来提出授权请求。这种情况有时与上述严格禁忌同时存在，是解除禁忌的唯一场合。

二者之间并无矛盾，且彼此呼应。解除禁忌的行为准则是：不可多吃，不可不吃，只能在这个场合吃，只能吃一点。对这一准则的约束观念是：无论多吃还是不吃，都会导致该氏族成员丧失对其图腾动植物的巫术控制能力。在当时人们的观念中，一个图腾氏族如果丧失这种能力（专利）是一件非常可怕的事情。这意味着在一个巫术合作的交易圈内，该氏族将因此丧失交易资格。

列维-斯特劳斯提到半族之间举行增殖仪式的“互易性”情况。“对立半族所起的作用可加以转换分析。一方面，在阿兰达族举行增殖仪式时，在两个半族之间没有互易性：每一图腾崇拜团体都随意地为了其他团体而举行仪式，这些团体可自由食用由主祭团体提供的丰富食物。另一方面，在瓦拉蒙加族，吃食物的半族积极参与使另一半族举行可使他们从中获益的仪式。”（列维-斯特劳斯，1987）

在阿兰达部落的增殖仪式中，都有杀食图腾动植物的仪式环节。涂尔干将其区分为因提丘玛的第二个部分，即所谓终结仪式（涂尔干，1999a）。由于此半族已经（以先杀和先吃的方式）为本部落其他群体承担了杀食罪责，彼半族因此不必前来襄助仪典和提出授权请求。[①] 瓦拉蒙加部落则有对方半族襄助仪典和提出授权请求的制度。二者实施方式有所不同，其制度效果并无本质区别。列维-斯特劳斯的“转换分析”是典型的结构主义隔靴搔痒。

在有些澳洲部落，一旦发生杀食禁忌的破坏行为，对方半族的成员会积极参与对违禁者的惩罚。涂尔干准确分析了导致这种现象的具体原因：“这是因为确保这一规则得到遵守是另一胞族[②]的利益所在。实际上，他们相信如果破坏了禁忌规定，图腾物种就不会大量繁衍了。而该胞族（半族）的成员平素是以此物种为食的，因此受到影响的就是他们。这就是为什么会由他们来进行报复的原因。”（涂尔干，1999a）这是半族间虚拟合作的功利性动机在发挥作用。具体地说，被供应者担心由于供应者过失损害其利益，故越俎代庖直接干预供应者的行为，对其过失进行惩罚。这种现象可能不是结盟时代的原创制度，而是早期制度的实施结果。

从整体上说，大部分澳洲部落都有对图腾动植物的杀食禁忌。但严格程度不同。也有一部分澳洲部落完全没有杀食禁忌。在海通《图腾崇拜》第一章内有一节题为“对图腾的态度和图腾禁忌”，其中介绍了不同严格程度的图腾杀食禁忌在澳洲部落的具体分布情况，也提到少量无此禁忌的部落名称（海通，2004；托卡列夫和托尔斯托夫，1980）。

在澳洲部落中，还存在一种比较少见的相反现象。

案例 8 在北昆士兰有一个卡林巴尔部落，只有本图腾的人才有权杀死图腾动物；如果图腾是一种树，就只有他们才能剥去树皮。这样，其他任何有出于自己的目的而需要图腾动物的肉或图腾树的木材的人，都必不可少地需要他们的帮助（涂尔干，1999a）。在此，不准氏族成员杀死其图腾的禁忌

---

① 《澳大利亚和大洋洲各族人民》一书提到：在阿兰达部落举行的图腾（袋鼠）增殖仪式中，有对方半族的成员参与其事（托卡列夫和托尔斯托夫，1980）。

② 此处“胞族”指“半族”。

逆转为“只有本图腾的人才有权杀死”的特权。

现象虽然相反，但创制意图相同。都是为实现群间合作。作为澳洲部落虚拟经济合作制度的一个变种，案例 8 的实施难度很高。如果该部落图腾中包含太多日常必须使用或食用的动植物类项，人们的彼此援助就会过于繁忙；如果太少，就会直接影响制度实施效果。故这一变种的存在范围比较狭小。

涂尔干指出，澳洲图腾增殖仪式与旧大陆更高发展阶段的农耕仪式（收获祭典）之间“存在着许多惊人的相似之处”。他认为“因提丘玛包含着祭祀制度的萌芽”，并充分肯定由罗伯逊·史密斯首先提出的重要见解：图腾增殖仪式是高等宗教中祭祀筵宴（包括希伯来宗教中的圣餐）的前身。涂尔干据此指出：“澳洲社会的因提丘玛与我们离得很近”。他的基本结论是：澳洲因提丘玛是“最基本形式的仪式体系”，与之相关的（图腾）宗教制度“注定要成为高等宗教中积极膜拜的一块基石，这就是祭祀制度”（涂尔干，1999a）。这是一个非常重要的卓越见解，笔者将在本书之外对此另作正面讨论。

第八节　澳洲部落图腾种类及相关问题

前面提到，由于巫术合作制度是澳洲部落特征分明的普遍现象，故许多学者对此给予高度关注，并从巫术合作的功利意图考察其起源或作出功能性解释。在列维-斯特劳斯对既往图腾制研究提出的批评中，其主要批评对象之一是“功利主义的解释”（列维-斯特劳斯，2002）。他指出，在澳洲图腾种类中存在一些相反例证（如以苍蝇和蚊子为氏族图腾）。此问题与本书研究的合理性有直接关系，故有必要作简要讨论。

在《宗教生活的基本形式》一书中，涂尔干讨论了澳洲部落的图腾种类。

他指出："在绝大多数情况下，作为图腾的对象要么属于动物界，要么属于植物界，而且尤以前者为多；非生命体则十分罕见。霍维特在东南澳洲的部落中收集了500多种图腾的名字，其中植物和动物以外的名字不到40个，它们是云、雨、雹、霜、月、日、风、秋、夏、冬、某些星辰、雷、火、烟、水或者海洋。"（涂尔干，1999a）

托卡列夫和海通依据澳洲民族志文献对此作了广泛细致的统计分析（海通，2004）。他们的研究结果与涂尔干基本一致。下面是托卡列夫对澳洲图腾种类的研究综述："主要的是在某方面对于澳大利亚人有益的东西，首先就是可食的东西。其中，又以动物在数量上占了优势。是一些什么样的动物呢？这在很大程度上取决于各个地区的自然条件。通常以鸟类作为图腾……几乎占了所有图腾总数的30%～40%……在陆上的动物中，通常以各种袋鼠作为图腾，负鼠和狼犬次之……（所有这些动物的肉都在食物中占了重要地位）在中部澳大利亚的贫乏的半沙漠草原上，作为图腾的往往是昆虫，特别是各种青虫和幼虫、小蜥蜴、青蛙以及植物，其中首先是各种可食的种子，以及做麻醉剂的蛇麻叶。把鱼和水生动物作为图腾的地方，自然主要是在海滨地带。例如，卡里耶拉部落（澳大利亚西北部）的沿海各集团中，88个图腾中有55个（62.5%）是鱼和水生动物，而这个部落中住在内地的各集团，74个图腾中只有6个（8%）是这种'水生的'图腾，而且主要是淡水鱼类，从这一切中很清楚地看出，图腾观念完全取决于物质环境条件。"（托卡列夫和托尔斯托夫，1980）

在列维-斯特劳斯对"功利主义的解释"所作批评中，似乎没有注意到不同现象之间的数量比例，没有注意到1∶1和10∶1之间的差别。在撰写《图腾制度》时，涂尔干和托卡列夫等人据以研究澳洲图腾种类的民族志文献都在列维-斯特劳斯的阅读范围之内，其中普遍现象和罕见现象之间的悬殊比例一目了然。因此，这种批评是不足效法的"人类学研究策略"。

前面已谈到，在结盟进程的资源分配场合，会出现各种随机性变通。例如，列维-斯特劳斯在同一本书（《图腾制度》）中提到，斯宾塞和吉兰早已指出人们为什么选择以苍蝇和蚊子为其氏族图腾的具体原因："乍眼看来，我们很难理解为什么人们会举行使这些害虫大量繁殖的仪典……不过我们也必须牢记住一点，尽管苍蝇和蚊子极为让人生厌，却与土著人在每年特定的时期最希望看到的事物密切相关，即大雨。"（列维-斯特劳斯，2002）这是澳洲原住民的具体想法，也是人们在资源分配场合选择以苍蝇和蚊子作为图腾分配类项的价值所在。

选择各种图腾作为分配类项的价值认定，在很大程度上取决于分配议程主持者对拟议中被分配物的价值说明，以及诸加盟群体成员对其说明的认可。

前面还提到，在许多情况下，主次图腾既是资源分配类项，同时也是分配主持者用以平衡分配争端的利益筹码。因此，分配主持者在不同情况下对同一个对象是否具有价值以及价值的高低会有不同的说明。例如，苍蝇和蚊子除了让人生厌毫无价值，但如果将其指定为大雨到来的重要标志，其价值和意义就不可同日而语。人们没有水便无法生存，所以在许多情况下，风云雷雨乃至水本身都成为十分重要的分配类项。如果分得这些类项的氏族不举行因提丘玛，水这个"物种"将因此灭绝。火图腾的情况与此相似，如果没有火氏族的因提丘玛，人们将失去取暖、照明和烤熟食物的火。

下面是一个饶有趣味的例证。在瓦拉蒙加部落有一个叫作"笑孩"的图腾。"斯宾塞和吉兰指出，冠以这个名称的氏族在组织形态上与其他图腾群体没有什么不同。它也像其他组织一样，拥有自己的圣地（mungai）……这些图腾仪式与关于动植物图腾的仪式是一样的。不过，这些仪式显然不具备任何物质效力。它们是通过四场仪典一组的不同系列组成的，各个仪典连续不断地重复举行，其目的只是让人们高兴，引来一阵阵的笑声。简而言之，他们这样做，就是想保持这个群体自成特色的快乐感和幽默感。"（涂尔干，1999a）

当资源分配发生争端，某氏族拿不到他们认为满意的类项时，这样的斤斤计较可能直接导致结盟流产。于是结盟主持者拟构出一个"笑孩"图腾。其价值在于："笑孩"是整个部落欢乐的源泉，如果没有定期举行的因提丘玛，整个部落将失去欢乐，生活于愁苦郁闷之中。这是山穷水尽处的奇思妙想，人们在听取主持分配者的说明之后，会很容易接受这种不可缺少的"重要资源"。他们因此成为全部落"快乐感和幽默感"的保持者。阿兰达部落也有一个类似"笑孩"的图腾，叫作沃拉（worra）（涂尔干，1999a）。

在分配议程主持者随机确定的价值解释系统中，什么样的解释都可能存在。天可能会倾覆，地可能会塌陷，江河湖海可能会淹没陆地也可能干涸，太阳可能在明天不再升起，月亮和星辰可能在今晚不再照耀夜空，夏天或是秋天都有可能不再来临。人们在惴惴不安中举行着各自的因提丘玛，共同维持着一个充满危机的世界的安宁。这是各种非动植物图腾可能被赋予的价值。

前面提到，由于是两个独立群体的结盟，故两个半族是此次资源分配最重要的利益主体。婚姻类别和氏族层级的分配是在此基础上的次级分配。在一些比较少见的情况下，两个结盟社会的女性成员会在结盟进程中争取获得利益主体的社会地位。其结果导致分配方案的变通：男性成员和女性成员各得一个图腾。这是比较少见的澳洲性别图腾的产生情况。"（两性图腾）主要发现于维多利亚和新南威尔士，以及昆士兰和中部澳大利亚的一些地方。"（托卡列夫和托尔斯托夫，1980）相对来说，个体图腾在澳洲更加罕见。这种现象在美洲原住民中比较普遍，但至少在澳洲尚不具有社会学意义上的认识价值（涂尔干，1999a）。故本书对此存而不论。

由于澳洲宇宙论体系是一份部落资源的分配清单，故任何出现于部落领土上的新事物都是新的部落资源，或者说都是“潜在的图腾”。在欧洲殖民者进入澳洲的初期，澳洲西北部的一些部落将“白人”和“水手”列入其资源分配的清单（列维-斯特劳斯，1987）。他们万万没有想到，这些被他们分配、归他们所有的次图腾将给他们带来灭顶之灾。

在列维-斯特劳斯对既往图腾制研究的批评中，至少有一点切中要害，即“图腾制度”这一概念的概括范围不太清楚；局限在这个认识视角考察问题，存在一些在逻辑上不可化约的异质成分。事实的确如此。例如，外婚制以及乱伦禁忌与图腾现象之间是平行关系，而非包容关系；再如，图腾杀食禁忌由强到弱、由有到无的不同，以及作为相反现象的（图腾氏族成员）杀图腾特权的存在；又如，还有与氏族图腾平行存在的性别图腾和个人图腾（二者都属于相当少见的继发现象）。

列维-斯特劳斯的批判性研究表明：如果将所有这些现象混同在一起（这是他以前图腾制研究的主要概括方法），就会出现多种“复数的图腾制度，每一种图腾制度都是一种不可还原的实体”。他据此指出：“不仅图腾制度的统一性是一种幻象，图腾制度的观念本身就是一种幻象。”其相关论证主要见于《图腾制度》第一章“图腾的幻象”和第二章“澳洲的唯名论”（列维-斯特劳斯，2002）。所谓图腾制度作为单一概念的合理性因此被成功消解。这是列维-斯特劳斯批判性研究的重要贡献。

在本书至此的认识基础上，我们可以初步了解到，图腾现象与多种制度相关，但其本身并不构成一种严格意义上的整体性制度，故称其为图腾现象更加准确。外婚制以及乱伦禁忌、宇宙论体系所规定的群间资源占有关系、由图腾增殖仪式和授权仪式（包括不同程度的图腾杀食禁忌乃至作为相反现象的杀图腾特权）构成的巫术合作制度等，这些可以被区分和进一步区分的具体制度分别与一部分图腾现象发生关联。

从所有这些具体制度的创制场合、创制意图和实施效果等方面进行综合考察，可以得出如下结论：它们是人类小型社会阶段社会整合进程中的一组“结盟制度”。从这个角度分析各种相异和相反的图腾现象，研究者有条件比较直观地认知导致这些差异的原因。

从《图腾制度》到《野性的思维》，列维-斯特劳斯以过于苛刻的实证性批评为起点，随即转入回避一切实证性批评的心智研究。在《野性的思维》一书中，他对澳洲制度的性质判定和分析基础以如下假设为依据：“假定澳大利亚千百年来都闭关自守，假定理论活动和讨论在这个封闭的世界里一直盛行，最后，假定社会风气的影响会到处蔓延，那么人们就会理解，一种共同的哲学与社会学风格的形成并不排除种种精巧的变异现象，甚至其中最细微的表现也会被提到，并给予肯定的或否定的评论。每一个团体无疑都由只是表面上显得矛盾的动机因素所引导，如效仿他人所为，和别人做得一样好，比别人更好并不效法他人：也就是不断地改进主题，而传统和习俗只是确定这些主题的一般轮廓。”（列维-斯特劳斯，1987）

与涂尔干的理论预设（原始社会制度的形成是非理性过程）相比较，列维-斯特劳斯关于澳洲部落千百年来一直盛行哲学方面的“理论活动和讨论”的假设更无道理可言。作为一位十分犀利的批评者，不知他是否意识到其自身理论取向的致命弱点。与图腾现象相关的一组制度是涂尔干意义上的社会事实，是对部落社会成员具有强制性约束力的严格规则。人类的社会生活是现实生活，既不是构造象征体系的哲学讨论，也不是毫无来由的白日做梦。任何具有强制性约束力的社会制度都必有一个从无到有的形成（起源）乃至变迁过程。这一过程的存在不容置疑。

因此，对这一过程（包括其主要因果链环）的正面追溯是实质性完成社会科学客观认知的唯一途径。在人类心智与社会制度现实之间，有一道解释者不可逾越的逻辑鸿沟：从无到有。任何社会事实乃至全部人类历史的符号碎片都可以被装进列维-斯特劳斯的结构主义万花筒，可以变换出数不胜数的共时性结构。结构主义者可在其间作无休止的“转换分析”。但这样的学术游戏与实质性完成社会科学的客观认知并无直接关系。

有多少人类学家无法回答“从无到有”的追问？

第九节　结语：结盟进程及其推动者

本章第一节提到，原始分类体系和图腾增殖仪式几乎总是同时存在于同一部落中（伴生关系）。现在我们知道，它们是同一个制度体系（结盟制度）的两个主要成分。澳洲宇宙论体系是一份部落资源分配的记录，也是一份被全部落共同认可且高度有效的所有权契约。其中明确规定每一加盟群体参与合作的产权资格，其功能是澳洲部落虚拟经济合作制度的所有权依据。

这种制度得以建立和运行的重要观念基础，是资源占有者对其所有物的巫术增殖能力。人类并不具有这种能力。人们每年一度举行增殖仪式，除须付出相应成本之外，并无任何经济学意义上的实际效益。但如果从社会学角度进行考察，我们会发现这种制度具有强大的社会整合功能，是部落共同体得以在长时段聚而不散的重要保障。这正是结盟进程推动者创造和采用这种制度的意图所在。

澳洲部落共有三种普遍存在的基本制度（大同小异），它们共同构成一组结盟制度的主体。笔者已正面讨论过其中的两种，即外婚制（包括亲属制度，参阅本书第二章和第三章）和部落内加盟群体之间虚拟的经济合作制度（本章）。第三种基本制度是转世制度和成年礼。本书将在下一章正面讨论此问题。本章原计划在后半部分研究美洲原住民社会和古代中国的宇宙论体系。由于篇幅关系，只能另写一文。

在目前的认识基础上，我们有条件初步讨论结盟进程及其推动者。前面提到，人类小型社会阶段的整合起点是三四十人左右的原始群。首次结盟形成最初的部落。在欧洲殖民者进入澳洲时，这里 500 多个部落的平均规模是 600～1000 人。这表明澳洲部落已处在小型社会阶段晚期，至少经历过两次到三次结盟。这里已形成一整套相对成熟的结盟制度。

大约在五六万年前，人类的一支由东南亚渡海进入澳洲（更新世最后一次冰期，海洋水位比现在低 120～180 米）。这些最初移民的数量不会超过一二百人。其社会组织应是经过首次结盟的两合氏族（这个问题的具体讨论见本书第六章第八节“部落文明与史前史”）。他们先要初步完成在这块辽阔大陆的散布，然后才有条件在此基础上实现进一步社会整合。这就延迟了澳洲原住民的文明进程。因此，我们有条件在近代直接观察到相当于旧大陆大约 10 000 年前的人类社会组织和制度形态。这是搞清人类早期文明进程不可或缺的经验依据。

弗雷泽于 1900 年与当时的 76 位英国学者一道，由他本人执笔起草了一份请愿书，呈交维多利亚政府，要求在澳洲原住民的文化和制度遭到彻底破坏之前，去进行尽可能完整准确的民族志记录。其理由是这些资料将提供“在早期社会与宗教史上的伟大时刻的某些问题的答案”（特朗普，1995）。弗雷泽在另一个场合提到“这是极为紧迫的、最重要的科学任务”（弗雷泽，1988）。

在澳洲阶段（指殖民者进入时这里已达到的社会发展水平）之后，随着农业的出现（澳洲已出现农业种植的萌芽）和社会整合规模的扩大（部落联盟、酋邦），人类文明的发展速度不断加快，最终形成更大规模、更高质量的社会共同体（古代文明）。在原始群基础上，这一切不可能发生。因此，部落文明是人类文明的最初进程，也是至今为止人类繁荣的重要基础。

由于认识素材的局限，本章主要讨论澳洲部落的继发结盟。首次结盟和继发结盟并无本质区别，但部落社会的结盟制度却有一个从草创到逐渐成熟的漫长过程。在本书至此的认识基础上，我们可以通过澳洲结盟制度去初步了解结盟进程的推动者。他们的人数非常稀少，具有高度卓越的智慧。他们分别找到了其所在时代可以有效推动人类文明进程的唯一目标：以非暴力途径整合社会。

他们采用奇特的方法构思制度，在推动结盟进程的同时确立制度。他们最担心的事情是因加盟群体的矛盾冲突导致部落瓦解。他们创立一套虚拟的合作制度，由此成功实现几乎不可能实现的目标：确保此次结盟后的新部落在其死后很长一段时间（几十至上百个世代）聚而不散。这种制度看似奇特，却是当时具体情况下实现目标最有效的方法。在社会整合的澳洲阶段，一个部落共同体可将几个至几十个原始群规模的小群体纳入其中。这是狩猎采集时代的人类文明奇迹。

我们对人之为人的认识越是深入，就越能更加准确地理解实现此事之艰巨。

第五章
结盟事件Ⅱ：转世制度与成年礼

第一节　澳洲部落的转世制度

依据本书至此的研究结果，可以得出一些初步结论：在人类小型社会阶段，曾发生过一系列非暴力社会整合（族群结盟）。其起点是“动物性群体”的原始群。澳洲部落处在小型社会阶段中晚期，至少经过两次到三次结盟。每次结盟都有一个推动者，他是结盟事件的核心角色，由他完成对两个独立社会的说服。其结果是绝大部分社会成员认可其动议并积极配合由他主持的结盟进程。他的创制意图十分明确：维系其一手创立的社会共同体在尽可能长的时间内聚而不散。

结盟进程及其制度创立面对许多极难克服的实际困难。第一，为说服人们赞同结盟，其推动者一定要拿出足以打动人心的利益许诺。但在当时的情况下，除结盟可避免盟员间的冲突等“间接利益”外，一个石器时代政治家手中没有任何可支配的利益资源。第二，他只能在一个具体场合（结盟进程）和有限时间内完成创制。结盟进程的结束就是制度创立的完成。一旦完成再无改动余地。

人类天性中从来都不缺少占有欲、排异性和攻击性。群间冲突的主要原因是领土以及各种资源的争端。这种情况至今尚无实质性改观。领土以及各种资源争端随时可能直接导致联盟解体。不但两个半族可能分裂，进一步社会瓦解甚至会导致地方群体（或氏族）退回到彼此孤立的原始群状态。退回这个状态在短期内并不会给人们带来无法承受的利益损失，这些小型群体在日常情况下一直在各自领土内过着自给自足的狩猎采集生活。

在缺少维持制度利益动机的情况下，制度对人的约束力十分有限。人们很快就会因懈怠而荒废制度。所谓人亡政息，像外婚制这样的规则更加脆弱，日久生情的就近择偶不可避免，饥不择食的性冲动本能随时都在挑战制度，此类行为防不胜防。这种制度不是对人之常情的顺应，恰恰相反，它是对每一个部落成员择偶自由的强制性剥夺，是对抗多数人意志的独断性立法。

可以设想，在拥有强大国家机器的当代社会，要强制性推行这样的制度也十分困难。即便推行于一时，必不能长久。在没有政府、没有文字的狩猎采集时代，必须要设置专门的人员去实施制度，这很难实现。还要让他们完成即使在当代社会都不太可能实现的制度控制目标，此事难上加难。世代更替是制度延续最脆弱的环节。像婚姻类别规则这样的复杂知识，很容易在代间知识传递过程中受到“磨损”。每一次世代更替都会消解制度实施的严格程度，每一代年轻人都是传统制度的潜在叛逆者。所谓“易坏而难成”。

在结盟推动者的制度构思中，必须考虑到所有这些困难并加以解决。由于500多个澳洲部落都已经过至少两三次结盟，其推动者具有相同的结盟动机和创制意图，面对相同困难，解决同样问题，后来者会借鉴前人的制度（包括部落之间的彼此借鉴）并加以改良。这导致澳洲部落普遍存在大同小异的组织和制度形态。或者说，这里正在形成一整套相对成熟的结盟制度。

欧洲殖民者在18世纪末开始进入澳洲，对其原住民较高质量的民族志记录则始于19世纪晚期。在此百年间，原住民生存条件急剧恶化，人口锐减，其社会组织和制度形态迅速消亡。“原生态”保存较好且记录质量较高的民族志对象主要是一些处在相对偏僻和贫瘠地区的部落。观察和记录在迅速、彻底的破坏之中仓促进行，并在彻底消亡之后被迫结束。对同一部落的民族志观察即使相差几年，其间都会发生大幅度的“制度变迁”。这是澳洲部落研究者必须注意到的一个重要问题。

涂尔干的《宗教生活的基本形式》一书出版于1912年。他在该书中简要介绍了澳大利亚民族志文献的积累情况，包括此前的图腾制研究情况（涂尔干，1999a）。该书主要研究对象是澳洲部落的原始宗教和制度（图腾制度）。他对民族志文献中的相关内容进行了深入细致的比较研究。斯宾塞、吉兰和斯特莱罗等人的新成果是他展开这项研究最重要的素材依据。他据此指出：澳洲部落在组织制度形态方面是“同质”的，且其“同质性的程度非常之高”（涂尔干，1999a）。这是一个重要见解。至少较早期的研究者对此（澳洲部落普遍存在大同小异的组织制度形态）并无争议。

《宗教生活的基本形式》（涂尔干，1999a）一书600余页，由五部分（导言、第一卷、第二卷、第三卷和结论）构成，对澳洲部落原始宗教、制度的正面研究主要集中在第二卷“基本信仰”和第三卷“主要仪式态度”（涂尔干，1999a）。他（在这两个部分）已对澳洲部落组织制度形态进行了归纳法意义上的初步整理。这是完成任何一项社会科学基础研究不可回避的认知途径。因此，我们在该书中看到的不是彼此孤立的零散现象，而是普遍存在且经过分类的社会事实。[①] 这为本书研究提供了不可缺少的素材归纳基础。例如，对原始分类体系和图腾增殖仪式的民族志征引和讨论占据该书100多页的篇幅，这是本书第五章的主要认识对象。又如，对灵魂观念和转世制度的征引和讨论也占据该书100多页的篇幅，这是本书这一章的主要认识对象。

涂尔干指出：大量事实证明，灵魂转世观念“在澳洲的绝大多数地方都能见到，至少留有非常明显的痕迹；它们甚至还见于美洲”。他在后文援引早期民族志记录者马休的见解：“对灵魂的转生或轮回的信仰牢固地扎根在所有的澳洲部落中。”（涂尔干，1999a）在《原始思维》一书中，列维-布留尔也提到灵魂转世观念在近代原始民族中的普遍存在（列维-布留尔，1981）。

灵魂观念是追溯宗教起源的重要课题。在斯宾塞和吉兰对澳洲中部诸部落更加翔实的民族志记录[②]出版后，泰勒和弗雷泽等学者放弃原有见解，依据新资料中灵魂观念和转世制度的相关内容重新构想其起源理论。由涂尔干对泰勒和弗雷泽等学者相关理论的介绍、分析和批评可知，这些学者的具体论证大多比较牵强（涂尔干，1999a）。

灵魂转世制度是澳大利亚部落中一种十分重要的社会事实。近代以来的观察者和研究者很难找到理解乃至解释这些奇特现象的认识途径。其原因有

① 对澳洲部落的社会事实进行归纳和分类的工作始于斯宾塞、吉兰的两部重要民族志著作，即《澳洲中部的土著部落》（1899年）和《澳洲中部的北部部落》（1904年）。涂尔干说：“他们以系统的形式提供了各种事实，从而为以后的研究指明了方向。”（涂尔干，1999a）

② 即斯宾塞和吉兰所著《澳洲中部的土著部落》和《澳洲中部的北部部落》。《澳大利亚和大洋洲各族人民》提到这两部著作“在民族学著作中占着头等重要的地位”（托卡列夫和托尔斯托夫，1980）。斯宾塞和吉兰在观察和记录事实的细致、完整和条理性方面都要好于此前的学者，因此这两部著作是迄今为止公认的最优秀和重要的澳洲民族志文献。由于澳洲部落的组织和制度形态一直在迅速消亡，故1900年前后是一道分水岭，此后民族志记录（因事实本身一直在失去原貌）的经验价值等而次之。例如，斯特莱罗在阿兰达部落的传教活动仅比斯宾塞和吉兰稍晚数年，他因此已无法直接看到阿兰达人的图腾增殖仪式（涂尔干，1999a）。

二：一是人类学家的文化背景与之格格不入，二是方法缺陷。本书在这一章继续从结盟事件的认识角度考察问题，探寻这种制度的性质、由来及其创制意图和实施效果（功能）。

第二节　图腾中心的用途和由来

在澳洲部落，每一个图腾氏族均有各自的图腾中心（或译作图腾圣地）："澳大利亚图腾崇拜的一个很重要的、与那些复杂信仰有密切关系的特点，是具有独特的地方图腾中心。每个居住在一定领域内的图腾集团（氏族）都有自己的神圣中心，它以某种地形特征（岩石、山洞、水池、峡谷等）作为标志。神圣的图腾传说是与这些地点联系着的。"（托卡列夫和托尔斯托夫，1980）

图腾中心是宗教禁地和祭祀仪式的举行地点："图腾崇拜之圣地，在图腾崇拜中居于至关重要的地位。所谓圣地，往往是该氏族狩猎地域内某种特异之处……诸如此类处所，均有所谓神圣秘处，诸如'楚林噶'（储灵珈，churinga）之类的器物即储存于此，又是举行种种图腾崇拜仪式之地。一切无关者，严禁涉足其间；回顾往昔，违此禁忌，甚至会有杀身之祸。"（托卡列夫，1985）图腾中心主要有两个用途：它是澳洲部落每个氏族举行各自图腾增殖仪式的固定地点，也是储灵珈（详见后文）的存放处。本书第四章提到，作为举行仪式的固定地点，图腾中心的确立本身也是一个重要创制。

列维-斯特劳斯提到民族志记录中与此相关的起源神话（即上面引文所谓

“神圣的图腾传说”）：“从事有关澳大利亚研究的专家们习惯于收集这样的神话，在这些神话里把半人半兽祖先归于某图腾集团（氏族），……这个神话说，该祖先曾出现于某地，沿着某条路线走过，在某处做过哪些事情，从而使他成为至今可见的地貌特征的创始者，最后他在某一地方停了下来或消失了。……一条路线，几处水塘，起标志作用的丛林或岩石等，这些对于人的集团都有神圣价值，而且这个集团宣称它与这种或那种自然物种——毛虫、鸵鸟或袋鼠，有密切关系。”（列维-斯特劳斯，1987）

此类神话为氏族的图腾归属和图腾中心的由来提供神圣的宗教依据：“无论一个阿尔彻灵迦时代的祖先在哪儿进入地下，那里都会有一块石头或一棵树来代表它的躯体。据斯宾塞和吉兰说，与已故英雄有着这种神秘关系的树木或岩石叫作‘南迦’（nanja），而斯特莱罗说它们被称为‘恩迦拉’（ngarra）。有的水洞也被认为是这样形成的。”（涂尔干，1999a）

上述神话普遍存在于澳洲部落：“此类神话比比皆是，然而十分单调。”（托卡列夫，1985）这些（内容单调且彼此雷同的）起源神话向我们提示了一个重要线索：澳洲部落图腾中心的确立，直接来自结盟推动者在黄金时代（阿尔彻灵迦时代）的创制。作为结盟进程的重要环节，这一创制（由结盟推动者为每个氏族确立其图腾中心）的具体时序位置应在领土分配完成之后。

上述“神话历史”绝非可有可无的文化现象，其主要功能之一是维系部落社会正在实行的各种制度。换言之，此类“神话历史”属保护制度的制度：“在阿兰达部落中以及在中部澳大利亚其他部落中，关于图腾祖先的神话是如此之多，并且他们在信仰和仪式中占着如此重要的地位，甚至可以说，神话中所描写的事件构成了一个专门的时代。……阿兰达人把他们所知道的一切习俗和仪式的采用都归在远古的、充满奇迹的过去。通常都引用阿尔彻灵迦时代的情况来作为这些或那些仪式、规则、禁忌的根据。各种宗教仪式的举行都回忆着‘阿尔彻灵迦时代’发生的事。关于这个时代的神话只有部落中已献身的成员才知道，对未献身者保守秘密。”（托卡列夫和托尔斯托夫，1980）

这一创制（由结盟推动者为每个氏族确立其图腾中心）至少包含如下程序：①以各种突出的地形特征作为确立图腾中心的标志物；②编制一个将被世代传递的简单神话——用图腾祖先在黄金时代的业绩为每个氏族的图腾归属及其图腾中心的由来提供神圣依据；③确立相应的禁忌观念和惩罚制度，以此将图腾圣地从凡俗世界隔离出来；④在上述创制的基础上确立图腾中心的制度用途，即举行图腾增殖仪式、存放储灵珈。

第三节　摩西创制的启示：圣俗划分

圣俗之分及其发生机制是宗教社会学的基本问题，有必要作些具体讨论。涂尔干认为圣与俗的划分是人类所有宗教的基本特征（涂尔干，1999a）。他在《宗教生活的基本形式》中分析了澳洲图腾制度神圣事物的构成，其中最重要的圣物是储灵珈，最重要的神圣地点是图腾中心（涂尔干，1999a）。涂尔干指出："只要神圣从凡俗中区分出来，也就有了宗教。"（涂尔干，1999a）他因此将澳洲部落的图腾制度作为"宗教生活的基本形式"加以研究。

圣俗之分是涂尔干对宗教现象的初步归纳。这是他的重要贡献。他将圣俗划分的发生归因于社会："社会始终在不断地从普通事物中创造出神圣事物。"（涂尔干，1999a）这是典型的社会决定论。笔者已经具体分析过涂尔干此类论证的逻辑和方法弱点（参阅本书第四章第一节）。换一个思路，从结盟和创制的角度可以找到解决问题的途径。下面讨论《旧约》中的一个案例，以便了解此类创制的思路和方法。

摩西是古代希伯来人最重要的文化英雄，《十诫》是其重要创制。他颁布《十诫》的依据是以西乃山为落脚点的耶和华的神谕。为此，他先将西乃山确立为以色列人的圣山。确立圣山采用如下办法。他以耶和华名义"叫山成圣"（《出埃及记》19：23），将其确立为神圣禁地："你要在山的四围给百姓定界限，说，你们当谨慎，不可上山去，也不可摸山的边界，凡摸这山的，必要治死他。"（《出埃及记》19：12～13）这是禁令。他以神罚作为恐吓手段实现同一目的："耶和华对摩西说，你下去嘱咐百姓……祭司和百姓不可闯过来（上西乃山）到我面前，恐怕我忽然出来击杀他们。"（《出埃及记》19：21～24）这是禁忌。触犯禁令的惩罚是人罚，触犯禁忌的惩罚是神罚。

在首次将以色列人集合到西乃山下并颁布《十诫》时，摩西制造了一些人为声像效果："在山上有雷轰，闪电和密云，并且角声甚大，营中的百姓尽都发颤。"（《出埃及记》19：16）于是"摩西率领百姓出营迎接神，都站在山下"（《出埃及记》19：17）。耶和华降临的效果是："西乃全山冒烟，因为耶和华在火中降于山上。山的烟气上腾，如烧窑一般，遍山大大地震动。角声渐渐地高而又高，摩西就说话，神有声音答应他。耶和华降临在西乃山顶上，耶和华召摩西上山顶，摩西就上去。"（《出埃及记》19：16～20）

上述"声像效果"均可人为制造：雷声可用敲击响器来模拟，闪电是火光的效果，采用类似"烧窑"的方法使"全山冒烟"，由此造成山上的"密云"，"角声"由号角吹出，山上神的声音实际上是人的声音。由《旧约》内容可以了解到，"吹角"是以色列人圣事中的常用仪仗。会幕是以色列人的圣所，其中会发出神的声音（当然是人的声音）。西乃山的声像效果需要大量人手。这里只需搞清一件事：摩西哪来这么多人手。

摩西出自利未部落，他将该部落指定为"祭司的职分"。他率以色列人出埃及后，曾在"西乃的旷野"核查以色列十二支派"能临阵男丁之总数（共60余万人）"（《民数记》01：46）。但"利未人却没有按着支派数在其中"（《民数记》01：47）。摩西此举的理由是"耶和华晓谕摩西说，惟独利未支派你不可数点，也不可在以色列人中计算他们的总数"（《民数记》01：49～50）。

这样做原因有二。其一是利未支派专门负责各种圣职，如会幕和约柜等圣所器物的搬运和布置，故平时不纳贡赋，战时不从军旅。其二应与大规模声像效果有关。不少于5000人的利未支派足以完成此事。人数的保密保证利未支派行动的隐蔽性。从离开埃及到定居迦南，摩西以耶和华神的名义推行了一系列重要创制，由此开创希伯来一神教格局，奠定了希伯来人生存和发展的基业。

耶和华早已是希伯来传统宗教的主神，摩西创制使之成为更有效的"宗教工具"。他获得神谕的地点，或在会幕之中，或在西乃山上。通过圣俗划分，这些神圣地点成为这位伟大政治家借助神权创立制度的"宗教道具"。在此基础上，他便有条件借助神谕形式来颁布和推行他自己所创立的制度（如《十诫》）。这是一个"从普通事物中创造出神圣事物"的客观过程，其创造者不是抽象的社会，而是具体的摩西。这是人类历史中制度创立者以理性动机构建并利用宗教的典型案例。

澳洲部落的社会发展水平远低于摩西时代，但这里一些创制的思路却与上述情况基本一致。例如，采用摩西"叫山成圣"的相同手段（禁令和禁忌）确立"图腾中心"。牛吼器（bull-roarer）的主要作用之一是制造与西乃山角声相似的声音效果（详见本书第六章第八节）。涂尔干指出，澳洲部落确立圣与俗划分的主要方法是接触禁忌，其基本原则是："凡俗事物绝不能接触神圣事物。"（涂尔干，1999a）

具体来说，澳洲小型社会“神圣事物的宏大体系”（涂尔干语，1999a）包括如下主要内容。①圣者：部落神或图腾祖先（有时不易区分）。②圣世：圣者在世的黄金时代。③圣史：圣者在黄金时代的创造性业绩。④神圣典章：圣者创立的各种制度。⑤圣物：与圣者创造性业绩相关的事物，如储灵珈、纳屯架（nurtunja）、旺宁架（waninga）以及图腾物种。⑥圣地：存放储灵珈和举行仪式的固定地点，即图腾中心。⑦圣事：对各种神圣典章的实施。⑧圣徒：部落神圣文化的传递者和维持者，即成年男子群体以及作为群体领导者的长老，他们是不同等级的神权代理者和执行者。

禁令与禁忌同时存在，二者彼此支持，构成有效的控制手段。只有禁令而无禁忌，控制的有效性明显下降；只有禁忌而无禁令，禁忌成为没有制度保障的风俗习惯，控制的有效性会逐渐消失。在澳洲部落，二者在大部分情况下同时存在。这里的原始宗教与社会制度浑然一体。宗教禁令和禁忌并非单纯对圣俗的分离。其功能类似“防护罩”，阻挡俗对圣的触犯，但并不阻挡反而强化圣对俗的控制。这是早期原始宗教的基本特征，也是早期制度创立者划分圣俗的具体创制意图。

第四节　储灵珈与转世制度

下面是阿兰达部落灵魂转世制度的具体情况：“每一图腾都以某个确定的地方作为它的中心。那里被认为是当初缔造图腾群体的祖先们的灵魂喜欢去的地方。那里坐落着保存储灵珈的圣所，膜拜就在那儿举行。……阿兰达人……认为每次怀胎都是一种神秘受孕的结果。据他们说，这是由于一位祖先的灵魂进入了妇女体内并在那里变成了一个新生命的本原。所以在妇女感觉到孩子的最初颤动的那一刻，她就会想象，在她当时恰好所在的地方，一个原本栖居在那里的灵魂刚好进入了她体内。因为即将诞生的孩子只是祖先的重新转生，所以他们必然拥有相同的图腾。于是，孩子的图腾就由神秘的受孕地点来决定了。”（涂尔干，1999a）

图腾中心是灵魂转世的“基地”：“在每个这样的树上、岩石上或水洞中都有一个胎儿，名为‘拉塔葩’（ratapa），它们与相应的祖先完全属于同一个图腾。例如，在代表袋鼠图腾的祖先的橡胶树上，所有拉塔葩全都以袋鼠作为它们的图腾。如果一个妇女恰好路过，而她又是这些拉塔葩的母亲所应属于的那个姻族的成员，一个拉塔葩就会经过她的髋部进入她体内。……那么这样怀上的婴儿当然就和灵魂转生前寄托在其神奇躯体上的那个祖先属于同一图腾了。”（涂尔干，1999a）“阿兰达人相信，人死以后他的灵魂回到它作为‘孩子的胚胎’的那个地点，在那里待到再次投生，而又重新得到化身。由此得到永远循环的投胎。”（托卡列夫和托尔斯托夫，1980）

在澳洲部落转世制度中，存放于图腾中心的储灵珈具有重要作用：“据斯宾塞和吉兰的记述，‘储灵珈’[①] 一词总的表示一切秘密的和神圣的东西。但主要是称呼各种尺寸（8～15 厘米或更长）的椭圆形石片和木块，上面通常饰有由同心圆和半圆、螺旋线、平行线和点构成的独特图画。这种图案具有神圣的神话意义，它象征地表示着图腾祖先和关于他们的故事的个别情节。根据这些故事，祖先们在流浪期间停留在各处与‘孩子的胚胎’有关的储灵珈上。‘孩子的胚胎’进入妇女的身体就使她怀了孕，而储灵珈遗留在被假定受孕的地点。当孩子出生时，他的父亲或其他男子在这个地方‘找到’储灵珈（实际上是从公共储藏处拿去的或重新做的），并认为它从此同这个人终身有了秘密的联系。这是他的‘储灵珈南礼’，是把他同他的‘祖先’联系起来的神圣的和秘密的灵体。”（托卡列夫和托尔斯托夫，1980）

列维-斯特劳斯提到储灵珈的用途：“每一个储灵珈不管什么形状都代表某一祖先的身体，它一代一代地庄严地授予被认为是这位祖先托身的活人。”（列维-斯特劳斯，1987）这种转世的实施范围涉及每一个部落成员，其结果是“每个个体都是阿尔彻灵迦（神话时代）祖先的直接化身”（列维-布留尔，1981）。

斯宾塞和吉兰的田野考察结论是：“储灵珈是祖先的栖魂之所”，“储灵珈不是祖先的灵魂，而是祖先灵魂所寄居的对象”（涂尔干，1999a）。据此可知，“拉塔葩”的准确含义是指“祖先的灵魂”。将其意译作“孩子的胚胎”比较牵强。涂尔干指出：“拉塔葩就像灵魂一样”，“拉塔葩与灵魂几乎是无法区别的”（涂尔干，1999a）。

① 储灵珈或被译作“屈林加”、“楚林噶”、“珠灵卡”等，本书在引文中统一改作“储灵珈”。

这里对上面的引文作简要归纳（这是本章这一部分的核心内容）。第一，图腾中心是灵魂（拉塔葩）转世的“基地”，人死之后其灵魂回归图腾中心，“在那里待到再次投生，而又重新得到化身”。第二，存放在图腾中心的储灵珈是灵魂的载体，是灵魂得以不断转世的神圣凭据（虽然灵魂在投胎之前不一定总是寄居在储灵珈中）。第三，储灵珈上的抽象图案与起源神话有关。第四，这是一种被严格实行的制度，其实施范围涉及每一个部落成员。第五，上文提到两个具体的制度实施环节，一是孕妇的指认，二是由成年男子主持的“储灵珈南礼”。这种制度的实施结果保证每一个新生儿都是“祖先的重新转生”。第六，这些祖先有着明确且单一的属性：他们是“阿尔彻灵迦时代的祖先”。他们的灵魂在阿尔彻灵迦时代之后开始“永远循环的投胎”。

有必要对两个长期以来纠缠不清的具体问题作简要讨论。

第一个问题：转世制度与族系继嗣制度。上文提到新生儿的图腾归属“由神秘的受孕地点来决定”。当“一个妇女恰好路过”寄居着拉塔葩的图腾中心或其附近的南迦时，她得以受孕的条件是：“她是这些拉塔葩的母亲所应属于的那个姻族的成员”，“拉塔葩只有在属于神秘祖先的母亲所属姻族的妇女的体内才能转生”（涂尔干，1999a）。上文“姻族”即婚姻类别（参阅本书第二章）。这是一个重要的认识线索：每个阿尔彻灵迦时代祖先的灵魂（拉塔葩）都有具体的类别归属（半族和代别）。所以祖先灵魂的投胎和女人受孕都要服从类别规则。两种制度（转世制度和类别规则）在半族层面并行不悖。

在氏族层面，阿兰达人普遍实行父系继嗣和婚后从夫居制度。在这种情况下，一氏族图腾中心的所有拉塔葩都有相同的图腾归属。例如，袋鼠氏族“在代表袋鼠图腾的祖先的橡胶树上，所有拉塔葩全都以袋鼠作为它们的图腾”。在澳洲部落，地方群体或氏族各有其固定领土。即使在同一部落内，一地方群体成员无故进入另一群体领土也会引发争端。也就是说，一个已婚阿兰达妇女很少有机会进入其他氏族的领土。因此，嫁到袋鼠氏族的女人们至少在绝大多数情况下只能为袋鼠拉塔葩传宗接代。

斯宾塞和吉兰提到：“由于这（怀孕地点）一般都在父方的图腾中心附近，所以子女一般就随了父亲的图腾。无疑这就解释了为什么在一个特定地点，居民绝大多数会属于同一个图腾。”（Spencer and Gillen，1899）他们还提到：“假如一个属于蛇图腾的男人的妻子是在蜜蜂魂居住的那个地方受的孕，那么，这就意味着蛇图腾的一个婴儿魂从它所在的那个地方出来伴随着父亲并进入这个女人身中。”（Spencer and Gillen，1904）

此问题长期以来纠缠不清。如果嫁到袋鼠氏族的女人们可以在其他氏族领土内的图腾中心附近受孕并产下非袋鼠图腾的子女，则阿兰达人的父系氏族制度就会失去存在条件。实际情况是，阿兰达人有着稳定的父系氏族制度（如袋鼠氏族男人的子女不会拥有非袋鼠图腾）。因此，“由神秘的受孕地点来决定”这一说法很容易引起不必要的误解。例如，列维-斯特劳斯在《图腾制度》一书中关于“胎系”继嗣的讨论（列维-斯特劳斯，2002）。

第二个问题：斯特莱罗对转世制度的否定。涂尔干提到，在斯宾塞（和吉兰）与斯特莱罗之间，存在两种略有不同的民族志版本。斯宾塞和吉兰认为“祖先的灵魂在母亲的体内转世成为孩子的灵魂”。斯特莱罗则声称这种解释不准确，认为“怀孕虽然是祖先的成果，但并不意味有任何转世发生”（涂尔干，1999a）。涂尔干指出斯特莱罗在一些细节解释方面好标新立异（涂尔干，1999a）。他倾向于赞同斯宾塞和吉兰的解释，并指出斯特莱罗的解释中存在自相矛盾之处（涂尔干，1999a）。

斯特莱罗否认阿达兰人循环转世信仰的主要理由：①“他说储灵珈被视为祖先躯体的象征，或者就是躯体本身。”（涂尔干，1999a）“按照斯特莱罗的说法，澳大利亚人认为储灵珈是人的第二个身体。‘由此可见，每人都有两个身体，一个是血肉的身体，另一个是石块的或木头的身体。’”（托卡列夫和托尔斯托夫，1980）②他认为拉塔葩不是灵魂，“而是极小的、眼睛看不见的、但又完全成熟的具有灵魂和肉体的婴儿”（海通，2004；涂尔干，1999a）。

简单地说，灵魂这一概念相对于躯体、肉体。下面是涂尔干对一般意义上“灵魂”含义的分析：“灵魂与肉体性质不同，并且独立于肉体，因为在生命的过程中它可能随时离开肉体……只有在死亡的时候，灵魂相对于肉体的差异性和独立性才最清楚地表现出来，当肉体不再存在……灵魂却将继续在另一个世界中独立地存在。”（涂尔干，1999a）

斯特莱罗在上面引文中做了一个十分蹩脚的文字游戏。他说储灵珈是祖先的“躯体”，但这种“躯体”又有别于肉体。他说拉塔葩是“具有灵魂和肉体的婴儿”，但又拒绝为此提供证明，理由是拉塔葩“极小”且“看不见”。这是典型的诡辩。依据本书前面的介绍，拉塔葩的特征完全符合我们所说一般意义上灵魂的含义，进一步说，是“祖先的灵魂”。

依照“斯特莱罗的说法”，“祖先的真正转生”是“非常例外的”：“当一个被这样怀上的人死了以后，赋予他生命的祖先的灵魂也像普通的灵魂一样离去，前往冥岛，在那里按惯例拖延一段时间后，就彻底毁灭了。所以它不可能再经历进一步的重新转生。”（涂尔干，1999a）

下面是涂尔干对斯特莱罗这一说法的具体引述：“灵魂一旦通过葬礼而完全脱离了肉体，它就再也不会转生了。它即奔向亡魂之洲，在那里它白天睡觉夜晚跳舞，直到它重返世间。在世间，它回到了生者的中间，担当起死者年幼儿子的守护神……灵魂在它从前的家庭中停留上一年到两年，然后回到冥岛。但是过了一段时间以后，它又回到世上逗留，不过这是最后一次了。时候一到，它就必须再次启程前往亡魂之洲，而且此番再无重返的希望了……一场暴风雨突然降临，它被一道闪电所击中。于是，灵魂的经历就彻底终结了。”（涂尔干，1999a）

针对斯特莱罗上述说法，涂尔干指出：“所有的考察者都同意每次怀孕是一次转生的结果。”（涂尔干，1999a）那么，斯特莱罗为什么要如此标新立异？这与他本人的信仰和职业有直接关系。斯特莱罗是路德教派的德国牧师。他于19世纪末在阿兰达人的一个传教村（日耳曼斯堡村）从事传教活动。所谓“传教村”是欧洲殖民者当局将原住民强行集中的定居点。在这里，原住民的原有宗教信仰被强制取缔，并迫使其改信基督教。斯特莱罗是这一政策的一位具体执行者。

原住民（阿兰达人）关于祖先灵魂循环转世的信仰与斯特莱罗的教义格格不入。将原住民信仰中祖先的灵魂“彻底毁灭”，是斯特莱罗诱导这些异教徒皈依基督教（新教）的起始点。因此，“彻底毁灭”可能是这位传教士的愿望，也可能是其布道的内容，而绝非准确记录的民族志事实。“彻底终结”阿兰达人祖先灵魂的那场暴风雨来自殖民化进程，那“一道闪电”则来自基督教神甫。

第五节　结盟事件中永生的许诺

前面提到，在澳洲部落的灵魂转世制度中，这些灵魂是“祖先的灵魂”，这些祖先有着明确且单一的属性：他们是“阿尔彻灵迦时代的祖先”。斯宾塞和吉兰称这些祖先为“阿尔彻灵迦人”：“无论怀孕可能以何种方式发生，毫无疑问的是，每个个体都与阿尔彻灵迦时代的一个确定的祖先有着特别密切的联系。……每个人都有其指定的祖先，两个人不能同时拥有同一个祖先。换言之，一个阿尔彻灵迦人在生者中最多只能有一个代表。”（涂尔干，1999a）

涂尔干指出：“按照斯宾塞和吉兰的说法，世世代代赋予新生儿以生命的灵魂，并不是首次而且专门授予这些肉体的，所有这些部落都相信灵魂有一个确切的规模，其数量根本不会增加，就是这些灵魂定期地转生。某个个体死后，他的灵魂就离开它所寄居的肉体……过一段时间以后，它就再一次回来转生，这种重新转生便是怀孕和生育的原因。……每个个体都被看作是一个确定的祖先的新一轮显形，是祖先本身……又回到了一个新的躯体中。”（涂尔干，1999a）

所谓“阿尔彻灵迦人”就是生活在阿尔彻灵迦时代的部落成员，他们是结盟事件的直接参与者。前面提到，对于结盟进程推动者来说，为说服人们赞同结盟，他一定要拿出足以打动人心的利益许诺。但一个石器时代政治家手中没有任何可以支配的利益资源。因此，这是一定要有但又不可能实现的“无米之炊”。澳洲部落的灵魂转世制度直接告诉我们结盟进程推动者解决这个问题的具体办法。他向人们提出一个几乎是无法抗拒的利益许诺：只要人们积极参与和配合由他所推动的结盟进程，人们就会因此获得永生（永远循环的投胎）的权利。

人们当然不会轻易相信这样的许诺。结盟推动者并没有忽视人们的智慧。他的许诺绝非空言，其依据是一套完整的道理，其实施则凭借一组严格的制度。这一套道理的基础是肉体与灵魂的区分：人固有一死，其灵魂脱离肉体（死亡）后可通过某些途径（制度）得以保存，再通过某些途径（制度）使其获得新的肉体。由此实现“永远循环的投胎”。

自人类有了最初的意识以来，死亡一直是缠绕在人们意识中最可怕的噩梦。每个人都是一个利益主体，其最大利益莫过于主体本身的长存。故“永远循环的投胎”虽属“无米之炊”，其价值却足以超越任何实际利益。再进一步说，当阿尔彻灵迦人独享“永远循环的投胎”，同时也就意味着对其他灵魂转世机会的彻底剥夺。因此，这个意义上的永生实为独享一种特权。

本章前面已经归纳了储灵珈在转世制度中至关重要的作用：它是灵魂的载体，是阿尔彻灵迦人灵魂得以循环转世的神圣凭据。这里有一个十分重要的证据，可以直接证明转世制度确立过程的存在。阿兰达起源神话直接讲述了阿尔彻灵迦时代确立转世制度的主要环节：教化英雄曼迦昆耶昆雅“赐每人以‘储灵珈’”，其用途是“供其灵魂羁留之用”（托卡列夫等，1993）。当曼迦昆耶昆雅将储灵珈分别授予每个阿尔彻灵迦人时，他郑重地告知被授予者：“你生于这一储灵珈。”（涂尔干，1999a）

笔者已在本书第四章中证实：曼迦昆耶昆雅是北方阿兰达人最近一次结盟进程的推动者和主持者。因此，上述起源神话内容具有极其重要的认识价值。这是发生于结盟进程中的授器和授权。其所授之器是储灵珈，所授之权是永生特权。储灵珈是实现这一授权的神圣礼器，是被授予者灵魂的寓所和转世的通道。在“你生于这一储灵珈”一语中，“生”是指永远循环转世意义上的永生，被授予者的灵魂因此得以“永世长存”（涂尔干，1999a）。

阿兰达起源神话提到，曼迦昆耶昆雅在黄金时代（阿尔彻灵迦时代）教给人们“划分亚族与次亚族的制度”（列维-斯特劳斯，1987）。这是八分体系的推行（参阅本书第四章）。其起点是为每个部落成员首次确定类别身份，确定范围是两代人（A 代、B 代）。他还分别向人们授予氏族图腾（涂尔干，1999a）。这些部落成员死后的灵魂沿用其生前的类别属性（半族、代别）和图腾。转世制度的确立以此为基础，永生特权的授予对象也是两代人。多于或少于两代都会使这种制度的确立和实施失去可操作性。

前面引文中提到，阿尔彻灵迦人的灵魂“有一个确切的规模，其数量根本不会增加，就是这些灵魂定期地转生”。进一步说，阿尔彻灵迦时代结盟进程赞同者（被授权者）的数量就是其死后灵魂“确切的规模”，是两个代别的灵魂“定期地转生”。当一个阿尔彻灵迦人从曼迦昆耶昆雅手中接过自己的储灵珈时，他已经十分清楚此番授权的价值所在——这枚专属于他的储灵珈是一份永生的契约，一张“得到永远循环的投胎”的通行证。这个过程类似于一场交易：人们赞同结盟的回报是获得永生特权。这种利益的诱惑力实在太大。这是绝大部分族人可以被说服并赞成结盟的主要原因。

一些民族志迹象表明，并非每一个阿尔彻灵迦时代的族人都是结盟进程的赞同者。那些结盟进程反对者的境遇十分悲惨，他们没有获得转世特权，他们的灵魂被彻底边缘化：“斯宾塞和吉兰明确地说，名字叫作‘恶兰煞’（Oruncha）的邪恶精灵就是阿尔彻灵迦时代的东西。有很多邪恶精灵被表现为过着世间生活的人的灵魂。……不过与同类阿尔彻灵迦英雄相比，它们还是有些不同之处。它们不转生，在活人中没有谁是它们的再现，它们也没有人类后裔。如果人们从某些迹象判断、认为一个婴儿是这些精灵作用的结果，那么它一出生就立即要被杀死。而且，这些精灵不属于任何确定的图腾群体，它们处在社会组织之外。”（涂尔干，1999a）

第六节　转世制度与成年礼

前面提到，人们不会轻易相信永生的许诺。因此，在制度实施前必有一个解说过程：包括对一整套灵魂转世道理的说明，还包括对一组相关制度所起作用的解释。对于结盟进程推动者来说，其解说过程所要实现的目标是：以永生的利益诱导人们赞同并配合由他主持的结盟进程。对于阿尔彻灵迦时代的族人来说，他们赞同结盟的前提是：对这一套道理和制度的充分了解，以及在此基础上确信这一组制度足以维护他们将被授予的永生特权。

下面讨论灵魂转世制度的实施效果（制度功能）。这里包含两个层面的效果。第一，这一组制度的核心功能是保证每一个阿尔彻灵迦时代被授权者的灵魂得到“永远循环的投胎”。通过这一层面的制度功能分析，我们可以了解这一组制度实现其核心功能的有效性和周全程度，由此回答人们最终决定赞同结盟的原因。这（说服人们赞同结盟）是结盟推动者所要实现的第一个目标。第二，当这一组制度被成功启动之后，又会产生第二层面的制度功能：迫使人们为自身利益捍卫并实行制度。这是结盟推动者所要实现的第二个目标。

澳洲部落成员可分为三种成分：妇女、儿童和通过成年礼的成年男子。对于任何一个阿兰达人的父系氏族来说，媳妇们娶自对方半族，女孩长大后将全部嫁到对方半族。男孩长大后则通过成年礼加入由成年男子构成的社会团体，获得婚配权并依据类别规则娶妻生子，代代如此。在澳洲部落中，成年男子是社会中坚，部落的神圣文化在这个范围内被传递和维持。妇女和儿童被严格排斥在这个范围之外，无权获知神圣文化的秘密。二者之间圣俗分明。

在成年男子中，老年人拥有极高的权力和地位。氏族首领总是由老年人担任。"长老执政"制度在澳洲部落普遍存在。储灵珈的保管、灵魂转世制度的实施均由长老们负责。妇女和未通过成年礼的少年属于"凡俗之人"，他们"不能接触甚至也不能看到储灵珈，……年轻人只有在完成成年礼之后才可以接近，而有些人还要再磨炼上几年方能获此恩荣"（涂尔干，1999a）。

储灵珈被人们珍藏在每个氏族的神圣禁地（图腾中心）。确保储灵珈的安全，是转世制度得以实施的前提条件。它"是集体的珍宝，是氏族的方舟"（涂尔干，1999a），因此人们尽最大努力对其加以保护。"对储灵珈的虔诚表明了赋予它的价值之高，移动储灵珈时的庄重表明了对待它的敬畏之深。储灵珈被小心照管，被涂油、擦拭、上光；如果要把它们从一个地方移到另一个地方，那就要在仪典的中间进行，这也证明这种转移被看成是至关重要的活动。"（涂尔干，1999a）在澳洲部落"遗失储灵珈是一场灾准，是群体所能遭受的最大不幸"（涂尔干，1999a）。

在制度实施过程中，一个阿尔彻灵迦人的灵魂及其储灵珈有两种存在状态。① 一是死后的未转世状态。此时他是"尘世生活的候补者"（列维-布留尔，1981）。其灵魂寄居于专属于他的储灵珈，或来往于图腾中心附近的南迦树、南迦岩，等待"重新转生"（还有一个栖魂之所叫作"阿龙布林加"，详见后文）。二是投胎后的已转世状态。实现转世第一环节是孕妇指认，第二环节是"储灵珈南礼"：在孩子出生时，由成年男子根据孕妇的指认来确定此次转世是哪一枚储灵珈中的哪一位祖先。一旦确定，这枚储灵珈"从此同这个人终身有了秘密的联系"。储灵珈"是把他同他的'祖先'联系起来的神圣的和秘密的灵体"（托卡列夫和托尔斯托夫，1980）。对于他本人来说，这种"联系"的最终建立是在成年礼中。

成年礼制度普遍存在于澳洲部落，其基本内容大同小异。"成丁礼通常由一连串的仪式和考验组成。它要拖延很长的时间，持续许多年，并分成几个阶段来进行。"例如，阿兰达部落的成年礼从10～12岁开始，其结束仪式"要等青年人达到了25～30岁时才举行"。最初的仪式在氏族范围内举行，结束仪式则是"举行特别盛大的全部落的甚或部落间的集会"（托卡列夫和托尔斯托夫，1980）。以往研究主要注重这种制度的教育功能。由本书的认识角度可知，它既是一种十分严格甚至严酷的教育制度，同时又与灵魂转世制度息息相关。法国学者列维-布留尔在这个方面有较深入的研究

① 列维-布留尔将一个循环转世周期区分为更加细致的六个阶段：a. 死和在断气与安葬之间经过的或长或短的一段时期；b. 安葬与服满（用以明确断绝死者与那些在社会集体中和他有密切联系的人们之间的关系的仪式）之间的时期；c. 死者等候再生的一段持续时间不确定但仍有限度的时期；d. 出生和在出生与命名之间经过的一段或长或短的时期；e. 命名和行成年礼之间的时期；f. 成年的和行过成年礼的人以死告终的一生。接下去又重新开始循环（列维-布留尔，1981）。

（详见后文）。

下面是《澳大利亚和大洋洲各族人民》一书对澳洲部落成年礼“几个基本成分”的具体归纳：“使献身者与妇女、儿童长期隔离而使他与男子和老人接近；练习狩猎和掌握运用武器的技能；用专门的饮食禁忌和各种肉体上的考验来锻炼和培养刻苦耐劳的精神，肉体上的考验通常或多或少是痛苦的，例如，打掉牙齿、割破皮肤、拨头发、割包皮、在火堆上熏烟等；培养守纪律，严格服从年长者，遵守习俗和部落道德，供给长者猎获物；传授部落的信仰和传说，演习敬神仪式；用成丁礼来固定年龄性别集团在地位上的差异，成丁礼是用掩蔽物遮掩起来进行的，对未献身者保守秘密。”（托卡列夫和托尔斯托夫，1980）

本书这一章主要关注成年礼中与灵魂转世制度相关的部分：一是长期且严酷的身心磨难（包括饮食禁忌和拔头发、在火堆上熏烟等各种肉体上的考验），二是（有必要从身心磨难中区别出来的）永久性身体标记（包括凿齿、割破皮肤、割包皮等），三是对阿尔彻灵迦时代祖先事迹的回顾，四是向年轻人首次展示与他有“秘密联系”的那枚储灵珈，五是所谓“假死与新生”的仪式环节。

成年礼的实施者是老年人以及成年男子。在阿兰达起源神话中，曼迦昆耶昆雅是成年礼仪式的创立者。在现实生活中，人们认为他至今仍在控制着仪式的举行（涂尔干，1999a；托卡列夫等，1993）。几乎每一个澳洲部落都有与曼迦昆耶昆雅相似的“部落大神”。在起源神话中，这些部落神“创造了所有在部落文明中最受敬重的事物”（涂尔干，1999a）。其中包括成年礼。涂尔干因此称其为“成年礼之神”（涂尔干，1999a）。他们是成年礼的创立者和监督者：“他对监督成年礼的正确进行尤为重视，要是出现了任何差错或疏忽，他都会以可怕的手段来处罚人们。”（涂尔干，1999a）

涂尔干指出，成年礼的核心环节是向“献身者”展示他的储灵珈：“成年礼最为庄严的时刻乃是新人们进入储灵珈圣所的时刻，新人要与之沟通的是储灵珈和纳屯架。”（涂尔干，1999a）“当年轻的初成年者被引入氏族的圣所以后，就要向他展示他祖先的储灵珈，并且有人对他说：‘尔即此身，尔与之同为一物。’”（涂尔干，1999a）

《澳大利亚和大洋洲各族人民》一书对此的叙述略有不同。“当首次给献身者观看他的储灵珈时，有一位长老对他说：‘这是你的身体（mburka），这是你的灵体（iningukua）。’‘mburka’一词表示物质的身体，‘iningukua’一词表示灵体，同时也就是图腾祖先。”（托卡列夫和托尔斯托夫，1980）斯特莱罗认为这一仪式环节的作用是“个体与他个人的祖先通过储灵珈统一在一起了”（涂尔干，1999a）。

下面是澳洲部落成员少年时代生活的一般情况："通常在从幼年直到青春期或者至少直到行成年礼的长时期中，成长着的儿童差不多完全由母亲负责。"（列维-布留尔，1981）在成年礼之前，任何一个身心健康的男孩都已形成稳定的自我意识。而上述成年礼环节则是在他的意识中"植入"另一个"我"。这是全部成年礼制度实施意图的核心部分。

这是一种十分奇特的社会和心理现象。对于一个接受成年礼的青少年来说，这是他与其祖先灵魂的首次沟通。这种沟通方式不是"我"与"他"的交往，而是"我"与另一个"我"的相会。对于成年礼的具体实施者来说，这是按部就班的制度操作。对于受礼者来说，这是完全被动和被迫的接受过程。前者的制度目标并不仅是在后者意识中强行植入第二个"我"，还要让第二个"我"反客为主，成为后者意识中的强势主体：你不是你，你的本质是祖先灵魂的又一次转世。

一般认为，一个人主体意识的最大改变是世界观的变革。而上述制度的实施标的，则是对一个人意识中主体本身的强制性替换。对于任何一个身心健康且已经具备稳定自我意识的青少年来说，他绝不会轻易接受这样的安排。他原有的"自我"必然会强硬地排斥被突然植入他意识中的第二个"我"，会奋起反抗此异己之"我"的反客为主。因此，成年礼制度中的"他我"植入过程实际面对强有力的反抗。进一步来说，成年礼制度的"他我"植入过程就是对其强大抗拒力的压制和克服过程。从这个角度进行考察，可以比较直观地认识一些成年礼制度的功能所在。

第七节　制度功能分析

先来讨论成年礼中的身心磨难制度。其起点是将"新行成年礼的人与他们在这以前一直生活在一起的妇女和儿童隔离开。通常，隔离是突然地、出其不意地进行的。他们被交给一个大都与他们有某种亲属关系的成年男人照管和监督，他们必须消极地服从强迫他们做的一切事，必须毫无怨言地忍受任何痛苦。”（列维-布留尔，1981）

列维-布留尔将成年礼制度中的身心磨难称为考验：“考验是长久而严酷的，有时简直就是真正的受刑：不让睡觉，不给东西吃，鞭笞，杖击，棍棒击头，拔光头发，敲掉牙齿，黥身，割礼，再割礼，放血、毒虫咬，烟熏……火考验等。”（列维-布留尔，1981）罗维称其为试练：“准备受戒礼的青年要被分开在冷僻的所在，食必粗粝，任从年老人或打或踢，他们要忍受这样的试练，不许躲避；此外他们要被迫砍伐木段并转运之，或从事其他苦工。”（罗维，1987）

涂尔干将成年礼中严酷的身心磨难制度称为“消极膜拜”的“苦行仪式”（涂尔干，1999a）。他指出：身心磨难制度的基本特征是“系统地向新步入成年的人施加痛苦”。受礼者因此“百受煎熬，苦不堪言”：“在通常情况下，当他们被允许重返日常生活的时候，此类训练已经把他们折磨得表情茫然，半痴半呆了。”（涂尔干，1999a）

列维-布留尔在《原始思维》第八章第五节讨论灵魂转世制度（列维-布留尔，1981），在第八章第六节讨论成年礼制度（列维-布留尔，1981），他在上述研究中已经注意到，成年礼中的身心磨难制度具有两个主次分明的实施意图。其“次要动机”是“查明新行成年礼的人的勇敢和耐性”；其“主要目的”则是“完全不依赖于他们的意志力的神秘效果：最重要的是在新行成年礼的人与神秘的实在之间建立互渗……是通过这个互渗来给新行成年礼的人以‘新的灵魂’”（列维-布留尔，1981）。

列维-布留尔所说“新的灵魂”具体指转世制度中祖先的灵魂：“当孩子生下来时，这就是某个确定的人再度出现，或者更正确地说是再度赋形。任何一次出生都是转生。”（列维-布留尔，1981）列维-布留尔在进一步的分析中指出，这些制度是“为了使行成年礼的人进入必要的易感状态而采取的方法……为了实现所希望的互渗，必须引导新行成年礼的人进入特别易感的状态”（列维-布留尔，1981）。

从本书认识角度来看，这些严酷的身心磨难制度实际上就是为植入第二个“我”创造条件。其作用是：削弱受礼者的意志力，令其自我意识处于高度涣散和迟钝的状态，以此剥夺其自我意识对第二个“我”的植入过程的戒备和抗拒能力。这就是列维-布留尔所谓的“特别易感的状态”。

这里讨论有关身体标记的制度。在澳洲部落成年礼制度中，留下永久性身体标记的方法包括穿鼻、凿齿、黥身（割破皮肤留下特定图案的疤痕）、割礼和再割礼等。例如，北方阿兰达人的身体标记方法是穿鼻礼（穿透鼻中隔）、割礼和再割礼；又如，阿拉巴纳部落是在受礼者背上用火烫和刀割留下特定疤痕。人们认为这种疤痕与阿尔彻灵迦祖先有关（海通，2004）。阿兰达起源神话提到，曼迦昆耶昆雅是“割礼仪轨的创立者”（涂尔干，1999a）。曼迦昆耶昆雅在阿尔彻灵迦时代使用石刀通过割礼“造人”（托卡列夫和托尔斯托夫，1980）。

在现实生活中，长老们以神的名义用石刀施行割礼，以此在成年礼中“造就”成年者（托卡列夫等，1993）。曼迦昆耶昆雅在阿尔彻灵迦时代为人们施行的首次再割礼，实际上是在永生特权获得者身体上留下特定印记。在成年礼制度中，在一个受礼者身体上割出同样的印记，以此为阿尔彻灵迦人的灵魂入主这一身体提供神圣依据。对于受礼者本人来说，割礼具有一种心理暗示效果：你的身体属于祖先，你是祖先灵魂的又一次转世。

再来讨论成年礼中对阿尔彻灵迦时代祖先事迹的回顾制度。下面是海通对斯宾塞和吉兰所著《澳洲中部的土著部落》一书相关内容的概述：“在献身仪式的初期，老年人给少年讲述关于祖先的传说和各种信仰，讲述关于进入成年男子团体的丰富多彩的入社秘密仪式，同时，要转述图腾祖先生活中的一些事件。这一仪式的每一个阶段都与图腾祖先和图腾圣物——储藏着祖先精灵的储灵珈有必然的联系。”（海通，2004）

由上文可以了解到，部落长老除了向受礼者展示他祖先的储灵珈外，还要向他讲述这位祖先所在时代（阿尔彻灵迦时代）的部落圣史，包括这位祖先本人在世时的所作所为。也就是说，在成年礼制度中植入受礼者意识中的并非一个抽象、空洞的祖先，而是一个有其姓名和秉性的特定人格——“每个个体都被看作是一个确定的祖先的新一轮显形：是祖先本身……又回到了一个新的躯体中”（涂尔干，1999a）。向受礼者讲述这位祖先的事迹，其意图就是让他熟悉、接纳乃至认同于另一个“我”。

在澳洲部落成年礼的结束部分，大多有一个所谓“假死”与“新生”的仪式环节。列维-布留尔指出，在成年礼的身心磨难制度与假死新生仪式环节之间存在直接关系。前者是后者的铺垫：“这个易感状态主要存在于由疲劳、疼痛、虚弱、困苦所引起的一种类似人格和意识丧失的状态中——简而言之，存在于一种其后将有新生的假死中。”（列维-布留尔，1981）

《金枝》第六十七章的第四节题为“死亡与复活的仪礼”（弗雷泽，1987），弗雷泽在此枚举许多近代原始民族的相关例证。其中包括7个澳洲部落的案例。这里枚举4个例证。

例证 1 “达林河上游的乌拉罗人（Walaroi）说在这种成年典礼仪式上有鬼神将受礼的孩子杀死，又使之复生，成为男子汉。”（弗雷泽，1987）

例证 2 “拉克兰河下游和默里河流域的土人都认为是图鲁玛伦（Thrumalun），即达拉莫伦（Daramulun）杀死又复活受礼的青年。”（弗雷泽，1987）

在澳洲部落族人的观念中，这是部落神直接参与成年礼仪式的场合。通过一些大同小异的制度操作，献身者被告知他被部落神杀死了。然后，部落神又赋予他新的生命。仪式的主持者（老人们）“让妇女和儿童（他们在最严厉的惩罚的威胁下被禁止参加这些仪式）相信，行成年礼的人实际上正在死去。老人们也向这些行成年礼的人暗示这个信念，可能，他们自己也在一定程度上抱有这个信念”（列维-布留尔，1981）。

例证 3 “新南威尔士州的温吉或温吉邦部落中，青年人到成年时都要经受一种秘密仪式，无关人士一概不得观看。仪式的部分做法是将经受仪式的青年牙齿敲掉一个，另取一个新名字，表示该青年已成人了。敲牙时有一种工具叫作‘牛吼’，一块带锯齿边的平木被系在绳子的一端，抡动起来发出很响的吼声。非经受这种仪式的人都不被允许看见这个工具。妇女不得观看这种仪式，违者处死。据透露，凡经历这种仪式的青年每人都要被名叫杜仁霖（Thuremlin，通常称为达拉莫伦）的神秘怪物带到远处杀死，甚至砍成几段，然后又使之复活并敲掉一颗牙齿。据说该部落人确信杜仁霖的威力，毫不怀疑。”（弗雷泽，1987）

例证 4 “在澳大利亚中部的安玛特杰拉部落里，妇女和儿童都相信是名叫特旺伊利卡（Twanyirika）的精怪在成年礼期间杀死青年又使之复活的。这个部落里所行的青年成丁礼仪式，同澳大利亚中部其他部落里所行的一样，包括割去青年的包皮和割裂龟头下侧，后一手术完毕时，做父亲的就给这个青年一根神杖（churinga），并教诲他说，他的灵魂已和远祖相连。”（弗雷泽，1987）

上面几个例证都是很不完整的概述，因此有必要参照阅读。后两个例证中有些值得关注的现象。例证 3 提到为受礼者“另取一个新名字”。在斯宾塞、吉兰和斯特莱罗的民族志记录中都提到：“每个阿兰达人都有几个名字，其中，有一个名字极为神圣，绝不能向外人透露，这个名字极少使用，同时还要压低声音，用一种神秘的嘟囔声说出，它被称为‘储灵珈之名’。”（涂尔干，1999a）

所谓“储灵珈之名”，实际上并非新名，而是拥有这枚储灵珈的阿尔彻灵迦祖先的名字（参阅涂尔干，1999a）。他的每一次转世都使用这个名字。在成年礼制度中，将转世祖先的名字授予受礼者，这是一种非常有效的诱导（心理暗示）手段，可以由此强化受礼者在身心方面对另一个“我”的认同：我不是我，而是拥有这一“储灵珈之名”祖先的转世。这是在灵魂转世制度中采用祖先名字的命名制度。[①]

例证 3 中的凿齿和例证 4 中的割礼、再割礼，都是前面已经讨论过的身体标记制度。其制度功能与命名制度相同，都是迫使受礼者认同于阿尔彻灵迦祖先（另一个“我”的植入）的诱导手段。例证 4 中的神杖即储灵珈。在这个案例中，假死与新生、身体标记（割礼）、展示储灵珈等仪式环节彼此衔接，其最终目的是令受礼者认同于转世的祖先——“他的灵魂已和远祖相连”。

下面是涂尔干对（澳洲部落）成年礼制度效果的讨论：“如此众多的禁忌[②]所带来的结果，就是他在举行成年礼的过程中发生了根本的变化。在此之前，他同女人生活在一起，他不能参加膜拜活动。从此以后，他获准走进了男人的社会，他参加各种仪式，并获得了神圣性。如此脱胎换骨般的变形，我们完全可以把它说成是第二次诞生。人们想象，原来的那个凡人已经死去，他已经被成年礼的神，即班吉尔、贝亚米、达拉穆伦[③]亲手杀死、弄走；另一个完全不同的个体代替了那个已经不复存在的个体。”（涂尔干，1999a）

综上所述，成年礼中包含一系列与转世制度相匹配的具体制度。身心磨难制度可对受礼者的意志力造成沉重打击，令其自我意识处于涣散和迟钝的“易感”状态，以此剥夺其自我意识对强行植入另一个“我”的抗拒能力。身体标记、展示储灵珈和命名制度都在诱导和迫使受礼者与另一个“我”的认同（植入）。对阿尔彻灵迦时代祖先事迹的回顾制度，则是对认同对象人格特征的陈述。在假死与新生的制度环节，由部落神将受礼者杀死，这是对其原有自我意识的清除；再由部落神赋予他“新的灵魂”，这是进一步的“他我”植入。这些制度周全而有效，足以完成一个强制性的主体替换过程：“另一个完全不同的个体代替了那个已经不复存在的个体。”

这是灵魂转世制度在一个年轻人意识中的最终实现。斯宾塞和吉兰提到：“一个土人受过了所有这一切仪式的考验以后，就变成了那种叫作乌尔里亚拉（Urliara）的人，亦即变成部族的一个发育完全的成员。”（Spencer and Gillen，1899）下面是列维-布留尔对成年礼与转世制度之间关系的分析：“转生是要通过怀孕的中介过程来实现的……新生儿也只是在行了成年礼的最后一套仪式以后并只是由于这套仪式才成为‘完全的’生。”（列维-布留尔，1981）

---

① 列维-布留尔在《原始思维》一书中指出，这种制度在世界各地近代原始民族中非常普遍：“有许许多多的黑人、马来人、波利尼西亚人、印第安人（苏人、阿尔贡金人、易洛魁人、西北各系的普埃布洛人）、爱斯基摩人、澳大利亚人，在他们那里，死者转生和在家族或氏族中继承他的名字已经成为定规。”这些“定规”大同小异，其基本特征是：这些死者的灵魂和他们的名字“数目都是有规定的，氏族的存在永远是同一些人的死亡和再生的总和”（列维-布留尔，1981）。

② 即前面提到的身心磨难制度。

③ 这些都是澳洲部落神的名字。

第八节　对结盟进程的尝试性复原

让我们回到阿尔彻灵迦时代，直接面对这一次部落文明的创建过程。这里包含甲、乙两种角色：甲是曼迦昆耶昆雅，他来自两个加盟群体之一，其基本目标是联盟的形成和持久；乙是两个加盟群体其余所有成员，他们是“理性的和自利的人”。启动结盟进程的决定性步骤类似一场交易。甲方提出的具体方案是：如果乙方赞同结盟，其回报是获得永生（永远循环的投胎）权利。

乙方足够聪明，绝不会轻易就范，他们需要甲方对灵魂转世道理和制度的说明。如果是一次原发结盟，甲方必须从头说起。但这是一次继发结盟，两个加盟群体此前均有各自的灵魂转世制度，凡经过成年礼的人都自认为是上一个结盟时代祖先灵魂的转世者。甲方在这种情况下无须从头说起。他所要做的是：削弱盘踞在乙方意识中“他我”的强势地位，唤醒人们的自我意识，让他们处在可以重新作出选择的自觉和自主状态，然后提出方案供其选择。

这个方案更加具体的内容是：如果乙方赞同结盟，甲方可截断既往的循环转世，将此特权授予乙方，让他们得以替换原有的转世者，从此开创一个新的“诸神”系统和新的转世纪元。这是让人梦寐以求的殊荣和特权。由本章的分析可知，这一套道理和制度在逻辑的严密程度和实施的有效程度上，都是无可挑剔的。基于甲方对制度功能的具体说明，乙方绝大部分人最终确信：这一套制度足以保证其长久拥有甲方许诺的特权。

这就是人们决定赞同结盟的原因。至此，结盟推动者的第一个目标（说服人们赞同结盟）已经实现。不赞同结盟者被淘汰出局，他们在活着的时候已经被边缘化。他们（人数很少）无法对结盟进程构成威胁。赞同结盟者是绝大多数，他们此时已成为结盟进程的积极支持者和热切参与者。依据阿兰达起源神话和本书已作过的相关研究，我们可以尝试复原阿尔彻灵迦时代结盟和创制进程的基本步骤。

步骤一，结盟推动者（曼迦昆耶昆雅）说服人们赞同结盟。

步骤二，由他主持改组社会结构，将两个独立部落合而为一，将二者原有的父系四分体系整合为父系八分体系。

步骤三，确立婚姻制度，为每个部落成员首次确定八分体系类别身份，同时确定类别间的通婚关系和亲属关系。

步骤四，在新部落（联盟）范围内，为改组后的社会组织单元（半族、亚族和氏族）重新规划和分配领土。

步骤五，在新部落范围内重新分配领土之内的各种资源。这是原始分类体系的形成过程。

步骤六，在资源分配基础上向每个氏族的每个成员授予其主图腾，同时为每个氏族（在其领土内）确立图腾中心。

步骤七，向每个赞同结盟者授予储灵珈（永生特权）。

步骤八，在资源分配基础上建立虚拟的经济合作制度，包括确定诸加盟群体定期举行图腾增殖仪式的义务，以及所有物分享权的彼此授予。

步骤九，确立成年礼，启动灵魂转世制度。

本书第四章提到，澳洲部落主要有三种普遍存在的基本制度（大同小异）：外婚制与类别式亲属称谓制度（详见本书第二章和第三章）；部落内加盟群体之间虚拟的经济合作制度，也就是弗雷泽所说的巫术合作制度（详见本书第四章）；灵魂转世制度及成年礼中的相关内容（本章）。它们共同构成澳洲部落结盟制度的主体。本书已初步完成对这三种制度的研究。上述结盟时代创制进程的九个步骤是这项研究的结论性内容。

在三种制度之间存在一些内在关联。这是确定上述步骤先后关系非常重要的判断依据。例如，只有在说服人们赞同结盟（步骤一）之后，才有条件启动结盟进程；只有在完成社会结构改组（步骤二）后，才有条件确立婚姻制度（步骤三）和分配领土（步骤四）；只有在资源分配（步骤五）基础上才能确定每个氏族的主图腾并为其（在领土内）确立图腾中心（步骤六）。又如，储灵珈具有双重制度功能。在转世制度中，它是阿尔彻灵迦人灵魂的载体、转世的依据。在虚拟的经济合作制度中，它是图腾增殖仪式不可缺少的

“法器”：“它给了人们支配图腾的权力，人们能靠它的帮助来使自己的图腾动物得到繁殖，并使它们长得很肥壮。”（托卡列夫和托尔斯托夫，1980）故只有在授予储灵珈（步骤七）之后，才有条件建立虚拟的经济合作制度（步骤八）和转世制度（步骤九）。再如，在转世制度中，每一个阿尔彻灵迦人的灵魂都有其确定的类别属性（半族、代别和性别）和图腾属性。为部落成员首次确定类别身份，是在确立婚姻制度（步骤三）时完成的。确定每个氏族的主图腾则是资源分配（步骤五）的结果。因此，确立灵魂转世制度（步骤九）必在步骤三、步骤五之后。

在北方阿兰达部落本次与上次的两次结盟事件之间，并非全无踪迹可寻。上述三种制度在本次结盟事件中均非原创，而是对已有制度的直接采用或改良。我们可以据此区分两次结盟间的制度“叠压”关系。例如，南方阿兰达部落采用父系四分体系，本章正面讨论的北方阿兰达部落则采用父系八分体系。在北方阿兰达人以北的澳洲部落大多采用八分体系。因此，八分体系由北方传入，但还没有被南方阿兰达部落所采用。南方阿兰达人四分体系的四个类别名称，被直接沿用到在北方阿兰达人八分体系的八个类别名称中。这表明北方阿兰达人上次结盟采用四分体系，由曼迦昆耶昆雅推动的本次结盟采用其北方相邻部落的八分体系。由本书第二章中给出的八分体系“整合图式”和具体分析可知，八分体系是一种非常精妙的“2＋2”社会整合方案。曼迦昆耶昆雅采用此方案实现既往两个独立社会的整合。

前面提到，阿兰达人的成年礼中采用了三种身体标记方法：穿鼻礼、割礼和再割礼。从逻辑上说，身体标记制度无须重复进行。因此，同时采用三种标记方法很可能体现了两次到三次结盟进程的文化“叠压”关系。具体来说，由于传统制度仍然具有强大的影响力，在一次新的结盟创制中无法将其废除，故只能在既有标记方法之上再加一个。这种情况与上述四分体系和八分体系类别名称的部分重合现象性质相同。

除前面提到的三种基本制度（外婚制与类别式亲属称谓制度、加盟群体间的巫术合作制度、灵魂转世制度及成年礼中的相关内容）之外，澳洲部落还有三种相对简单但同样普遍且重要的结盟制度，即本书第二章第四节已作过简要介绍的长老执政制度和定期聚会制度，再有就是成年礼中与灵魂转世制度无关的部分（主要是知识传授和道德教育）。

第九节　结盟推动者第二个目标

这里讨论成年礼和转世制度第二层面的制度功能。涂尔干指出："根据土著们挂在嘴边的一种说法，成年礼的目的就是要造就或制造人。"（涂尔干，1999a）在经过成年礼高度有效的"造人"（"他我"植入）程序之后，受礼者意识到"我"是一个阿尔彻灵迦人的再生时。一个阿尔彻灵迦亡灵的转世才是其最本源和神秘的自我属性。

他从此获得"乌尔里亚拉"（部族的一个发育完全的成员）的称号，并获得加入澳洲部落成年男人社会的资格。加入这个社会的每一个"乌尔里亚拉"都经过成年礼的"他我"植入。这是一个由"亡灵转世者"构成的群体。他们是一群来自黄金时代的"阿尔彻灵迦英雄"。

对祖先事迹的回顾制度是澳洲部落成年礼中的重要内容："几乎所有的部落都在举行少年成丁礼时举行表演图腾神话的仪式。为了促使少年深信神圣的图腾传说的真实性，在献身者面前表演真正的戏剧、哑剧，它们的意义则由长老们予以解释。在阿兰达部落里，这些神话仪式被称为'克瓦巴拉'。……这样的克瓦巴拉，数量多得很。……在冗长的献身典礼期间，一个接一个地表演这种仪式。"（托卡列夫和托尔斯托夫，1980）

涂尔干将这种类型的戏剧"表演"称为"积极膜拜"的"纪念仪式"："仪式不仅追忆了过去，而且还借助名副其实的戏剧表现方式将过去呈现出来，这就是仪式的全部内容。"（涂尔干，1999a）他指出这种仪式的"唯一目的就是要把氏族的神秘过去重新唤回到人们的心中"（涂尔干，1999a）。他在后文中进一步强调："全部仪典的唯一目的，就是要唤醒某些观念和情感，把现在归为过去，把个体归为群体。"（涂尔干，1999a）

涂尔干指出："如果一个人看到了如此遥远的过去重新回到了他的身边，

如此宏伟的事物重新激荡着他的胸怀，他就会更加确信自己的信仰。这就是仪典的特征，它起着教导的作用。而且，它还倾向于完全作用于心灵，仅仅作用于心灵。”（涂尔干，1999a）从本书的认识角度看，这种神圣历史的回顾制度具有两个效果：一是使此个体认同于彼个体（也就是使受礼者个体认同于又一次转世的那个“阿尔彻灵迦英雄”的个体）；二是使此群体认同于彼群体（也就是使这一代受礼者群体认同于又一次获得转世的那一代“阿尔彻灵迦英雄”的群体）。

这种强化认同意识的创制意图，还体现在阿兰达人的丧葬制度中。斯宾塞和吉兰提到：“人死后，尸体很快就……埋葬……在地里挖的一个圆坑中，土直接往尸体上堆成一座小丘，丘的一边留一个坑。这个坑永远要挖在对着阿尔彻灵迦的男性死人或女性死人的茔地所在的那一边，亦即对着他（或她）以鬼魂的形式生存时所居住的那个地方。挖这个坑的目的是要使死者的乌尔塔纳（Ulthana）或魂能够方便地进出；据认为，在举行终结的丧礼以前，魂一部分时间是在坟墓里度过的，一部分时间是在观察着近亲们，最后，一部分时间是在自己的阿龙布林加（Arumburinga）亦即自己的魂身的社会中度过的。”（Spencer and Gillen，1899）

当一个获得永生特权的阿尔彻灵迦人（X）死后，依据已经启动的灵魂转世制度，其尸体被埋葬在本氏族图腾中心附近。在起源神话中，这是“神话祖先隐失于地下的那个地方”（列维-布留尔，1981）。这里是他的茔地，他的南迦。这里一般都有一些自然标记物，被称为南迦树、南迦岩或南迦水洞等。此后，在他每一次转世（X2 世→X3 世……Xn 世）的终结，在他托生的身体被埋葬时，所有的坟墓都指向 X1 世“原身”的茔地。

在任何两次转世之间[①]，除后世死者的尸体和坟墓外，一个阿尔彻灵迦人灵魂主要有三个彼此相关的“居留”地点（列维-布留尔，1981）：一是收藏于本氏族图腾中心专属于他的储灵珈，二是本氏族图腾中心附近专属于他的南迦（这是其“原身”的茔地），三是在他“自己的魂身的社会”（即上文提到的阿龙布林加）。阿龙布林加是阿尔彻灵迦人灵魂的居所，即所谓“冥界”。

斯宾塞和吉兰介绍阿兰达等部落的“冥界”观念：“它位于地下，每个图腾群体都分有其中的一块地方。最初的祖先、氏族的创建者在某个特定的时刻就是从那里进入地下的，并且自从死后就在那里生活。在地下世界中，死者的地理分布与生者的地理分布相互对应。那里太阳永远明媚，河流永不干涸。”（涂尔干，1999a）由上文可以明显看出，阿兰达“冥界”居民的成分只有“最

① 由于每个阿尔彻灵迦人的灵魂都有其确定的类别属性（半族、代别和性别），因此灵魂转世与类别规则的隔代同名一样，是隔代转世。据此，可将阿尔彻灵迦人的灵魂区分为两个代别：单代数灵魂和双代数灵魂。关于八分体系类别规则的具体情况，参阅本书第二章。

初的祖先”。因此，列维-布留尔称其为“阿尔彻灵迦营地”（列维-布留尔，1981），斯宾塞和吉兰则称其为“阿尔彻灵迦老家”（列维-布留尔，1981）。

也就是说，虽然阿尔彻灵迦时代早已成为历史，但在阿兰达部落族人们的宗教观念（制度）中，这个时代仍然存在于此时此刻的死者之境。人们的灵魂来于斯，归于斯，现实世界不过是阿尔彻灵迦时代的历史投影，是两代阿尔彻灵迦人灵魂循环转世的轨迹。两个世界的地理分布相互对应，图腾中心、储灵珈和南迦是阿尔彻灵迦人灵魂往返于两个世界的通道。

在两个世界之间，死者之境的“阿尔彻灵迦营地”永远居于主导和轴心位置。阿尔彻灵迦时代的社会创制是阿兰达社会的原初版本。两代阿尔彻灵迦人灵魂每一次转世的完成，都是对阿尔彻灵迦时代原版社会的又一次复制。历时性与共时性被如此调和在一起。对于灵魂转世制度的实施效果，涂尔干有一段非常精辟的表述：“于是，神话祖先就成为了活人社会中的一分子，每个祖先和每个生者都被认为具有同样的利益和激情，双方被看成是相伴相生的。”（涂尔干，1999a）

我们来考察这些“亡灵转世者”的“利益和激情”。当一个人意识到“我”是一个阿尔彻灵迦人的再生时，他的思考角度就会改变。这个新主体因此获得新的利益本位：“我”（一个再生的阿尔彻灵迦人）的转世特权使“我”享有超越此世生命的更高利益。当一代人全部通过成年礼的主体替换，这一代被植入新“我”的“亡灵转世者”就会抱有相同的想法。

当他们意识到这一点时，他们会对上一代“亡灵转世者”向他们系统地“施加痛苦”的全部虐待程序充满感激之情——上一代长老对他们进行严酷的成年礼训导，是为帮助他们的灵魂在一代新生者的躯体中觉醒。若无此过程，“我”乃至“我们”的灵魂便不能占有这些后代的躯体，无法在其中觉醒和再生。这是每一代长老对新一代人实施极其严酷的成年礼训导程序的主要动机之一：为接续灵魂的轮回。

与此同时，他们也就意识到自己这一代人的制度任务——当以神的名义“造就”他们的上一代“亡灵转世者”相继死去时，他们的灵魂（拉塔葩）也需要自己这一代人的帮助。这一代人必须采用相同程序使上一代灵魂在下一代人的躯体中再生，否则轮回转世的链条就会断掉。这迫使两代灵魂为各自利益而彼此协助。利己动机与利他动机被如此调和在一起。

于是我们看到了人类早期文明史中最令人匪夷所思的文化奇观：两代灵魂彼此协助，轮流占有一代代新的躯体。这是“亡灵转世者”们的最高利益。而转世链条的断绝则是他们最可怕的灾难①，也是他们时时忧患的危机。他

① 这一点可以从人们对储灵珈的珍视程度上体现出来（涂尔干，1999a）。

们会不惜一切代价捍卫和维持其特权，任何制度的破坏都会威胁到转世轮回的延续，他们因此成为部落制度的坚决执行者和捍卫者。这就是结盟推动者创制意图中的第二个标的。

即便如此，这位文化英雄仍然担忧联盟的稳固。于是他在此基础上又创立一个维护制度的制度：他为自己安排的死后位置是所谓的“成年礼之神”（涂尔干，1999a）。澳洲的部落神大多都是成年礼的创建者及其每一个制度细节的严格监督者：“他对监督成年礼的正确进行尤为重视，要是出现了任何差错或疏忽，他都会以可怕的手段来处罚人们。”（涂尔干，1999a）

第十节　基本结论与验证途径

本章导言部分提到，结盟进程和制度创立面对许多极难克服的实际困难。在结盟推动者的制度构思中，必须考虑到所有这些困难并加以解决。现在可以了解到，他们成功地做到了这一点。永生许诺是说服人们赞同结盟的最佳方案。灵魂转世制度一旦启动，即可赋予每一代“亡灵转世者”坚决捍卫部落制度的利益动机。严格乃至严酷的成年礼训导制度可以有效遏制因世代更替导致的制度蜕变。成年男子群体是澳洲部落的社会中坚，部落长老是执行制度的专门人员。

虚拟的经济合作制度可在群间构建生存资源的依存关系，迫使部落内加盟群体（半族、氏族）为自身的生存而相互支持、合作，可以最大限度地避免和化解部落内诸群体之间的敌视、对抗和冲突。外婚制可在两个加盟群体亦即半族之间实现每一代人的全员通婚。这是每个世代半数人口的双向流动：每对夫妻都由两个半族成员组成，每个家庭都是联盟的缩影，由此可以最快速度和最大限度实现二者之间的文化融合。而文化融合质量的提高，又可反过来加强联盟的稳固性。这就是澳洲部落三种基本制度的主要功能。这些制度如同绳索，将部落内诸加盟群体（半族、氏族）牢固地捆扎在一起，令其聚而不散。这三种制度都经过深思熟虑的缜密构思，可从不同侧面体现其创制者的卓越智慧。换言之，这些制度是人类在石器时代最重要的文明成就，是理性和智慧的创造性产物，其性质是小型社会阶段实现非暴力社会整合的制度工具（结盟方案）。正是由于这些制度工具便于推行且高度有效，所以被结盟推动者共同采用。

首次结盟形成最初的部落，这是我们这一物种摆脱“动物性群体”（原始群）步入人类社会的起点。最初的部落寥若晨星，然后逐渐增多。这是一个缓慢的积累过程。一旦积累到一定数量，便在“群体淘汰”中占有优势。在旧石器时代晚期，人类在地球表面的扩散速度和社会共同体规模的扩大速度开始不断加快，直到农业的出现和早期国家（古代文明）的形成。首次结盟是这一过程的起点。

人类第一个部落的出现，距今大约不会少于 10 万年（可能远早于此）。人类全面进入部落社会的年代，距今大约不会少于 3 万年。可以将部落社会的历史区分为两个时段。一是主动创制期，即每一次结盟事件的发生过程，大约不会超过 10 年。由于结盟推动者目标相同，智慧相近，故每一主动创制期的发生过程和创制结果大同小异。这是一场非同寻常的社会变革（非暴力社会整合以及制度创建），是部落文明也是迄今为止全部人类文明的黄金时代。二是制度存在期，即两次结盟之间的所有时间，大约不会少于数千年乃至上万年。由于制度工具在整合社会和维系自身方面的高度有效，所以这个时段各种社会变迁受到遏制，社会组织和制度形态比较稳定。

这里存在两种力的对抗。一方是社会变迁的动力，另一方是其遏制力。人类天性中的惰性、占有欲、排异性、攻击性和自我意识形成期的叛逆倾向随时都在挑战制度。因此，这一时段部落社会的组织制度形态只有相对的稳定性，潜移默化的各种变迁无法完全消除。

主动创制期一旦结束，制度的存在期也就是其蜕变期。澳洲部落刚好处在这个时期。我们在此既可以看到部落社会比较完整的组织制度形态，也可以看到不同程度的蜕变类型。在现有民族志记录中，澳大利亚中部诸部落“得到了特别细致的观察”（涂尔干，1999a）。本书这一章对转世制度和成年礼的研究，就是以澳洲中部的阿兰达部落为主要对象的。这是一个形态完整且观察和记录质量很高的“部落标本”。

上述三种基本制度（大同小异）普遍存在于澳洲部落。涂尔干在对灵魂转世观念的研究中指出：“同样的结果总是出于同样的原因，因此我们完全可以认为，这种到处都完全一样的观念，不可能在此处出于一个原因，在彼处出于另一个原因。所以，我们所归结的起源，作为我们所行将讨论的这些特定部落的研究成果，对于其他部落也应该是同样正确的。”（涂尔干，1999a）笔者在本书中采用相同的实证路径。

涂尔干在后文中进一步指出，采用此种实证性研究路径，有条件得出比较可靠的“一般化”理论概括：“澳洲文明的同质性本身也足以保证这种一般化的可靠性。”（涂尔干，1999a）现有的民族志文献可以充分证实，上述三种基本制度不仅普遍存在于澳洲部落，还以更加远端的蜕变形态广泛残存于近代原始民族的分布地区（亚洲、大洋洲、南北美洲、非洲）。

通过对近代原始民族社会事实的举证研究，本书至此已初步完成一个新的理论见解的证明过程。早期进化论学者和以涂尔干为核心的法国社会学年鉴学派的工作是笔者此项研究的重要基础。此项研究的主体部分是澳洲部落三种基本制度的构成（是什么）、功能和由来（为什么）。以此为基础，求证人类早期小型社会阶段非暴力社会整合进程的存在，包括对结盟事件主要创制步骤的初步复原，还包括初步论证了的非暴力社会整合对人类早期文明进程的决定性作用。

此项研究关涉社会科学大部分主要研究领域。如果笔者的方法有效、结论属实，社会科学中一些基本见解将因此发生改观。如果当代学术社会还没有完全丧失现代科学形成期欧洲学者们纯知识性探索的激情和敏锐，则笔者的研究将直接面对严格、审慎的理论检验。其途径应包括两个方面。①证据方面：对现有民族志文献中全部近代原始民族的社会事实作归纳法意义上的通盘整理，以此考察此项研究的经验依据。②逻辑方面：对每一个举证和论证环节的合理性进行甄别，以此考察此项研究方法的有效性及其内在逻辑的严密程度。

在对民族志事实作归纳法意义上的整理过程中，我们可以看到同类社会事实个案间的许多差异。这里存在有必要区分的四种情况。第一，早期制度本身的差异。例如，在澳洲各部落之间，其原始分类体系和图腾增殖仪式存在多样化的各种差异（参阅本书第四章）。同为外婚制，有四分体系和八分体系的不同，还有三单元通婚模式的存在（参阅本书第二章）。在起源神话方面，不同部落之间（如瓦拉蒙加部落与阿兰达部落）也存在一些差异。[①] 还有灵魂转世形式上的差异：瓦拉蒙加部落祖先灵魂的每次转世都改变性别，

① 在瓦拉蒙加部落的起源神话中，每个氏族只有一个图腾祖先，他于黄金时代［瓦拉蒙加部落称其黄金时代为“温迦拉”（Wingara）］（涂尔干，1999a），在图腾圣地留下“精灵之子”（涂尔干，1999a），也被称为“生命的萌芽”：“它们几经转世，终于变成了氏族的真正成员。”（涂尔干，1999a）这是在阿兰达起源神话（相对完整的类型）基础上的简化，并不影响制度的有效性，但却增加了追溯结盟事件的难度。

阿拉巴纳部落不仅改变性别，还改变胞族和图腾（托卡列夫和托尔斯托夫，1980）。第二，早期制度的蜕变结果。例如，从两合组织二元通婚到氏族之间多元通婚的演化，这是美洲部落同时存在的两个演化环节（参阅本书第三章）。第三，殖民化进程导致近代原始民族社会组织制度形态的迅速破坏，直到彻底消亡。越是晚期的记录，其认识价值也就越低。第四，民族志本身存在良莠不齐的记录质量问题。以往许多学者都注意到上述区分的必要，只是远未达到应有水平。

第十一节　结语：文明的火种

前面提到，部落社会三种基本制度是理性和智慧的创造性产物，是人类小型社会阶段实现非暴力社会整合的制度工具（结盟方案）。无论是原发结盟推动者的目标选择、制度构思和推行，还是继发结盟推动者再次选定同一目标、对传统制度全部创制意图的重新发现、对制度的采用或改良和又一次推行（包括推行过程中各种随机性变通），都是一个完全理性化的过程。

从原发结盟制度草创，到继发结盟使之完善，此套制度工具（结盟方案）如同文明的火种，传递于结盟推动者之间。这是一种特定的知识技术体系，具有特定的传递方式。对于（除结盟推动者之外的）部落民众来说，原始信仰的脱魅同时就是制度约束力的丧失。因此，每一个结盟推动者都将创建制度的理性过程隐藏起来。他们在其开创的组织制度形态（包括起源神话）中留下足以发现上一次结盟创制的全部线索，但这些线索并不直接指向答案。他们刻意设置了一道很高的认知门槛，留给下一个拥有足够智慧的人去解铃、去系铃。

从泰勒、摩尔根、麦克伦南、史密斯、弗雷泽、涂尔干等一批出类拔萃的学者开始专注于文明起源，到我们由现代科学途径最后一次跨越这道门槛用了一个多世纪。与我们不同，结盟推动者们每一次发现都是独立完成的。他们分别找到其所在时代可以有效推动文明进程的唯一目标：以非暴力途径整合社会。这是旧石器时代人类步入文明的唯一途径。他们拥有纯净的理性、奔逸绝尘的智慧。在现代科学形成过程中，也只有培根、伽利略、牛顿、法拉第、达尔文等寥寥数人可与之比肩。他们实际上是同一种人。

通过结盟推动者的制度构思我们可以认识到，他们洞悉人性中的弱点，对这些弱点可能以何种方式导致社会瓦解有着透彻的体察，他们用文化和制度的绳索对人性当中野性的成分加以束缚，构筑群体之间彼此依赖的合作体制，化解对抗、避免冲突，让部落聚而不散，让进一步的文明进程成为可能。他们是人而非神，他们的作为体现了人类天性中最高贵的禀赋。

第六章
黄金时代：部落制度起源

第一节　经验和逻辑的双重证明

本书至此已初步完成对澳洲部落社会组织和制度形态的研究。其主体部分是澳洲部落三种基本制度的构成：(是什么)、功能和由来（为什么）。以此为基础，求证人类早期小型社会阶段非暴力社会整合进程的存在，包括对结盟事件（继发结盟）主要创制步骤的复原，还包括初步论证非暴力社会整合对人类早期文明进程的决定性作用，从而可以得出结论：这些制度是人类在石器时代最重要的文明成就，是理性和智慧的创造性产物，其性质是实现非暴力社会整合的制度工具（结盟方案）。小型社会的结盟进程是旧石器时代人类步入文明的唯一途径，是迄今为止人类繁荣的重要基础。

本书前面几章主要采用两种认识方法：一是共时性现状（澳洲近代原始民族的民族志）研究，归纳部落制度的构成，分析其功能；二是历时性起源研究，通过现状反推既往（依据功能分析考察制度由来）。虽然到此已经完成一个比较坚实的基础研究，但为证实此事，还需要一个证明环节，就是对首次（原发）结盟的具体过程给出一个细致完整的正面陈述。这是本书这一章将要展开的主要工作。

由于认识素材方面存在不可克服的局限，本书只能通过继发结盟的创制结果（澳洲部落的观念和制度体系）去间接判断原发（首次）结盟的具体进程。无论是首次结盟还是继发结盟，结盟推动者都具有相同的创制意图，面对相同的困难，解决同样的问题，且后来者会沿用前人制度（结盟方案）。这是澳洲部落普遍存在大同小异的组织制度形态的主要成因。因此在原发结盟与继发结盟之间，其创制过程与基本制度并无本质区别。这是本章工作的经验条件。

在原发与继发结盟之间，应有一个从制度草创到趋于成熟的过程。故本章对首次结盟（包括由此形成的观念和制度体系）的描述，有必要注意排除继发结盟中出现的制度成分。这里有一判断尺度：如果首次结盟后的观念和制度体系简单或不完整到一定程度，将不足以维持社会联合体在较长时期内的稳定存在。那么，要完整到什么程度才足以实现结盟推动者的创制目标?

这是一个非常困难的取舍问题。在一次失败的首次结盟之后，两个群体将在短期内结束联合关系，再度退回动物性群体生存状态。此番不成功结盟的文化印记将迅速衰减并消失。对于结盟推动者（首次结盟）来说，他很清楚自己没有对结盟制度进行试错和修正的条件。他的制度构思会倾向于尽可能完整（足以实现其结盟目标）。基于此种考虑，笔者并不硬性排除那些没有足够排除理由的制度成分。故本章对首次结盟的描述可能比草创期的实际情况复杂些，但相差不会很多。

结盟制度复杂程度以及结盟参与者的人数，均与制度确立难度成正比。首次结盟发生于两个原始群之间。一个原始群人数很少超过四五十人（详见后文）。其中成人与儿童的比例以及男女比例均为 1∶1（这是比较稳妥的估计）。制度确立主要完成于结盟推动者与两个群体成年男子的互动过程中（详见后文）。换言之，主要结盟参与者（成年男子）至多三四十人。这是一整套相当复杂的观念和制度体系有可能成功确立的具体条件。

本书这一章对首次结盟的完整描述主要包括如下内容：①简要讨论首次结盟发生前的背景情况；②结盟推动者的动机形成、他的两个具体目标及其实现途径；③结盟推动者意图明确的观念设计和制度构思过程；④他在结盟进程中对一整套观念和制度体系的具体确立过程；⑤首次结盟之后形成的观念体系及其迫使人们遵从制度的利害驱动机制、制度体系的构成及其主要功能。

简单地说，本书前面几章是由结果去推求原因，这一章则是在此基础上对因果过程的正面陈述。本章是一项实证研究水到渠成的成果。其中提到的每一个观念和制度细节都有来自民族志方面的经验依据，三种比较复杂的主要制度（外婚制与类别式亲属称谓制度、部落内加盟群体间的巫术合作制度、成年礼和灵魂转世制度）均已经过比较充分、细致的基础研究（包括现象归纳、功能分析和起源论证）。

本章同时也是一个逻辑推演过程。从结盟推动者的创制意图、制度构思，到制度确立的每一个主要环节，乃至确立后一整套观念和制度体系的基本轮廓及其社会控制效果，其间存在千丝万缕的内在关联。本章的主要撰写意图，是要通过对这样一个高度复杂的因果过程的正面陈述，为人类早期结盟事件的存在提供一个足够坚实的经验和逻辑的双重证明。

第二节 原始群僵局

这一节简要讨论首次结盟发生前后的背景情况。人类的第一种食物获取方式是狩猎采集（其间存在动植物的食物比重改变），其次是进入农业时代。在狩猎采集时代，人类群体的初始形态是原始群。原始群是领土相对固定的动物性地域群体，是人类个体为实现安全聚合而成的自然群体。具有稳定地域群体的高等动物（包括灵长类动物）大多存在十分敏感的领土（作为生存资源载体）占有意识（或“本能”），由领土争端引发的群间冲突十分普遍。在早期人类的原始群之间，此种情况概莫能外。

首次结盟必须具备两个基本条件：一是原始群在一个地区内具有较大分布密度，二是至少已出现雏形期的语言。前者导致群间交往不可避免，后者使高质量交往成为可能。首次结盟形成最初的部落。作为加盟群体的原始群由此成为隶属同一部落的次级群体。外婚制等部落制度可有效化解下属群体的群间冲突。原始群是由个体构成的独立地域群体，部落是由地域群体构成的独立社会。首次结盟是从动物性群体到人类社会的过渡环节。

部落社会形成于狩猎采集时代，农业革命肇始于部落社会晚期。两个因素决定人类狩猎采集时代地域群体的规模（群内个体数量）：第一，由于主要生活在地面（而不是树上），所以群体规模小到一定程度就无法有效防御大型猛兽和同类的袭击。第二，由于食物资源有限，群体规模大到一定程度就会有人饿死。在狩猎采集时代结束前，从彼此独立的原始群到隶属于部落的地域群体，其规模一直受到上述两个因素的制约，为二三十人（其规模下限）到四五十人（上限）。

让我们回到首次结盟发生之前。在两个相邻而居且彼此独立的原始群之间，领土争端不可避免。其交往规则是强者占优，也就是在冲突中获胜的强势群体赢得更广阔的领土和更丰富的资源。弱势群体只好屈居一隅或是被迫离开。由于上述两个因素的制约，强势群体无法因获胜而无限扩大。如其规模超过上限（四五十人），人们只有两个选择，要么聚在一起挨饿，要么一分为二各自谋生。

在以此种方式一分为二的两个原始群之间，会在短期内相安无事或彼此援助。但过不了很久，在一两个世代（甚至更短间隔）后，它们就会淡忘其亲缘关系，于是领土争端烽烟再起。从客观上说，人类物种同出一源，任何两个原始群之间都存在或远或近的血缘关系，但这种关系不会在人们记忆中存留太久，故领土争端是原始群之间关系的常态。

在人类物种（人科）出现之后的数百万年间（古人类学家一般认为最早的人科出现于500万～700万年前，这一推测要早于已有化石证据），从“两足行走的猿”到直立人，其种群一直在繁衍、扩散。生物学家称此过程为适应辐射（adaptive radiation），其物种的分化、兴衰塑造着人科系统树。但群体规模和群间关系则一直延续上述局面。只要领土相接，原始群之间互施领土压力的紧张对峙和暴力冲突就会交替发生。以对抗为基调的群间关系屏蔽了任何高质量的群间交往。

这里有必要简略讨论原始群内部结构。在原始群之间，只有竞争，没有（或很少有）合作。在原始群内部个体之间，则同时存在竞争与协作的双重关系。这与其他高等动物的地域群体没有本质区别。群内个体间的基本协作原则是共同应对外来威胁（当然还有其他形式的互助）。群内个体间的基本竞争原则同样是强者占优。智力和体能方面的竞争结果决定个体在群内地位的排序。

原始群内的个体间竞争应主要发生于雄性之间，其目的是占有雌性。具体情况已无从得知，但可通过（与人类关系最近的）大猩猩和黑猩猩的群体类型去间接了解。在这两种分布于非洲地区的类人猿群体中，存在两种不同的雄性对雌性的占有形式：一种是大猩猩的一雄多雌群体（灵长类动物中最常见的群体结构），另一种是黑猩猩的多雄多雌群体。前者是一个成年雄性独占群内成年雌性，是完全的排他性占有；后者是几个具有近血缘关系（此其相互合作的达尔文原因，即遗传原因）的成年雄性共同占有群内成年雌性，是相对的排他性占有（利基，1995）。

一雄多雌的群体类型可以导致两性间的体型差异。只有雄性当中少数个头最大且最强悍的个体才能通过争斗赢得交配特权。当这种争斗模式稳定存在一个较长时段后，就会由于获胜者特定的基因积累而发生雌雄体型差异的改变（性二型，sexual dimorphism）。非洲大猩猩的成年雄性体型要比成年雌性大出将近一倍。黑猩猩的多雄多雌群体没有这种争斗模式，其雌雄体型差异不大（不超过30%），与现代人相近（利基，1995）。

在这种给定条件（通过争斗赢得交配特权）下性二型分化现象的存在本身不成问题，其改变速度（包括在失去给定条件之后的特征消失速度）是有待研究的重要课题。在考古人类学现有的古人类化石证据中，早期人科（南方古猿）的性二型特征明显。人属出现后，这种情况开始发生改观。早期智人的两性体型差异已与黑猩猩大致相当。一些人类学家据此认为："在人属起源时，这种身材分化的改变肯定也代表社会结构的变化。"（利基，1995）换言之，原始群"肯定"曾发生过一次从一雄多雌到多雄多雌的结构变化。这是一非常重要的合理推测，但却很难加以确证。自达尔文以来，化石记录的匮乏一直是自然历史研究者的憾事。

回到正题，人类文明形成于高难度智力创造的积累之中。这一进程无法发生于只有二三十个成年人且彼此孤立的原始群内部。在距今200余万年前，人类（人属）制造出最初的石器。此后的技术进展一直十分缓慢，一些微小变革的发生速度以10万年计（利基，1995）。如果没有新因素的介入，这是一个很难打破的局面。不妨称其为原始群僵局。这种局面一直持续到旧石器时代晚期。

社会科学的基本问题是人类社会何以可能，也就是"什么使人类结合为社会"的问题。以往学者倾向于将人类社会的形成起点设想为个体之间的合作。例如，经济学家用囚徒困境多次博弈的合作解来说明问题。实际上早在人类出现之前，许多动物物种已经采用结为群体的生存策略。在这种情况下，任何一个相对稳定的地域性动物群体中都存在多种方式的个体间协作。这种协作关系无力说明人类社会的形成机制。

在上述命题的提法和解释中，存在过于抽象且大而无当的理论缺陷。作为动物性群体的原始群还不是严格意义上的人类社会。原始群内部的个体间合作不足以推动人类社会的形成。因此，有必要将上述问题进一步具体化。第一，动物性群体的领土争端在什么程度上遏制了人类社会的形成。第二，原始群僵局存在期的长度。第三，原始群僵局对"理性人"合作规模的限定及其在什么程度上遏制了文明的产生。当我们追问人类社会何以可能时，有必要将问题锁定在原始群僵局何以可能被打破之上。

第三节　结盟推动者：两个目标及其实现途径

首次结盟实现了两个地域群体的稳定联合。这是打破人类物种数百万年原始群僵局的唯一途径。每一次继发结盟都是地域群体联合规模的进一步扩大，包括部落共同体组织层级的增加、结盟制度的复杂化。结盟进程原动力来自结盟推动者。其起点是他选定自己的行动目标：在两个彼此独立的原始群（首次结盟）或部落（继发结盟）之间创建尽可能长久和稳定的联合关系。

实现联合可为加盟群体带来三方面的重要利益。第一，可以有效化解盟员间武力冲突。第二，群间联合导致社会规模成倍扩大，一旦与其他独立群体发生冲突，盟员间倾向于彼此支持。这样的社会联合体（包括其下属每一加盟群体）在群间冲突中获得更高的安全保障和更多的生存机会。第三，可加大任何高难度智力创造成果（如各种工具制造技术、渔猎采集技术、动植物养殖技术以及语言等）的共享范围，为其延续、积累乃至进一步发展提供更加稳定的社会条件。

虽已无从得知结盟推动者选定目标的具体过程，但可推断上述内容都在其思考范围内。由于领土争端不可避免，故领土相接者之间便是宿敌。群间冲突一直是原始群成员非正常伤亡的主要原因。结盟推动者（首次结盟）生于斯、长于斯，对群间冲突的恶性结果有着痛切体察。当他凭借智慧赢得本群体首领地位时，解决此问题必是他选定目标的主要动机之一。

结盟推动者既可能是一个只考虑本群体利益（安全）的人，也可能是一个崇高的利他主义者。就我们对结盟制度的了解，他属于后者。这里从最低限度上说，即便他属于前者，只要拥有足够智慧，与宿敌结盟就是唯一选择。在他带领本群体制服敌对群体的情况下，在他既可以赶走也可以消灭对方的情况下，与对方结盟仍可以为本群体带来更多利益。如果仅仅是赶走或消灭对方，在其领土外围还有其他群体，同样的冲突和伤亡必定再度重演。如果与对方结为彼此支持的稳定联盟，本群体就可获得更加有效和长久的安全保障。

目标一旦选定，结盟推动者便开始设计结盟方案。选定目标需要很高智慧，实现目标更加困难。其目标可被分解为两部分：一是在两个狩猎采集地域群体间实现联合（第一目标），二是确保这一联合体在其死后尽可能长久的时间内聚而不散（第二目标）。作为首领，他已在本群体中确立其权威。故实现第一目标的主要智慧挑战是如何说服对方群体。假如单纯采用强制手段，对方群体即使被迫接受联合，随时可能脱离出去，无法建立彼此支持的稳定联盟。因此只能通过和平手段说服对方，令其心悦诚服地接受联合。

即使对方群体充分理解联合的利益，并真诚接受其动议，此种联合仍然非常脆弱。领土争端随时可能导致两个群体反目成仇。如果说结盟推动者在世时可凭借其影响和才能协调关系、掌控局面，那么当其故去之后，即不存在目标明确的掌控者时，联合体便会迅速瓦解。所谓人亡政息。他当然有条件选择“接班人”，但却无法确保其具备足够的忠诚与才能，更不要说接班人的接班人。因此，对于结盟推动者来说，更加艰巨的智慧挑战是如何实现第二目标。

这是横亘在动物性群体与人类社会间一道几乎不可能跨越的鸿沟。结盟推动者要在生前完成第一目标，第二目标却要在死后实现。换言之，他看不到第二目标的实现情况，只能在生前完成对其死后目标的控制。故其设计结盟方案的基本思路是：在结盟进程中完成结盟制度的确立。也就是说，先要构思出一套完整的制度体系，然后在结盟进行的同时完成制度确立，让这一套制度在其死后继续发挥维系社会联合体聚而不散的作用（功能）。

结盟推动者要控制的对象是人，是生活在两个狩猎采集群体中的每一个人及其子子孙孙。因此，这样的方案设计需要洞悉人性，需要对每一个方案细节深思熟虑，包括人的欲望与情感、理性与冲动、动机与行为，包括人性中哪些成分可以借助，哪些则必须加以遏制；什么样的手段可以实现对个体乃至群体行为的有效控制，具体存在哪些有可能发生的失控隐患。

结盟推动者的方案设计包含两方面内容：制度设计和制度确立程序的设计。这一套制度（结盟制度）是其实现第二目标的唯一工具。因此他要做到尽可能万无一失，既要做到制度安排绵密周全，又要实现最大限度的简约。不周全就会因制度漏洞导致目标失控，过于繁琐就会导致制度无法长期实施（所谓事繁则乱）。到此我们已经获得准确理解澳洲部落三种基本制度的认识角度：它们是（且仅是）结盟推动者为实现上述目标的制度构思结果。这是一个目标明确且绵密周详的方案设计过程（详见后文）。这三种制度在首次结盟时均已出现（否则不足以实现第二目标），只是在继发结盟过程中还有一个逐渐完善的过程。

第四节　结盟推动者的制度构思

（一）外婚制与类别式亲属称谓制度

对该制度的具体研究详见本书第二章和第三章。由于（前面提到的）两个因素限定狩猎采集时代的人类群体规模，因此首次结盟的两个群体无法被简单合并。在结盟完成后，它们仍然只能在各自领土内过着狩猎采集的日常生活。这种彼此分隔的状态势必导致群间关系日渐疏远。这是联盟解体的极大隐患，也是结盟推动者在制度构思中必须解决的主要难题之一。为此，他构想出外婚制来解决问题。

外婚制的基本内容是将两个加盟群体确定为内部禁婚的外婚单元，通婚关系只能发生于二者之间，也就是在二者间实施每一代人的全员通婚。该制度还包括另外两个重要组成部分，即单系继嗣制度和婚后居住制度。从逻辑上说，存在四种可供选择的方案：①父系从夫居；②父系从妻居；③母系从夫居；④母系从妻居。作为经验依据，澳洲部落主要实施父系从夫居和母系从夫居。首次结盟的制度选择应是父系从夫居，因为这种制度组合在上述四种方案中最简单且最易推行。相对于父系从夫居，母系从夫居是一种更加复杂和高级的制度，其推行难度也更高。

这里简要讨论结盟推动者（继发结盟）将原有的父系从夫居改为母系从夫居的创制意图。其具体方法是从制度功能反推方案选择动机。如果采用母系从夫居，则两个加盟群体的族系归属在每代都会发生一次涂尔干所说的“交叉换位”（参阅本书第二章）。此前，两个群体各自只有一个主体性本位，即地域群体的自我意识（我们）。此后，出现了第二个主体性本位，即族系归属方面的群体自我意识（我们）。第一本位是父子相传占有同一块领土。第二本位是母系继嗣导致父子两代的不同族属。

将父系从夫居改为母系从夫居的创制结果：两个血缘群体没有固定的领土占有，两个地域群体没有单一的族系归属。在这种情况下，两个地域群体在族系归属方面你中有我、我中有你。来自第一本位（更加强悍好斗的父系地域群体）的领土占有意识、排异性和攻击性受到来自第二本位方面高度有效的克制和消解。这种制度组合可以有效化解领土争端。具体来说，群间冲突的升级需要依靠族系本位的“血亲复仇”，而这种制度组合将“血亲复仇”转化为任何人都不可能选择的父子相残。因此即使发生争端也不可能升级为有组织的对抗。

无论是从夫居还是从妻居，均可实现每个世代半数人口的双向流动。以从夫居为例，每一个男人的母亲和妻子都来自对方群体，他的女儿也要嫁入对方群体。他与对方群体的每一个人之间都存在着难以割舍的亲属关系。例如，依据类别式亲属称谓制度，在对方群体中，与他母亲同辈的每一个男人都是他的舅父（同时也是岳父），与他同辈的每一个男人都是他的姑舅表兄弟（同时也是他姐妹的丈夫），比他低一辈的每一个男人都是他的外甥（同时也是女婿）。类别式亲属制度还具体规定了不同亲属之间必须承担的责任和义务，以及彼此交往时必须遵循的礼仪规范。

两个加盟群体一旦发生领土或食物资源方面的争端，随时可能升级为暴力冲突。冲突一般发生于男人之间且必有伤亡。这是一个以激情和冲动为主导的连锁反应。此类突发性危机无法杜绝，极易导致联盟解体。外婚制和类别式亲属制度在确立之后，可在上述连锁过程的每一个环节发挥阻断作用。冲突双方是亲属关系（舅父与甥儿、岳父与女婿，姑舅表兄弟、彼此姐妹的丈夫），在冲突发生之前和冲突过程中就会面对许多亲情方面的顾虑，并且始终存在亲属之间的沟通途径和协调余地。

我们由此可以进一步理解外婚制和类别式亲属制度的创制意图：以婚姻和亲属关系（包括亲属之间必须承担的责任和义务以及彼此交往的礼仪规范）为基础，在两个加盟群体之间建立互敬、互谅的牢固情谊，由此最大限度地避免任何可能发生的群间冲突及其进一步的恶性结果。这是结盟推动者借以实现第二目标的一个重要制度工具。

（二）灵魂转世制度

对该制度的具体研究详见本书第五章。为实现第一目标，结盟推动者必须解决两个难题：如何说服人们赞同结盟，如何在结盟进程结束前顺利而有效地完成一整套复杂制度的确立过程。为此，他要在完成制度构思的基础上设计一个紧凑流畅、便于实施的制度确立程序。由于结盟进程和制度确立的每一个环节都需要人们对结盟推动者大量指令的无条件服从，因此他在说服人们赞同结盟时必须给出一个足以让人们接受其安排的理由，或者说赋予人们一个乐于服从其指令的动机。

人类行为有两类动机，利己和利他。前者以个体利益为核心，后者以公共利益为归宿。如果我们最大限度地将已有经验中全部人类行为纳入视野，不难看出，利己行为出现率高且稳定，利他行为出现率低且不稳定。完全的利他主义者极少，有能力控制社会的利他主义者更少。基于此种考虑，结盟推动者选择人性当中更占优势的利己（趋利避害）动机。

本书第五章提到，一个石器时代的政治家（甲方）面对两个狩猎采集群体（乙方），他手头没有任何足以打动人心的利益资源。他给出的利益许诺是：凡赞同结盟者可因此获得永生（永远循环的投胎）特权。这是一个虚拟的利益，但却比任何实际利益更能打动人心。不仅如此，他还在此基础上虚构出一套有关肉体与灵魂的观念体系，包括如何确保结盟赞同者长久享有永生特权的一整套灵魂转世制度。通过他的详细讲解，至少绝大部分人可以被说服，成为结盟赞同者和结盟进程的热切参与者。

这是一举多得的连环效应：在结盟之前，乙方为获得永生特权而赞同结盟。在结盟进程中，乙方为确保自己享有此特权而积极响应甲方的制度确立指令。在实现联合之后的世代更替中，每一个乙方的“灵魂转世者”都会不惜一切代价捍卫和维持其特权。他们因此成为结盟制度的坚决执行者和捍卫者。由甲方赋予乙方的这一利己动机具有不可抗拒的诱惑力和驱动力，灵魂转世制度因此成为结盟推动者借以实现目标的第二个重要支柱。

（三）加盟群体间的巫术合作制度

对该制度的具体研究详见本书第四章。虽然上述两种制度（对于实现第二目标）已十分有效，但由突发性危机导致联盟解体的风险依然存在。前面提到，在结盟完成后，两个加盟群体只能仍然像以前一样在各自领土内过着自给自足的狩猎采集生活。当突发性争端升级为两个群体反目成仇时，结束联合关系并不会直接影响人们的日常生活。这是人们有可能因冲动而选择结束联合的重大隐患。

为有效遏制这一隐患的发生，结盟推动者又构想出第三种结盟制度：在资源分配基础上建立两个加盟群体间虚拟的经济合作制度（巫术合作制度）。在两个自给自足的狩猎采集群体之间，客观上（在食物等资源获取方面）并不存在相互依赖的协作关系。因此，与灵魂转世制度一样，这种合作制度也只能建立在虚构的基础上。主要虚构成分：在资源分配完成后，资源占有者拥有使之增殖或灭绝的巫术支配权。这是他者无法取代的能力。其操作原理是通过图腾增殖仪式将图腾动植物的灵魂驱散到四面八方（包括仪式中模仿图腾的舞蹈），由此实现促使其增殖的目的。

以此为基础，在加盟群体间建立通过图腾增殖仪式彼此提供生存资源（主要是食物资源）的协作制度。在这一套观念和制度确立后，可在两个加盟群体间建立相互依赖的资源供需关系。在人们的观念中，联盟一旦解体，两个群体都会因食物匮乏而无法生存，所以谁也离不开谁，谁也惹不起谁。在这种情况下，即使两个群体因突发性危机反目成仇，人们也会想尽一切办法维护联盟的继续存在。这一套观念和制度迫使两个加盟群体为自身的生存而相互支持、合作，可以最大限度地避免和化解二者间的敌视和冲突。

灵魂观念是灵魂转世制度和巫术合作制度的共同基础。下面对灵魂观念以及这两种制度的构思情况作简要讨论。目前尚无灵魂存在的有效证据。我们有理由也有必要假定灵魂不存在，这是对结盟推动者制度构思展开分析的一个比较可靠的认识角度。也就是说，灵魂是结盟推动者（首次结盟）虚构的概念，是以无当有。其意图是为上述两种制度（灵魂转世制度和巫术合作制度）提供一个基础性的观念依据。

外婚制（包括类别式亲属称谓制度）的功能只针对第二目标。如果只采用这一种制度，其效果不足以实现第二目标。进一步说，外婚制的实施难度很高，如果没有其他制度的支持，这种制度本身尚且无法在较长时期内被严格实施，更不要说用来实现第二目标。因此，仅有外婚制还远远不够，结盟推动者还需要另行构想出其他制度去解决仍然存在的问题。

前面提到，结盟推动者要说服人们赞同结盟并在结盟过程中遵从其制度确立指令（第一目标），还要让此后许多代人继续执行其制度并维护联盟的稳定存在（第二目标）。为此，他既不能借助强制性手段，也不能借助利他主义者。唯一有效的办法是借助人性中更占优势的利己（趋利避害）动机。换言之，他只能通过利益驱动手段去实现目标。

具体说，他只能通过向人们提供利益去换得人们对其指令、制度的遵从，只能通过在两个加盟群体间建立彼此依赖的利益关系来驱使人们去维护联盟的存在。上述第一种利益由结盟推动者提供，第二种利益由两个加盟群体彼此提供。这两种利益都要足够大。前者要大到足以超过人们遵从其指令、制度的成本，后者要大到人们在任何情况下都不敢面对失去盟友的后果。

结盟推动者要用利益去激励的对象不仅是这一代结盟参与者，还包括他们的子子孙孙。其覆盖面在每一代人中都不是一部分，而是全体。假如没有这两种利益的激励，他不可能实现目标。但在狩猎采集时代，无论是结盟推动者，还是两个加盟群体，谁手里都没有符合上述条件的实际利益资源。结盟推动者生前拿不出，死后则无法拿出。两个自给自足且没有食物储备的狩猎采集群体更是如此。

这是结盟推动者制度构思中的最大难题。他要在客观上不存在利益资源的情况下找到利益，在不可能解决问题的情况下解决问题。他最终找到了解决问题的途径，其特征是以无当有，是在人们主观世界中虚构出灵魂观念并在此基础上虚构出两种符合上述全部条件的利益。第一种利益是与生命有关且超越生命的永生特权，第二种利益是生命赖以存在且一日不可或缺的生存资源（以食物资源为主的）使用权。前者是灵魂转世制度的核心，后者是巫术合作制度的枢纽。

这里存在三个方面的唯一性：第一，利益驱动是实现上述目标唯一有效的手段。第二，在客观上不存在利益资源的情况下，虚构利益是唯一可行的途径。第三，作为虚构结果，只有这两种利益符合上述全部条件。可以由此得出一个重要结论：灵魂观念以及上述两种制度的出现绝非偶然，而是结盟推动者为实现目标进行制度构思的必然结果。只要目标相同且拥有同样卓越的智慧，在当时的具体情况下，无论是谁，必定殊途同归。

为使上述两种制度可以有效推行，结盟推动者需要构想出一个严密、完整的观念体系和制度操作程序。灵魂需要存在空间，于是他构想出现实世界之外的第二个世界（死者之境）。他还要在两个世界之间设置灵魂往返的固定通道，也就是图腾中心。这里是灵魂（包括图腾族人的灵魂和图腾动植物的灵魂）的出入和寄寓之所，是上述两种制度中一些重要仪式（包括图腾增殖仪式、成年礼中与转世制度相关的仪式等）的举行场所。每一个仪式都需要他制定出具体脚本。

巫术合作制度的主要观念依据是图腾族人对图腾动植物的巫术增殖能力。还有一个具体限定条件：这种能力他者无法取代。一旦对方群体认为自己也能取代对方实现（属于对方的图腾动植物的）增殖，该制度的预期目标便会完全落空。此为其最薄弱环节。为加固这一环节，结盟推动者在图腾族人与其图腾动植物之间设定一种具有明确排他性的类同关系。例如，袋鼠族人有一半的属性就是袋鼠，反之亦然。

于是，两个（首次结盟）或更多（继发结盟）加盟群体各有其排他性图腾属性。这种关系构成每一图腾群体对其所属图腾动植物具有排他性增殖能力的巫术依据（所谓模拟巫术）。其创制意图就是以此来杜绝加盟群体之间任何可能发生的（在巫术增殖能力方面的）越俎代庖。这是“图腾观念”的起源情况。此类观念（包括其残存形态）在近代原始民族中十分普遍。

在成年礼结束部分，结盟推动者（作为生者）构想出一个假死与新生的重要仪式，无论过去多少代，他（作为死者）都要亲临仪式现场，亲手杀死受礼者并赋予其新的生命。这是成年礼中“他我”植入程序的关键环节，是每一次灵魂转世具体完成的所谓“阀限”。他由此实现了在其死后继续为每一代人提供巨大利益（赋予其新的生命）的制度构思目标。在“他我”植入完成后，每一个被以既定程序造就出来的“转世者”都会对他的恩德感戴终生，都会积极承担起接续轮回的制度责任。

此外，结盟推动者还构想出一些相对简单但同样不可缺少的结盟制度。下面仍然从结盟推动者制度构思的角度，举其大端作简要说明。从经验依据上说，与上述三种基本制度相同，下面三种制度同样普遍存在于澳洲部落。

（四）长老执政制度

本书第二章第四节已对此作过简要介绍。外婚制等一整套相当复杂的制度体系需要设置专门的人员去实施和管理。为此，结盟推动者选择成年男子群体（核心成员是老年男子）主持其事。他在两个地域群体各设一首领（在老年男子中推选）。此种安排至少有两个效果。第一点是老人经验丰富且倾向于保守。第二点更重要，一个行将就木的人最为关注的是自己死后是否有条件实现再度转世。他们因此成为结盟制度最可靠的执行者和捍卫者。作为经验依据，澳大利亚数百个部落无一例外都实行长老执政制度。[①]

---

① 罗维《初民社会》：“澳洲公共生活的特色是老年人统治一切，李维斯博士给它取个名字叫‘老人政治’，这个名字非常适当。”（罗维，1987）其具体情况参阅罗维《初民社会》（1987 年）。在托卡列夫等主编的《澳大利亚和大洋洲各族人民》一书第五章“澳大利亚人的社会制度”中有一节名为“政权组织”，专门介绍澳洲部落的“长老议事会”制度（托卡列夫和托尔斯托夫，1980）。其中提到：“老人和首领是习俗的维护者。他们也是社会权力的体现者。澳大利亚的社会除了这些古代习俗的维护者外，再没有任何其他的权力机关。”

（五）成年礼制度

在没有文字的狩猎采集时代，世代更替是制度延续最脆弱的环节，具体存在两个方面的隐患：①一整套相当复杂的结盟制度及其相关知识很容易在世代更替过程中逐渐变形乃至失传；②每一次世代更替都会消解制度实施的严格程度，每一代年轻人都是传统制度的潜在叛逆者。因此，有必要借助制度工具最大限度地防止隐患发生。这是结盟推动者构想出成年礼制度的主要意图。

成年礼制度的覆盖范围是每一个部落成员（男子成年礼更加严格），其内容由三部分构成。一是灵魂转世制度（“他我”植入）的实施，二是一次保守秘密的考验（这是接纳新成员进入成年男子群体的必要条件，详见后文），三是知识传授和道德教育。其中知识传授分为前后两个传授阶段（详见后文）。会有少数人无法通过成年礼，他们没有婚配权，终生被视为儿童，被排斥在主流社会之外。成年礼制度既保证了部落知识的高质量传递，也可以有效遏制每一代青年的叛逆倾向。

（六）定期聚会制度①

本书第二章第四节已对此作过简要介绍。如果两个加盟群体可以同居一地，其联合关系最易维持。前面已提到，由于有限的食物资源，此事无法实现。但在一年中总会出现食物资源最丰富的季节，两个加盟群体有条件在这一段时间内同居一地。于是结盟推动者以此为基础创建了两个加盟群体的定期聚会制度。其内容包括一年中相对固定的聚会时间、地点，事前的筹备，营地的安排，聚会的日程等。

在聚会日程中，包括全部落的祭神仪式、长老议事会等，以及一些重要的成年礼仪式也要在这个场合举办。长老议事会主要商讨部落公共事宜。其固定议题的内部事务包括解决一年中加盟群体间出现的各种矛盾（化解争端、防止冲突）、宗教仪式的筹备和布置、对触犯外婚制规则的人的惩罚等。其外部事务主要是如何处理与周边其他独立群体的关系（罗维，1987）。

---

① 托卡列夫等的《澳大利亚和大洋洲各族人民》：“平时，特别是在干燥的季节和在荒瘠的草原地区，澳大利亚人多是几户一小伙地迁徙，根据住地周围的食物资源的多寡来决定是否要更换住地。……不过在一定的季节里，当自然界苏醒过来、出现了可供食用的果实、根块、硬壳果的时候，情况就不同了。一些全部落的集会都规定在这个季节里进行，这时举行各种仪式、舞蹈、祝宴，这时分散了的漂泊的人群集合在一起，组成了一个大的宿营地。由几十个临时性茅屋组成的巨大野营就在一个地方散居。”（托卡列夫和托尔斯托夫，1980）托卡列夫《世界各民族历史上的宗教》：“（澳洲部落）全部落性交往之胚芽，业已出现，每逢一定季节，或一年一度，或少于一年一度，部落诸群体齐聚，商讨众所关注的事务，举行众所参与的歌舞和仪式。”（托卡列夫，1985）

第五节　开创文明的两个脚本

前面提到，结盟推动者的方案设计包括两方面内容：制度设计和制度确立程序设计。设计完成后形成两个用途不同的脚本。第一脚本由一整套观念和制度构成，其用途是控制和规范一代代部落成员的社会生活，以此保证社会联合体稳定存在。第二脚本是结盟制度确立程序，用以保证一整套复杂观念和制度的确立过程在有限时间内（结盟进程）得以按部就班地顺利且高质量完成。

本章前两节主要讨论结盟推动者的制度构思。当大部分单项制度被构思完成，下一个必不可少的环节就是对单项制度的整合，用一个严整、统一的观念体系将所有单项制度融为一体，消除其间存在的全部矛盾。在单项制度之间以及观念体系与制度体系之间，搭建一个相互勾连、彼此支撑的牢固结构。这就是结盟推动者设计第一脚本的谋篇布局。

下面举例说明。外婚制是对每一个社会成员择偶自由的强制性剥夺，是对抗多数人意志的独断性立法。其实施难度非常高，需要有来自观念体系的支撑，如乱伦禁忌，还需要有来自其他制度的支持，如在成年礼结束前由部落长老为受礼者指定配偶，又如在定期的部落聚会中设置一个制度化的固定议题，即对触犯外婚制规则的人的惩罚。

再有，外婚制和类别式亲属称谓制度的具体操作规则是一套相当严密复杂的知识体系，复杂到人类学搞了半个多世纪都没有完全弄清楚（参阅本书第二章和第三章）。在没有文字、居无定所的狩猎采集时代，这一套复杂知识很容易在世代更替过程中受到消损，因此需要相关制度来保障其代间知识传递的质量，这是成年礼教育制度的重要功能之一。

前面还提到，这套观念和制度体系是结盟推动者实现第二目标的唯一工具。因此，他要做到尽可能万无一失。由于他本人无法看到第二目标的实现，为验证这套观念和制度体系的可行性和有效程度，他在设计第一脚本时所要做的另一件事就是在头脑中推演这套观念和制度在实际社会生活中的具体运作过程，寻找其中存在的弱点和漏洞，并加以修补和完善。

有必要在此简要讨论社会制度的实施条件及其功效问题。在人类历史中，任何一种具有强制性约束力的社会制度都必有一个从无到有的形成过程，需要制度的制定者、推行者、维持者。制度制定者必先有一个改变当前社会状态（制度前状态）的预期目标，下一步是为实现目标设计制度。一项新制度对制度前状态的改变程度越高，其实施条件也就越差。

具体来说，一项新制度的实施本身就是对人们在制度前状态中一部分行动自由或既有利益的剥夺，必然遇到来自被剥夺者的抗拒。被剥夺者在社会中的地位或人数比例越高，他们被剥夺的行动自由或利益就越大，来自他们的制度抗拒力也就越强。于是就会出现两种力量的对抗，一方是推行和维持制度的作用力，另一方是抗拒制度推行和实施的反作用力。

在一项新制度的推行过程中，这两种力量的强弱对比决定该制度是否可以成功推行。在推行后，其对比情况决定该制度的实施质量（功效），进而决定制度制定者社会控制目标的实现情况，从高度有效，到有一定功效，到名存实亡。虽很难加以度量，但这两种力量及其强弱对比情况都是客观存在的。任何一项具有强制性约束力的新制度，只要进入推行阶段，这两种力就会相遇并开始较量。只要制度存在，较量就不会停止。

在制度存在期内，这两种力量的强弱对比会由于各种因素而发生动态改变。主要改变发生在制度维持一方的作用力下降，这种此消彼长的改变积累到一定程度，就会导致制度消亡。如果这是一个支撑社会正常运行的重要基础性制度，就会因其消亡而引发一连串社会失控的恶性结果。从这个意义上说，这两种力量强弱对比的动态改变是任何一种制度存在状态的重要指标。

结盟（原发结盟）推动者全部制度设计的整体目标是维系“1＋1”社会联合体的稳定存在。推行和实施这些制度的主要抗拒力来自人类天性中从来都不缺少的占有欲、排异性和攻击性，来自两个（相邻而居且并不存在多少合作条件的）狩猎采集群体的突发性争端和离异倾向。结盟制度中最脆弱的环节是外婚制。外婚制剥夺了每一个人在本群体内部就近择偶以及就近解决性冲动的自由，其主要抗拒力来自人们在性冲动支配下的就近择偶倾向。此事防不胜防。

因此，在结盟推动者对单项制度的构思中，在他对单项制度的整合乃至第一脚本的推演过程中，上述两种力量的强弱对比是他为实现目标必须高度关注的重要问题。外婚制最为脆弱，就需要用其他制度去强化其实施力度。实际上每一个单项制度各有其脆弱的方面，这就需要在单项制度之间建立彼此支撑的结构性关系，进而在观念体系与制度体系之间建立彼此支撑的牢固结构。这是一个高度复杂、精致的“作用力体系”，足以在相当长的时期内有效克制其抗拒力（详见后文）。

作为结盟制度的确立程序，第二脚本是结盟推动者为自己设计的行动蓝本，用以节制结盟进程中他与两个加盟群体所有成员之间的互动过程。从说服人们赞同结盟，到每一个单项制度及其所有细节无一遗漏地具体确立，再到程序完成后对制度的启动，令其自行运转并开始发挥维系社会联合体长久存在的作用，这是第一脚本从规划到实现的关键环节。换言之，第一脚本是否能够转化为稳定存在的社会事实，在很大程度上取决于第二脚本的设计和完成质量。

为确保制度确立的完成质量，结盟推动者必须做到如下两点：①他要在结盟过程中营造并维持一种令人欢欣鼓舞的气氛，让人们始终保持热切参与的状态。否则，人们的冷漠与懈怠将令其一筹莫展，满盘皆输。②制度确立的每一个步骤都要层次分明、环环相扣，整个过程要紧凑流畅、便于操作。前者要由结盟推动者凭借个人魅力与机智去身体力行，后者则要在第二脚本中运筹帷幄。

两个脚本有一个重合部分，也就是在制度确立程序的结束部分，结盟推动者将整个结盟进程（有选择地）编订为黄金时代开创制度的神圣历史[①]，让人们以起源神话形式世代相传（这也是成年礼教育制度的重要功能之一）。不仅如此，他还在死者之境为每一个结盟参与者的灵魂连同新组建的二元社会结构安排“存在”位置。死者之境位于地下，其地理分布与客观世界相互对应。图腾中心是黄金时代结盟参与者们死后灵魂往返转世于两个世界之间的固定通道。这些都是第一脚本观念体系中神圣事物的重要组成部分。

在这一观念体系中，有一道被设计者刻意安排出来的神圣事物与凡俗事物的严格分野。一边是由黄金时代以及与之相关的人物、事件、事物构成的“神圣事物的宏大体系”，另一边是黄金时代结束后的客观世界和人们的日常生活。神圣事物被禁忌和禁令保护起来：“凡俗事物绝不能接触神圣事物。”

① 托卡列夫《世界各民族历史上的宗教》：“有关（澳洲部落——本书作者）文化英雄的神话……一些神幻人物曾订立某些仪俗或创建某些文化业绩，诸如取火、定婚姻典制、立成年仪式等。……看来，各个部落均有这样一种观念，即笃信确有邈古神幻时期，而且其景况与现时迥然不同。所谓‘神幻时期’，阿兰达人称之为‘阿尔彻灵迦’，阿拉巴纳人称之为‘温加拉’，温加林因人称之为‘温古德’。”（托卡列夫，1985）该书后文提到澳洲部落神在黄金时代的作为——创建“道德规范、种种习俗乃至创造人类和天地万物”（托卡列夫，1985）。

（涂尔干，1999a）在黄金时代结束之后，起源神话一直在结盟制度的实施过程中发挥至关重要的支柱作用。起源神话讲述了每一种主要制度在黄金时代的确立过程，这些神圣的远古事件成为迫使人们遵从传统制度的宗教依据。

在结盟赞同者获得永生特权后，他们（在制度确立过程中）被编为两个代组，按照结盟推动者为他们编制好的一套固定程序彼此协助、交替转世。结盟推动者在死后并不转世，他在死者之境以部落神的存在形式掌控一切。作为在客观意义上已无所作为的死者，其控制手段是对每一个部落成员庇护与惩罚的超自然能力。例如，乱伦禁忌的观念依据就是部落神对破坏通婚规则者（包括姑息这种行为的人）的严厉惩罚。

第六节　第二脚本：黄金时代

前面提到，在结盟进程开始之前，结盟推动者已是本群体具有高度权威性的首领。不仅如此，他还要为两个群体间的高质量沟通创造条件，包括解决二者间的语言交流问题。他本人要赢得对方群体的高度敬重，要在两个群体间建立互信和互助的亲善关系，这些都是结盟（实现永久性社会联合）进程开始之前的必要条件，是难度非常高的“十年之功”。

在这个过程中，结盟推动者还会发明并传授给人们一些实用性技术，如石器或标枪的制造技术、取火方法、狩猎技巧等（这是澳洲部落起源神话的主要内容之一）。此外他还是一位大巫师，会采用一些摩西类型的政治“法术”（参阅本书第五章第三节）。他与人为善，但不失威严，其道德、智慧和人格魅力令人心悦诚服。人们对他怀有毫无保留的敬仰和信赖，与他交往如沐春风。

首次结盟两个群体的人数大约是每群各四五十人，成年人与儿童的比例约为 1∶1。在一个食物资源丰富的季节，两个群体聚到一起。二者的营地安排、聚会期间的食物供给等具体事项均已经过事先筹备而有条不紊。在结盟推动者主持下，两个群体的首领和核心成员相对而坐。他们是足以代表本群体意志的中坚人物，是足够聪明的理性人。此时，结盟推动者的角色已经改变，他已经不是本群体的首领，而是两个群体此番聚会的主持者。他是甲方，两个群体的与会成员分别是乙方 A 和乙方 B。

两个群体的首领和核心成员早已知道，结盟推动者将要在这个场合提出一个可以为人们带来巨大利益的重要动议。他们对此期待已久。结盟推动者首先向人们陈述在两个群体间建立永久性联合关系的实际效益——保障两个群体的长久安全，然后向人们讲述赞同结盟者将会获得的个人利益——永生特权。由于人们已在此前的和平关系中获益（安全），因此第一项说明并不困难。

在当时具体条件下，人类平均寿命很低。每一个成年人对生命之脆弱都有痛切体察，对于亲人死亡来临时的痛苦、绝望和恐惧感同身受。蝼蚁尚且偷生，死亡是缠绕在人们意识中无法排遣的噩梦。这是结盟推动者第二项说明的前提条件。他主要向人们讲述解决问题的途径，包括灵魂观念以及实现转世的具体步骤。他的讲解严谨明晰，在逻辑上无可挑剔。

每一个人都是一个利益主体，其最大利益莫过于主体本身的永世长存。故“永远循环的投胎”虽属无米之炊，其价值却足以超越任何实际利益。通过一个必不可少的提问与讲解过程，人们最终赞同他的结盟动议，并对将要获得的永生特权欣喜若狂。只要结盟推动者兑现其许诺，每个结盟赞同者都是“暴发户”。这是此番“交易”中成本与回报之间的巨大差异。

乙方因此成为结盟动议的积极支持者以及结盟进程的热切参与者。说服和动员过程就此结束。结盟推动者开始按部就班地确立制度。这是一次翻天覆地的社会变革。没有足够大的利益激励（永生特权），绝无实现之可能。制度确立的第一个环节：由结盟推动者为每一个成年男子作永久性身体标记，并在此基础上确立外婚制。身体标记的首选方法是割礼手术。

结盟推动者在实施割礼前的具体说明是：接受割礼者从此成为脱胎换骨的新人。这是全部结盟制度借以确立的开场，人们从此结束既往的生活方式，开始接受并服从新的制度安排。割礼是在男性生殖器上施行的手术，故其象征意义是新的性纪律也就是外婚制的确立标志。还有另外一些可能被选中的身体标记方法，如将鼻中隔穿透、搬掉门齿、永久性割痕等。

接受割礼等身体标记的成年男子（其核心成员是长老和首领）成为结盟推动者确立制度的倚重对象。两个群体的男女比例约为 1∶1，故其中成年男子的人数不会超过三四十人。外婚制的具体确立过程是：①为两个群体确立单系继嗣和婚后居住制度——父系从夫居；②为两个群体中的每一个成员划分代别，这是实现平代通婚的前提条件；③从此结束两个群体的内婚状态（群内禁婚），确立群间平代通婚制度；④在两个群体间确立类别式亲属称谓制度，包括确立亲属之间必须承担的责任和义务以及彼此交往的礼仪规范。

外婚制的确立结果是形成两个平代通婚的父系氏族。由于采用婚后从夫居制度，故一个氏族同时就是一个地域性群体。在首次结盟时还没有出现四分体系。在这种情况下，类别式亲属称谓中姑舅表兄弟姐妹之间的夫妻称谓是调节群间平代通婚的主要规范。四分体系出现于此后的继发结盟过程中，是对两合组织二元通婚模式更加简约和便于操作的控制方案。

接下来结盟推动者为两个群体划分领土（包括利用地形、地貌标记两块领土的特征、范围），并主持分配领土之上各种资源。这是一个寸土必争、斤斤计较的协商过程。其结果是将“宇宙中所有事物”瓜分殆尽，由此形成一个天地万物各有（所有权）归属的宇宙论体系。该体系与列维-斯特劳斯的结构主义哲学无关，是一份经过反复争执而形成的归属分明的产权契约。在此基础上，结盟推动者进一步确定人们对分配结果的产权体现方式：独占、独享的权利和巫术支配权。

资源分配完成后，人们立刻注意到一个问题：作为分配结果，其所失大于所得。他们一方面获得对若干种食物资源独占、独享的权利，另一方面他们的食物种类因此减少一半。结盟参与者很快进入食不果腹的窘迫状态。如果资源分配中包括水和火，就会在分配刚一结束立刻进入困窘状态。这正是结盟推动者在第二脚本中预先设计好的转折环节。他向两个群体讲解合作的必要及其途径（包括举行各自巫术增殖仪式的义务和资源共享的彼此授权）。人们接受其建议是水到渠成。

下面是一个比较紧凑的制度确立过程，大致包括如下环节：①由结盟推动者分别为两个群体划分其主次图腾；②分别为两个群体授予其主图腾并在二者领土内（利用地形、地貌等标记）确定图腾中心，二者从此成为两个父系图腾氏族；③规定图腾中心的具体用途并采用摩西“叫山成圣”的类似手段将其保护起来；④向两个群体的首领分别讲解图腾观念并传授图腾增殖仪式；⑤在结盟推动者的指导下，两个氏族的首领分别主持首次图腾增殖仪式，包括资源共享的授权仪式。

上述过程的核心部分是结盟推动者对图腾观念的讲解和确立。其主要内容如下：在图腾族人与图腾动物（早期的主图腾应以动物为主）之间建立一种排他性类同关系，如袋鼠族人有一半的属性就是袋鼠。这种关系的建立基础是二者（族人与其图腾）灵魂的类同。图腾中心是二者灵魂共同使用的“出入口”。在由此形成的图腾观念中，图腾族人的灵魂甚至可以转生为图腾动物。只有在这种情况下，图腾族人才能够具备（他者无法取代的）对图腾动物的巫术控制能力。图腾观念和增殖仪式由此成为“模拟巫术”的滥觞。

图腾增殖仪式的主持者是氏族首领。第一位首领成为体现（人与图腾）类同关系的初始范式：他是“人袋鼠”，也是“袋鼠人”。在黄金时代结束之后，这位首领成为该氏族图腾祖先，他与图腾的类同关系成为后世族人图腾观念的神圣依据，他首次主持的增殖仪式成为后世族人举行同一个仪式的永久性范本（涂尔干，1999a）。无论过去多少个世代，该仪式的主持者始终以图腾祖先的名义和身份主持同一个图腾增殖仪式。海通在归纳澳洲部落图腾增殖仪式一般特征时提到：“为使仪式更有效力，扮演祖先形象被认为是必需的。”（海通，2004）

巫术合作制度与灵魂转世制度都需要借助灵魂观念、图腾中心和储灵珈等宗教观念和设施，因此这两种制度的确立程序应是同一过程的两个结果。灵魂转世制度的主要确立程序如下：由结盟推动者在外婚制代别划分基础上确定两代结盟参与者的灵魂转世代序（昭一代，穆一代，交替轮回）；为这两代结盟参与者安排一个死后的永生之地（死者之境）；分别为每个结盟参与者取一专用于转世制度的名字，即澳洲部落所用“储灵珈之名”（涂尔干，1999a）。

在一个神圣典礼中，由结盟推动者将储灵珈分别授予每个结盟参与者，用途是“供其灵魂羁留之用”，为每个结盟参与者指定死后灵魂等待转世的具体位置及其标记物（南珈）；从人们手里收回储灵珈，藏入图腾中心一个精心布置的隐秘所在；让两个氏族的首领和长老们牢记两代结盟参与者及其灵魂的名单和与之对应的储灵珈，包括他们一生中最有代表性的一两件事情；向他们讲解和传授储灵珈的收藏、保养和使用方法以及灵魂转世（“他我”植入）的操作程序，包括对死者的埋葬和悼念方式。

上述结盟进程大约需要两三年甚至四五年时间。在每一年度食物资源最丰富的季节，两个加盟群体都要聚到一起继续其结盟进程。定期聚会制度（包括时间、地点、筹备、营地安排、聚会日程等）在这个场合被确定下来。接受割礼的成年男子（其核心成员是长老和首领）一直是结盟推动者确立制度的倚重对象。一系列观念、制度的知情者和制度管理者被严格限定在此范围内，妇女和儿童被一道圣俗分野隔离在外。至此，以成年男子群体为基础的长老执政制度已基本形成。

在这个过程中，有人死去，有人出生，还有一些男孩逐渐进入十一二岁的年龄，此时已具备灵魂转世制度和成年礼制度的操作条件。这些男孩成为第一批灵魂转世者的“宿主”。通过结盟推动者的示范性制度操作，成年男子们直接看到高度有效的（灵魂转世）制度实现情况。这正是他们赞同并参与结盟的主要动机之一，也是他们利益与激情的焦点所在。以此为基础，结盟推动者开始向人们讲解和传授成年礼制度的实施细则。

成年礼制度主要有（在时序上彼此交错的）三项内容，即前面提到的“他我”植入（转世）、保密考验、知识传授（包括道德教育）。

“他我”植入是灵魂转世制度的实现环节。其“基础设施”是两代灵魂转世者的名单、他们的生前事迹和死后居所（死者之境）、“供其灵魂羁留之用”的神圣木块或石块（储灵珈）、存放这些木块或石块的图腾中心、图腾中心附近每一个灵魂转世者的埋葬地点同时也是其等待转世的地点（南珈）。

在成年礼开始之前，灵魂转世制度的前期步骤是确定一个新生儿具体属于哪一个等待转世的灵魂，包括孕妇指认和长老确定两个环节。这一步骤完成后，一个阿尔彻灵迦人的灵魂（X）结束等待状态，从此拥有一个新的肉身（W）。每一次灵魂转世的具体完成，都要通过成年礼的“他我”植入程序。其结果是将“X 我”植入 W，或者说是迫使“W 我”认同于 X。具体程序包括长期且严酷的身心磨难（涂尔干称其为消极膜拜的苦行仪式）、永久性身体标记、让受礼者（W）首次观看他的储灵珈、告诉他实际上是黄金时代一个祖先灵魂（X）的再次投胎、告诉他这位祖先的名字（储灵珈之名），对黄金时代制度确立过程以及该祖先生前事迹的回顾、假死与新生的仪式环节等。

成年礼中“保密考验”的制度操作比较简单。具体是在成年礼开始时将一个只有成年男子们才能知道的秘密告诉受礼者，然后警告他要严守这个秘密，如果将其泄漏给妇女或儿童，泄漏者和得知者都将被处死。前面提到，一系列重要观念和制度的知情者被严格限定在成年男子群体范围之内，因此该制度是向一个新成员的“初次解密”。这种制度普遍存在于澳洲部落，其初次解密的具体内容是牛吼器的实际用途。

所谓牛吼器，是将一特制木片（有时就是储灵珈）拴在绳子一端，转动起来可发出很大声响。妇女和儿童被告知，这是部落神发出的吼声，故其听到此种声音就会十分惊恐。在严禁妇孺看到的成年礼仪式举行之前，使用牛吼器警示其远远避开。由部落长老在成年礼中将这一秘密告诉受礼者。通过保密考验是接纳他进入成年男子群体的必要条件。①

---

① 罗维《初民社会》：“关于澳洲的戒礼（成年礼——本书作者），还有一个细节值得我们特殊一述。在传授给初学者之秘事中有一件是在受戒礼前常使他们惊异的嗡嗡之声的真实原因，普通讲给女人和小孩听，则当作主持戒礼的神灵的声音。他现在知道了这声音乃由以绳之一端系牛鸣器——一根扁棒或石板——在空中挥舞而生的声音。最可诧异的是主张必须使女子对于牛鸣器的真性质茫然无知，这个宝贝是她们从来不许看见的。真的，在以前有几个部族定下了戒律，规定如果一个男子给一个女子看了牛鸣器，两人都要被处死刑。”（罗维，1987）托卡列夫等《澳大利亚和大洋洲各族人民》：“所谓他（部落神——本书作者）的声音实际上是在绳上飞快旋转的响板的嗡嗡声。这个秘密是在仪式的某个时候对献身者说穿了的。对他说明了，他一直以为是可怕的精灵的声音的那种响声，实际是由不伤人的响板发出来的。但同时严格地教导他保守秘密，并促使未献身者相信图安伊里卡（部落神——本书作者）。”（托卡列夫和托尔斯托夫，1980）

成年礼制度中代间知识传递包括三个主要项目。一是实用性知识技能（如工具制造和使用、狩猎技巧、取火方式等），二是道德教育（一个成年男子在部落社会生活中的各种责任、义务），三是部落文化中一整套观念和制度的传授。在结盟推动者制度构思中，第三个项目最重要也最复杂。其中一部分内容传授于成年礼中（前期传授），还有一部分传授于成年礼后（后期传授）。

前期传授实施于成年礼中，主要功能是信仰灌输："根据土著们挂在嘴边的一种说法，成年礼的目的就是要造就或制造人。"（涂尔干，1999a）通过起源神话的讲述和戏剧形式的叙事，部落长老向受礼者展示黄金时代的伟大历程，让他明白自己是黄金时代一位结盟参与者的再生，让他认同那个结盟参与者（X）的人格特征，赋予他这一角色（X－W人格组合）的利益与激情。

涂尔干将上述仪典称为积极膜拜的纪念仪式："仪式不仅追忆了过去，而且还借助名副其实的戏剧表现方式将过去呈现出来，这就是仪式的全部内容。"（涂尔干，1999a）他还指出："全部仪典的唯一目的，就是要唤醒某些观念和情感，把现在归为过去，把个体归为群体。"（涂尔干，1999a）涂尔干认为这种信仰灌输的作用是："如果一个人看到了如此遥远的过去重新回到了他的身边，如此宏伟的事物重新激荡着他的胸怀，他就会更加确信自己的信仰。这就是仪典的特征，它起着教导的作用。而且，它还倾向于完全作用于心灵，仅仅作用于心灵。"（涂尔干，1999a）

后期传授实施于成年礼结束后。从刚加入成年男子群体的新成员，到足以掌控局面接续轮回的部落长老，其间还有许多东西需要学习。对于结盟推动者来说，这是部落文化传承和制度延续的关键步骤。一整套观念和制度的全部内容（包括其中每个细节），都必须被编入一个不可改变的知识系统，还要设定一个按部就班的教学程序。前者相当于教学课本，后者相当于教学计划。任何一个制度细节都需要通过这两个制度环节的确立和实施来实现代间传递，否则就会在下一代走样或失传。

前面提到，在开始确立成年礼制度时，以老人为核心的成年男子群体已经成为控制部落社会生活的主导势力。这是一个有其特定文化（利益、信仰、道德、知识体系和制度职能）的社会群体。而成年礼的主要功能就是为这个群体造就并引入下一代新成员，使之在世代更替过程中得以延续其文化且长盛不衰。若将此过程比喻为接力赛跑，那么上述特定文化的全部内容就是接力棒，黄金时代（制度确立）是第一棒的起跑点，成年礼（包括后期传授）则是接力棒的交接环节。

成年礼（包括后期传授）是黄金时代制度确立程序的最后一个内容。至此，结盟推动者为自己制定的第二脚本已基本完成。结盟制度已经启动并开始自行运转。除监控制度运行，已经没有什么事情需要他去做。如果他的寿命更长一些，还有条件对制度内容进行一些细节方面的修改和调整。这是他修改制度（细节）的唯一机会。随着结盟推动者和结盟参与者们相继故去，第一脚本开始控制和规范部落成员的社会生活。

第七节　第一脚本：部落文明

首次结盟发生前，两个原始群相邻而居，它们是互施领土压力的宿敌。首次结盟发生后，它们仍在各自领土内过着自给自足的日常生活。除此之外，第一脚本的确立导致一系列天翻地覆的社会变革。第一脚本是人类脱离动物性群体自然状态的第一个完整意识形态（由此改变没有意识形态的混沌状态），也是第一个完整制度体系（彻底改变动物性群体原有的个体间关系和群间关系格局）。

第一脚本的创制意图是（且仅是）实现结盟推动者的第二目标：确保“1+1”社会联合体在尽可能长久的时期内聚而不散。其基本功能是迫使一代代部落成员在一个既定轨道中思考和生活。由于脱轨情况随时可能发生，故结盟推动者赋予第一脚本以高度有效的强制性约束力。由于他无法在死后实际控制人们的社会生活，所以只能构建一个可以自我防护、自行运转的观念和制度体系。为此，他在第一脚本中加入一系列意图明确的人为构造成分。于是，出现了两个世界（虚拟世界和真实世界）、两个时代（黄金时代和当今时代）、两种存在者（黄金时代开创和参与者以及当今时代的部落成员）。在两个世界、两个时代及其存在者之间，他刻意安排出一个神圣事物与凡俗事物的尊卑序列，让来自高位的各种规范足以控制处在低位的部落人群。

本章前面已围绕第一脚本作过一些具体讨论，这里在此基础上给出一个整体性描述。先来考察第一脚本观念体系的构成及其迫使人们遵从制度的利害驱动机制。两个加盟群体的两块领土共同构成部落疆域。这是早期部落（首次结盟）二元社会在自然空间中的社会和疆域结构。作为黄金时代资源分配结果的宇宙论体系，将上述平面布局扩展到视野所及的宇宙空间。

除自然空间外，还有一个部落文化观念中的超自然空间。自然空间（A空间）是客观存在的真实世界，是生者之境。超自然空间（B空间）是主观存在的虚拟世界，是以无当有的死者（灵魂）之境。虚拟世界位于地下，其中居住着结盟推动者和（一昭一穆）两代结盟参与者（包括黄金时代资源分配后宇宙论体系中所有主次图腾的灵魂）。两个世界的空间布局互为镜像。

虚拟世界不能凭空存在。图腾中心是虚拟世界（B空间）在客观世界（A空间）的存在依据，是沟通两个世界的具体地点。储灵珈是两代灵魂“羁留”于客观世界的载体，图腾中心及其附近葬所（南珈）是两代灵魂的转世通道。在人类社会早期“宗教生活的初级形式”中，宗教（文化）设施的基本属性就是两个世界的沟通地点（圣地）和沟通媒介物（圣物）。不存在的B空间因此而存在。在进一步的非暴力社会整合进程中，神的居地（B空间）往往被转移到天上。这是后话。

起源神话（包括纪念仪式）展示黄金时代的制度确立过程。这是结盟推动者和两代结盟参与者确立制度的历史记录（经过简化、改编），是部落社会文化观念中“天地开辟万物创始的时期”，也是人类历史的起点（托卡列夫等，1993）。在制度确立结束后，他们（结盟推动者和参与者）生活在B空间：“那里太阳永远明媚，河流永不干涸。”（涂尔干，1999a）于是有了彼此对应的两个时代及其存在者：一是黄金时代的结盟推动者和两代结盟参与者，二是当今时代的两代部落成员。

两个时代存在者间具有稳定的转世关系：A空间两代部落成员是B空间两代结盟参与者的转世和再生。结盟推动者除外（他本人不转世）。这是一个封闭的轮回结构，第三代是又一昭穆周期的开始。黄金时代是第一脚本中唯一的历史记录。此后，随着每个昭穆周期结束，这段历史就会因没有记录而被逐渐遗忘。黄金时代得以在第一脚本中历久弥新。

在第一脚本神圣与凡俗的尊卑序列中，黄金时代居于高位，当今时代处在低位。在黄金时代，结盟推动者位于尊卑序列顶端，他是社会组织和所有重要制度的开创者；其次是（结盟参与者中）以老人为核心的成年男子，他们是结盟推动者确立制度的倚重对象和具体的制度执行者；再次是妇女。在当今时代，妇孺仍然在社会生活中居于从属地位。成年男子则仍然是掌控社会的主导势力，他们的利益、信仰、道德、知识体系和制度职能都是黄金时代的制度确立结果。

为保证尊卑序列的稳定存在，结盟推动者在第一脚本中（利用禁忌与禁令）严格划定神圣事物与凡俗事物的界线。这些禁忌和禁令并非单纯的圣俗分野。其功能类似于"防护罩"，一方面阻挡凡俗一方对神圣一方的冒犯，另一方面并不阻挡反而强化神圣一方对凡俗一方的控制。"防护罩"内的保护对象包括"神圣事物宏大体系"的全部内容。这是第一脚本的自我防护机制。

在这样一个稳定的尊卑序列中，第一脚本为来自高位的制度性规范提供稳定的权威性。起源神话（包括纪念仪式）讲述所有重要部落制度在黄金时代的确立过程，这是迫使人们遵从制度的文化依据。[①] 结盟推动者作为第一脚本中的部落神，不仅是部落制度的开创者，同时还是人们是否遵从其制度（尤其是成年礼制度）的监控者。他无所不知，人们的每一个行为甚至想法都在其监控范围内。他还拥有无所不能的超自然力，为制度遵从者提供庇护，对制度破坏者实施可怕的惩罚。[②]

基于第一脚本两个时代存在者间的转世关系，当今时代每一个（通过成年礼的）成年男子都是黄金时代结盟参与者的灵魂转世（X－W人格组合），其首要利益是继续享有永生特权。每一个制度细节的破坏都可能导致转世链条的终断。一旦终断，人们的灵魂将进入万劫不复的死寂状态。这是他们意识中最可怕的灾难，亦其时时忧患的危机。作为当今时代掌控社会的主导势力，他们因此成为部落制度的坚决执行者和捍卫者。

宇宙论体系是黄金时代的资源分配结果，是一份被全部落共同认可且高度有效的永久性所有权契约（一些澳洲部落将白人和水手作为次图腾加以分配，这是在出现新事物时人们对该契约所有权划分的补充条款，是该契约在现实生活中仍然有效的直接证据）。其中明确规定两个群体参与合作的产权资格，其功能是巫术合作制度的所有权依据。如果两个群体中一方不举行增殖仪式，它就不会得到对方的回报。如果双方都不举行，整个部落将因此失去全部生存资源。这是人们不得不举行增殖仪式的双重原因。

由此构成一个复杂精致的"作用力体系"：在尊卑序列中，违抗制度必遭惩罚。在转世关系中，遵从制度才能继续转世。在巫术合作关系中，如果不

---

① 托卡列夫等《澳大利亚和大洋洲各族人民》："阿兰达人把他们所知道的一切习俗和仪式的采用都归在远古的、充满奇迹的过去。通常都引用'阿尔切拉'时代的情况来作为这些或那些仪式、规则、禁忌的根据。各种宗教仪式的举行都回忆着'阿尔彻灵迦'时代发生的事。关于这个时代的神话只有部落中已献身的成员才知道。对未献身者保守秘密。"（托卡列夫和托尔斯托夫，1980）

② 施密特《原始宗教与神话》："（部落神）特别是以全知来观察人类的一切行善与作恶，所以东南澳洲人的长者，在举行青年入族礼（成年礼）的时候，严重地将至上神（部落神）的全知及如何施行惩罚完全告诉青年……维拉提乌利·卡密拉罗伊人的培阿美神（部落神）甚至能知道人的心思。"（施密特，1987）

举行增殖仪式人们将失去赖以活命的全部资源。这是结盟推动者（借助趋利避害动机）在第一脚本“指令–服从”环节精心设置的利害驱动机制，为部落社会生活沿第一脚本既定轨道持续运行提供稳定、强大的驱动力和约束力。

再来简要考察第一脚本制度体系的构成及其主要功能。共有六种主要制度。

长老执政制度的主要功能是为第一脚本的制度实施提供足以胜任的具体执行者（以老人为核心的成年男子群体）。在成年男子群体内部，该制度以年龄和能力为尺度，建立起一个以老人为核心的稳定的权力结构。让年轻人受制并听命于年长者，让年长者足以控制局面。其他制度共有两个实施周期：巫术合作制度和定期聚会制度以年度为周期，外婚制、灵魂转世制度和成年礼以世代为周期（完整的灵魂转世周期是昭穆两代）。

巫术合作制度在两个加盟群体间建立相互依赖的资源供给关系，借助生存资源的利益关系迫使两个群体相互团结（谁也离不开谁，谁也惹不起谁）。外婚制（包括类别式亲属称谓制度）是以婚姻和亲属关系（包括亲属之间必须承担的责任和义务以及彼此交往的礼仪规范）为基础，在两个群体之间建立互敬、互谅的牢固情谊。这两种制度的主要功能相同：（通过利益与亲情）维系社会联合体的聚而不散。

定期聚会制度是部落共同体社会生活的枢纽，对维系联合体的存在具有重要意义。如果两个加盟群体总在各自领土内过着自给自足的狩猎采集生活，群间关系将因缺少交往而逐渐疏离，并最终导致联合体瓦解。该制度是在有限条件下解决问题：在每一年度食物资源允许的时段内，两个群体聚到一起，于是有了每一年度的聚散周期。在散居时段，两个狩猎采集群体的日常生活与首次结盟前的动物性群体没有本质区别。在聚会时段，联合体的社会生活得以展开。该制度规定了加盟群体定期聚会的时间、地点、筹备、营地安排、聚会日程等。在聚会日程中，全部落的宗教典礼是强化部落共同体文化统一性和内聚力的重要场合。长老议事会（与会者仅限于成年男子）则是人类社会政府的雏形，其基本议程包括结盟制度（外婚制、成年礼等）的执行与维护，以及必须及时处理的所有公共事宜。可以说，长老议事会是维系第一脚本制度运行的执政机构。以老人为核心的成年男子群体则是人类社会早期的社会管理者和控制者。

灵魂转世制度、成年礼制度的主要功能都是（通过信仰、道德灌输和知识传授）为成年男子群体造就并引入下一代新成员，由此实现一整套特定文化（利益、信仰、道德、知识体系和制度职能）在成年男子群体内部的稳定传递。这是长老执政制度得以在世代更替过程中稳定存在的重要基础。从另一个角度说，上述特定文化中的利益、信仰、道德等内容构成第一脚本通过成年礼对每个受礼者进行制度化人格塑造的“模子”。最重要的塑造环节是

“他我”植入。每一个通过塑造的成年男子（乌尔里亚拉）由此“发育完全”并获得捍卫制度的利益与激情。

综上所述，第一脚本以天地为舞台，以万物为道具，在一整套观念和制度体系中建构彼此支撑的牢固结构，借助人类行为动机中更加稳定的趋利避害原则，迫使一代代部落成员在一个既定轨道中思考和生活。部落共同体因此聚而不散。无论过去多少个世代，只要部落文化尚未解体，那么今天的世界就仍然是部落神在黄金时代开创的宇宙论体系，他仍然在成年礼中赋予每一代人新的生命，他开创的社会制度仍然是当代社会的神圣法则。所有这些都是结盟推动者在第一脚本中意图明确且深思熟虑的观念设计和制度安排。

第八节　部落文明与史前史

本书至此已初步完成对首次结盟基本过程的重建。本章第一节提到，此项研究是要通过对这样一个高度复杂因果过程的正面陈述，为人类早期结盟事件的存在提供一个足够坚实的经验和逻辑的双重证明。至此，可以比较有把握地得出如下结论：结盟事件是部落制度唯一可能的成因。此项研究经验依据主要来自澳大利亚近代原始民族。通过本书这一章对第一脚本构成与功能的具体分析，可以由此更加完整、准确地认识澳洲部落的社会事实。

澳洲部落处在部落社会中晚期，经过两次到三次结盟，已出现农业萌芽。如果没有殖民者打断其文明进程，澳洲部落将在3000～5000年后逐渐进入农业时代，并在部落社会基础上进一步扩大社会整合规模。对澳洲部落的正面研究具有两方面认识价值，向前追溯其起源，向后考察其流变。下面在本书认识基础上简要讨论部落文明在人类早期文明进程中的位置与作用。

这里出现了一组非常重要但很难确定的具体问题：人类早期发生过几次

原发结盟？发生在何时何地？本书第五章第十节有一个初步判断：原发结盟发生过多次，最早的发生时间不会少于 10 万年。通过本章对原发结盟的正面研究，笔者感到此判断有必要略作调整。由于难度极高且条件极苛刻，成功的原发结盟必极少，可能只有两三次，更可能仅有一次。其发生时间只能给出一个比较宽泛的推测：大约在六七万年前到十余万年前这一段时间内。

有一点可以确定，首次结盟一旦成功完成，第一个部落（原初部落）比原始群大出一倍。由于结盟制度可有效消除其内部冲突，周边又无与之匹敌的群体，故该部落有条件扩大其领土和人口（强者占优）。此外，由于已具备更加成熟的语言和更加稳定、有效的社会控制机构（长老议事会），该部落因此获得人类群体前所未有的沟通、协商能力以及部落成员协同行动的社会调动能力。

因此，原初部落对原始群构成综合实力方面的显著优势。其人口一旦到达极限，就会面对如何分群的具体问题。在对北美地区近代原始民族的研究中，摩尔根发现一种被普遍采用的分群方式。这种分群以部落为单位：母部落组织结构的全部特征都被复制到新派生的子部落中。这种派生关系很易识别：母部落与子部落（或两个同源子部落）的胞族、氏族数量和所用图腾彼此一致（摩尔根，1995）。如同将一个橘子横向切开，二者的剖面结构完全一样。

在澳洲部落中，也存在普遍采用此种分群方式的重要认识线索，即许多相邻部落的胞族（半族）名称彼此一致："各处的胞族几乎都有一定的名称。很有意义的是，这些名称往往在一定地区内的一系列部落中间是同样的，虽然这些部落的语言各不相同。例如，在埃尔湖地区及其以南直到沿海的许多部落中间，主要都是这样一对胞族：卡拉鲁（基拉拉瓦）和马特里。在达令河流域的许多部落中，胞族的名称是穆克瓦拉和基利巴拉，在昆士兰东部是狄尔比和库帕廷，等等。"（托卡列夫和托尔斯托夫，1980）

摩尔根指出："部落分离的事实，一部分根据传说，一部分根据各个部落包括基本相同的氏族，还有一部分则由操同一语系的方言推论而知的。"分群时间久了，母子部落（或同源子部落）间的组织结构乃至语言就会发生不同程度的互异性改变。上述澳洲部落的情况与此相同。摩尔根认为，此种分群"体现了从一个定居于优越地带的母部落分离出去的自然过程"（摩尔根，1995）。他还注意到一个重要事实："在北美洲，这样的天然中心为数是很少的。屈指可数者只有三处。"（摩尔根，1995）

对一个有其特定组织制度形态的独立部落来说，在出现人口压力、有必要分群的情况下，上述方式是实现分群的最佳方案："每一个分离出去的部落都保持其组织上的完整性。"（摩尔根，1995）虽然没有首次结盟那样高的创制难度，但此种按照同一个模子（包括第一脚本全部内容）自我复制的分群方案仍然是一个难度极高的重要创举。在分群方案解决之后，原初部落就会以此解决人口压力。

每一个具有自主意识和内部协商机制的独立社会（从独立部落到主权国家），都倾向于在条件许可的情况下谋求其更大利益。因此，上述类型的部落分群既是一个解决人口压力的被动行为，同时也是一个通过自我复制实现扩张的主动行为。摩尔根认为北美部落此种分群“具有军事殖民的性质，其目的在于找到和占有一片新地域”（摩尔根，1995）。

由于原初部落对原始群构成显著优势，故一旦学会此种分群，就会不断派生出新的强势群体，占有新的地域。任何原始群都无力抗衡这一派生进程。从这个认识角度考察史前史，可以注意到如下事实：十余万年前，解剖学意义上的现代人（智人）出现于旧大陆局部地区。在六七万年前，现代人开始了一次自人类物种出现以来最大规模、最具活力的全球性扩散进程。除在旧大陆的扩散，还在五六万年前渡海进入澳洲，在两三万年前通过白令陆桥进入美洲，然后是一些渐次偏远的岛屿。

在旧大陆范围内，现代人进入的地区并非都是无人居住。比如，尼安德特人（早期智人）在欧亚大陆的分布广泛。在这样的地区，现代人每进入一片新地域都会遇到来自当地原始群的排斥。只有从原初部落派生进程的认识角度出发，才足以为现代人（晚期智人）在数万年内完成全球性扩散提供恰当、合理的说明。前面提到，成功实现的原发结盟可能只有两三次，更可能仅有一次。也就是说，一个或者两三个原初部落应该就是现代人全球性扩散的起点。

当原初部落（或其子部落）与原始群相遇，可能会发生多种交往方式。例如，通过较长时期领土争端、相持和消耗，前者最终在一个地区内取代后者。又如，二者采用修好和联姻方式融为一体。再如，前者击败后者时收养其个体成员（俘虏）。后两种情况都可能发生，但不会太多。其结果是双方不同程度的基因交流。还有一种可能的情况，即一些原始群在外来压力下结为攻守同盟。这种“应激性反应”的结盟质量不会很高，但至少可以维持群体的继续存在。这些都需要通过考古学方面的史前记录去展开研究。

还有两个问题需作简要讨论：第一，什么原因导致旧大陆居民与澳洲、美洲原住民之间社会发展水平的巨大差异。第二，为什么人类进入澳洲的时间远早于美洲，但后者的社会发展水平却明显高于前者。

第一个问题。现代人进入澳洲和美洲的时间要晚于在旧大陆的扩散起点，最初进入的人数极少，其后代最终散布到整个大陆需要很长时间，然后才有条件在此基础上开始其发展，这就延迟了这些地区的文明进程。

第二个问题。人类进入澳洲的群体是原初部落（准确说是其子部落）。虽然当时海平面较低（更新世最后一次冰期，海洋水位比现在低 120～180 米），但从东南亚进入澳洲至少要横渡大约 70 公里的宽阔海面（深海沟）。因此，很可能只有一两个原初部落进入澳洲。现代人在进入美洲之前，已初步完成在东亚地区的扩散，并形成东亚地区特有的人种（蒙古人种）特征，其进入美洲的群体规模是经过继发结盟的较大型部落。也就是说，人类进入澳洲的时间虽早，但其社会规模小（首次结盟的原初部落的子部落）、扩散（通过自我复制派生新部落）速度慢；人类进入美洲的时间虽晚，但其社会规模大（经过继发结盟的较大型部落的子部落）、扩散速度快，故得以后来居上。由于上述原因，我们有条件在近代直接观察到相当于旧大陆数千年前（美洲原住民）乃至一万多年前（澳洲原住民）的人类社会组织和制度形态。这是搞清人类早期文明进程不可缺少的经验依据。

如上所述，现代人出现后的第一件大事，是在数万年内完成自人类物种出现以来最大规模、最具活力的全球性扩散。第二件大事是现代人完成在旧大陆的扩散后，开始了一个速度逐渐加快的文明进程。此前（人属出现后）一些微小变革的发生速度以 10 万年计，此后（从 3 万多年前到 1 万多年前的旧石器时代晚期）则以千年计（利基，1995）。欧洲地区这一时段的史前遗址得到（相对于其他地区）更加细致的发掘。从工具种类的迅速增加（包括制作技术水平提高），到各种史前艺术的出现，一些学者将所有这些现象的发生称为“旧石器时代晚期革命”（利基，1995）。这是部落社会替换原始群的重要标志。

在这一时期的史前艺术中，可以看到部落文化的存在线索，如一些欧洲洞穴岩画中的图腾主题。此项研究有必要注意或然性因素：不同作画者所在部落的图腾观念存在差异，相同观念在岩画中可以被表现为多种形式或风格。虽然如此，以澳洲部落观念和制度体系作为认识依据，仍可对此类史前艺术给出比较完满和可靠的整体性解释。

已有许多西方学者由此路径进行过研究（朱狄，1988）。还有一类更加重要的证据：在绘有岩画的洞穴里出土过一些储灵珈（包括牛吼器），与澳洲部落同类实物相比，二者“在形制上基本相同”。其年代在旧石器时代晚期的马格德林期（距今一两万年），故也被称为“马格德林储灵珈”（Magdalenian churinga）（朱狄，1988）。

继发结盟导致部落规模进一步扩大，为上述逐渐加快的文明进程提供多方面的必要条件。随着旧石器时代的结束，旧大陆不同地区部落社会经过中石器时代的过渡，相继（在冰期结束、气候转暖过程中）进入新石器时代。在这一时段，欧亚大陆（包括北非）成为人类文明的中心舞台。这是一个更高速度的发展进程：从农业革命到几个大型古代文明的形成。

在欧亚大陆（包括北非），上述早期文明进程可以被区分为三个阶段：①原初部落的自我复制和扩散进程；②继发结盟导致部落规模扩大，农业（包括家畜饲养）的出现、传播，及其在部落经济生活中所占比重的增加；③大型古代文明（早期国家）在部落社会基础上的形成。与中石器时代和新石器时代的时序划分相同，上述三个阶段在时间上并非整齐划一。欧亚大陆后两个阶段的具体情况，可在澳洲和美洲近代原始民族的社会文化形态中整理出一个连续性的认识线索。

前面提到，澳洲部落处在部落社会中晚期，经过两次到三次结盟，已出现农业萌芽，其发展水平相当于欧亚大陆中石器时代的水平。美洲部落人口规模大于澳洲部落，但二者组织结构（氏族、半族和部落）基本相同，还有许多相同或相近的文化和制度成分。在南北美洲，既存在与澳洲部落具有衔接关系的独立部落，也已经并正在发生更大规模的社会整合，从部落联盟到大型古代文明。在独立部落中，既存在狩猎采集部落，也存在农耕（或半农耕）部落，还存在一些不同程度失去部落社会组织制度特征的小型或中型社会。一些大型文明（如印加）已进入“青铜时代”。所有这些都是认识欧亚大陆同期历史进程的重要参照依据。

这里存在两个同等重要的认识方向：①部落社会在上述文明进程中的存在情况及其历史作用；②大型古代文明（早期国家）在部落社会基础上的形成历程。部落社会的观念和制度体系（第一脚本）是展开此项研究不可缺少的知识基础。

第九节　结语：社会生活的基本形式

首次结盟的原初部落是人类社会的初始形态，其文化观念和制度体系

（第一脚本）是人类社会生活的基本形式。由于第一脚本的自我防护机制，部落社会有一个相对稳定、持久的存在期，进一步的社会发展以部落社会为基础，故第一脚本一直是此后社会形态和社会生活的奠基性蓝本。其中许多观念和制度成分并未随着部落时代的结束而消失，一些新制度的构建以旧制度为脚手架，一些新宗教的诞生以旧宗教为母体。创造与因袭相伴而行，传承与变迁互为表里。

两个加盟群体构成的二元社会是人类最初的社会组织，外婚制与核心家庭同时出现。图腾中心是在人类还没有定居条件时就已经出现的固定宗教设施。定期聚会地点是同一条件下通过周期性聚散确立起来的社会文化和政治中心。这里将矗立起宏伟的神庙和宫殿，成为古代文明的神权政治中心。第一脚本观念体系（起源神话、神圣与凡俗的划分、B空间及其存在者、部落神的超自然能力、借助神的庇护与惩罚确立的社会控制机制等）是宗教生活的基本形式，是此后神权政治乃至所有宗教的产生基础。图腾增殖仪式则是神权社会祭祀仪式的早期形态。

首次结盟的起源神话是人类第一部口传历史。至少在继发结盟之后的图腾增殖仪式和纪念仪式中已经出现音乐、歌舞乃至戏剧。成年礼是人类教育制度的原型。通过成年礼的成年男子是人类第一群教徒也是第一个政党，他们的信仰是人类第一个完整的世界观，长老议事会是人类社会第一个宗教机构和政权机构。原始分类体系是人类第一份产权契约，图腾增殖仪式是人类第一种社会化生产行为，加盟群体间资源共享的彼此授权是人类第一单大宗交易。这些虽然是在没有生产和交易条件下的虚拟行为，但却是人类社会经济生活的逻辑起点。

结盟推动者离我们很近。

参考文献

巴纳德．2006．人类学历史与理论．王建民，刘源，许丹译．北京：华夏出版社

别尔什茨．1981．关于家庭和婚姻早期形态的研究．汪连兴译．世界民族，(6)：26～30

蔡俊生．1988．人类社会的形成和原始社会形态．北京：中国社会科学出版社

陈克进．1984．澳大利亚级别婚试析．见：中国民族学研究会．民族学研究第七辑．北京：民族出版社

储英华，何建平．2007．象征人类学的思想渊源和基本特征．黑龙江民族丛刊，(1)：136～139

恩格斯．2003．家庭私有制和国家的起源．中共中央马克思恩格斯列宁斯大林著作编译局译．北京：人民出版社

弗雷泽．1987．金枝．徐育新，王培基，章泽石译．北京：中国民间文艺出版社

弗雷泽．1988．魔鬼的律师——为迷信辩护．阎云祥，龚小夏译．北京：东方出版社

弗里曼．2008．玛格丽特·米德与萨摩亚：一个人类学神话的形成与破灭．夏循祥，徐豪译．北京：商务印书馆

高怡萍．2000．亲属与社会群体的建构．广西民族学院学报（哲学社会科学版），(1)：33～40

古塔，弗格森．2005．人类学定位：田野科学的界限与基础．骆建建，袁同凯，郭立新等译．北京：华夏出版社

郭政凯．1986．昭穆制度的起源及延续．陕西师范大学学报，(1)：77～85

哈登．1937．南洋猎头民族考察记．吕一舟译．北京：商务印书馆

哈维兰．1987．当代人类学．王铭铭等译．上海：上海人民出版社

海通．2004．图腾崇拜．何星亮译．桂林：广西师范大学出版社

黄淑娉．1987．论环状联系婚与母方交错表婚．中央民族大学学报（哲学社会科学版），(3)：22～29

基辛．1988．文化·社会·个人．甘华鸣，陈芳，甘黎明译．沈阳：辽宁人民出版社

基辛．1989．当代文化人类学．张恭启，于嘉云译．台北：巨流图书公司

加藤常贤．1940．支那古代家族制度研究．东京：岩波书店

贾玉海，孙振玉．1995．世界民族学史．银川：宁夏人民出版社

孔德．1993．实证哲学教程（摘译）．王太庆译．见：洪谦．现代西方哲学论著选辑．北京：商务印书馆

拉德克利夫-布朗．1988．社会人类学方法．夏建中译．济南：山东人民出版社

拉德克利夫-布朗．1999．原始社会的结构与功能．潘蛟，王贤海，刘文远等译．北京：中央民族大学出版社

拉德克利夫-布朗．2005．安达曼岛人．梁粤译．桂林：广西师范大学出版社

莱顿．2008．他者的眼光：人类学理论导论．罗攀，苏敏译．北京：华夏出版社

李玄伯．1949．中国古代社会新研．上海：开明书店

李亚农．1978．李亚农史论集．上海：上海人民出版社

里弗斯．1924．社会的组织．胡贻谷译．北京：商务印书馆

利基．1995．人类的起源．吴汝康，吴新智，林圣龙译．上海：上海科学技术出版社

列维-布留尔．1981．原始思维．丁由译．北京：商务印书馆

列维-斯特劳斯．1987．野性的思维．李幼蒸译．北京：商务印书馆

列维-斯特劳斯．2002．图腾制度．渠东译．上海：上海人民出版社

林惠祥．1996．文化人类学．北京：商务印书馆

林耀华．1997．民族学通论（修订本）．北京：中央民族大学出版社
罗维．1987．初民社会．吕叔湘译．北京：商务印书馆
马雷特．1933．人类学．吕叔湘译．上海：商务印书馆
马林诺夫斯基．1987．巫术、科学、宗教与神话．李安宅等译．北京：中国民间文艺出版社
马林诺夫斯基．1999．科学的文化理论．黄剑波，张谋，胡英姿等译．北京：中央民族大学出版社
马林诺夫斯基．2002．西太平洋的航海者．梁永佳，李绍明译．北京：华夏出版社
摩尔根．1995．古代社会．杨东莼，马雍，马巨译．北京：商务印书馆
皮普尔斯．2008．文化人类学．见：招子明，陈刚．西方人文社科前沿述评：人类学．北京：中国人民大学出版社
渠敬东．1999．涂尔干的遗产：现代社会及其可能性．社会学研究．(1)：29～48
阮西湖．1987．澳大利亚土著居民亲属制和等级婚姻．广东民族学院学报（社会科学版），(2)：16～21
瑟维斯．1997．人类学百年争论．贺志雄，邬文津，张晓萍等译．昆明：云南大学出版社
施密特．1987．原始宗教与神话（该书原名为比较宗教史）．萧师毅，陈祥春译．上海：上海文艺出版社
特朗普．1995．宗教起源探索．孙善玲，朱代强译．成都：四川人民出版社
涂尔干．1999a．宗教生活的基本形式．渠东，汲喆译．上海：上海人民出版社
涂尔干．1999b．社会学方法的规则．胡伟译．北京：华夏出版社
涂尔干．2003．乱伦禁忌及其起源．汲喆，付德根，渠东译．上海：上海人民出版社
涂尔干，莫斯．2000．原始分类．汲喆译．上海：上海人民出版社
托卡列夫．1985．世界各民族历史上的宗教．魏庆征译．北京：中国社会科学出版社
托卡列夫，梅列金斯基等．1993．世界各民族神话大观．魏庆征译．北京：国际文化出版公司
托卡列夫，托尔斯托夫．1980．澳大利亚和大洋洲各族人民．李毅夫，陈观胜，周为铮等译．北京：生活·读书·新知三联书店
王铭铭．1998．想象的异邦——文化人类学散论．上海：上海人民出版社
沃什伯恩．1997．美国印第安人．陆毅译．北京：商务印书馆
亚当斯．2005．人类学的哲学之根．黄剑波，李文建译．桂林：广西师范大学出版社
张海洋．2000．涂尔干及其学术遗产．社会学研究，(5)：21～25
张鹏，渡边邦夫．2009．灵长类的社会进化．广州：中山大学出版社
张亚辉．2006．无父母的世界？——读施奈德《亲属制度研究批判》．西北民族研究，(1)：182～185
赵卫邦．1984．略论中国西南民族的二分制组织．思想战线，(4)：29～34
朱狄．1988．原始文化研究．北京：生活·读书·新知三联书店
汉语圣经协会有限公司．2005．圣经（新旧约全书）．中英对照和合本．第四版．香港
Kroeber A L. 1915. Eighteen professions. American Anthropologist (No Month)，17：283～288
Malinowski B. 1967. A Diary in the Strict Sense of the Term. New York：Harcourt Brace & World
McLennan J F. 1886. Studies in Ancient History. London and NewYork：Family & Relationships
Spencer B，Gillen F J. 1899. The Native Tribes of Central Australia. London：Macmillan and Co
Spencer B，Gillen F J. 1904. The Northern Tribes of Central Australia. London：Macmillan and Co
Tylor E. 1889. On a Method of investigating the development of institutions. applied to the laws of marriage and descent. Journal of the Royal Anthropological Institute，(18)：245～272

后　记

20 多年前（1988 年），笔者开始对近代原始民族的部落社会以及人类早期文明进程产生浓厚兴趣，认定其中有些尚未解决的重要问题。《图腾制与原始文明》（上海文艺出版社，1995）是笔者此项研究的第一本书。现在看来，其中有许多不够成熟的见解。

此后，笔者围绕相关问题的阅读和思考从未间断。所谓“仰而思之，夜以继日”。在笔者所著《山海经与古代社会》（文化艺术出版社，1999）和《从部落文明到礼乐制度》（上海三联书店，2004）两本书中，都有较大篇幅涉及对部落社会宗教和制度的研究。

本书写作历时六年（2005～2010 年），实为 20 余年阅读和思考的积累结果。此项研究是笔者生命中最重要的工作之一。书稿杀青付印之际，心中惴惴，犹恐失之。其不妥之处，敬请相关学科的专家、学者不吝赐教。

科学出版社科学人文分社的责任编辑付艳、石卉在本书编辑出版过程中做了许多辛苦细致的工作，在此谨致谢忱。

张　岩

2011 年 10 月 10 日

后　　记

20多年前（1988年），笔者开始对近代原始民族的部落社会以及人类早期文明进程产生浓厚兴趣，认定其中有些尚未解决的重要问题。《图腾制与原始文明》（上海文艺出版社，1995）是笔者此项研究的第一本书。现在看来，其中有许多不够成熟的见解。

此后，笔者围绕相关问题的阅读和思考从未间断。所谓“仰而思之，夜以继日”。在笔者所著《山海经与古代社会》（文化艺术出版社，1999）和《从部落文明到礼乐制度》（上海三联书店，2004）两本书中，都有较大篇幅涉及对部落社会宗教和制度的研究。

本书写作历时六年（2005～2010年），实为20余年阅读和思考的积累结果。此项研究是笔者生命中最重要的工作之一。书稿杀青付印之际，心中惴惴，犹恐失之。其不妥之处，敬请相关学科的专家、学者不吝赐教。

科学出版社科学人文分社的责任编辑付艳、石卉在本书编辑出版过程中做了许多辛苦细致的工作，在此谨致谢忱。

张　岩

2011年10月10日